INTERNATIONAL TALENT INFLOW and EMPLOYMENT

国际人才流入与就业

魏华颖 ◎ 著

首都经济贸易大学出版社
Capital University of Economics and Business Press
· 北 京 ·

图书在版编目（CIP）数据

国际人才流入与就业 / 魏华颖著. -- 北京 : 首都经济贸易大学出版社，2022.9

ISBN 978-7-5638-3360-3

Ⅰ.①国… Ⅱ.①魏… Ⅲ.①人才引进-研究-中国 Ⅳ.①C964.2

中国版本图书馆 CIP 数据核字（2022）第 081800 号

国际人才流入与就业
GUOJI RENCAI LIURU YU JIUYE
魏华颖　著

责任编辑　彭伽佳
封面设计　砚祥志远 · 激光照排 TEL: 010-65976003
出版发行　首都经济贸易大学出版社
地　　址　北京市朝阳区红庙（邮编 100026）
电　　话　（010）65976483　65065761　65071505（传真）
网　　址　http://www.sjmcb.com
E- mail　publish@cueb.edu.cn
经　　销　全国新华书店
照　　排　北京砚祥志远激光照排技术有限公司
印　　刷　北京九州迅驰传媒文化有限公司
成品尺寸　170 毫米×240 毫米　1/16
字　　数　250 千字
印　　张　14.75
版　　次　2022 年 9 月第 1 版　2022 年 9 月第 1 次印刷
书　　号　ISBN 978-7-5638-3360-3
定　　价　52.00 元

前　　言

自 20 世纪 80 年代以来，全球化逐渐成为世界经济发展的重要特征。随着国际移民在各国间流动的日益频繁，人才全球化也成为经济全球化发展的新特点。随着时间的推移，世界各国均意识到人才对国家的发展举足轻重，由此引发的“人才争夺战”愈演愈烈。改革开放以来，我国国内生产总值逐步上升至世界第二，综合国力和影响力日益增强；各项规章制度日益完善和规范，与世界各国的交流合作日益频繁，自身发展潜力日益凸显，受到了越来越多国际人才的关注和青睐，来华国际人才群体已初具规模。

“发展是第一要务，人才是第一资源。”习近平总书记多次强调要“聚天下英才而用之”，抓好人才建设，并指出我国经济与世界经济深度融合，要充分利用好国际、国内的市场以及资源，加快推动我国经济结构的转型升级。

国际人才作为特殊的人才资源，能够在一定程度上促进流入国的经济发展，也可以通过促进国际进出口贸易、科技研发的发展，进而影响流入国的经济增长。国际人才作为推动国家进步的原动力，逐渐成为各国最重视的国际移民群体之一。

目前国际人才的主要研究对象有三类：外籍留学人员、外籍工作人员和海外留学归国人员。笔者另外一本专著专门研究了海外留学归国人员的一些问题，此书的主要研究对象为在华外籍留学人员和在华外籍工作人员。

本书汇集了笔者近几年关于国际人才的研究成果，主要结构如下：第一章分析国际人才流入对我国各省市经济增长的影响，同时说明国际人才对我国各省市经济增长的影响路径；第二章将国际人才流入数据与省级 FDI 质量面板数据相结合，从多个角度分析国际人才流入对于 FDI 质量的影响；第三章分析国际人才流入对区域创新能力的影响；第四章对改革开放以来我国来华留学生的基本情况做了梳理和总结；第五章将课题组对近 3000 名来华留学生来华目的、居留意愿和就业意向等调查结果进行了展示和深入分析；第六章对企业从现有国际人才用人情况和需求角度进行的调查结果进行了展示和分析；第七章对我国来华留学人员的相关政策进行了归纳和总结。

此书能够顺利出版，感谢首都经济贸易大学出版社，感谢劳动经济学院各位领导和同事的支持，感谢米加宁教授及其团队的支持，感谢孙宏皓、宋嘉菲、岳鑫、张潇、张硕、李子昂、门京涛的付出。

书中引用了多位学者的相关研究成果，感谢各位学者的学术支持，书中的一部分观点来自于你们的分享；感谢调研期间各相关部门给予的帮助。

笔者能力和水平有限，书中一定有很多不足之处，恳请各位同仁批评指正。

目　录

第1章

国际人才流入对我国经济增长的影响

引　言

随着我国不断开放发展，我国经济已经与世界经济深度融合，国际人才资源是推动我国发展开放型经济的关键要素，国际人才特有的能力和资源会随着他们在国家间的流动影响流入国，推动流入国在国际贸易、技术研发等方面的发展，进而影响流入国的经济。在世界各国不遗余力地争夺国际人才的今天，对国际人才流入影响一国经济增长的问题进行研究具有较强的时代意义。本章将讨论国际人才流入对我国经济增长的影响及其影响路径。

1.1　文献综述

1.1.1　国际人才概念界定

我国学者围绕“人才”这一话题开展的研究可以追溯至 1987 年。经过 30 多年的发展演变，对“人才”的理解与研究趋于完善和丰富。在不同的历史时期和发展阶段，广大学者对“人才”这一概念内涵及外延的理解也有所区别，整体来讲，基本可以 2003 年为分界线划为两个阶段。

第一阶段：自 1987 年至 2003 年，对“人才”的理解还处于百家争鸣的阶段。在这一时期，叶忠海和王通讯对“人才”概念的解读具有较大的影响力。叶忠海（1983）认为，“人才是指在一定社会条件下，能以其创造性劳动，对社会或某方面的发展，做出某种较大贡献的人”。王通讯（1985）提出，“人才就是为社会发展和人类进步进行了创造性劳动，在某一领域、某一行业或某一工作上做出较大贡献的人”。同一阶段，我国国家统计部门对人才的判断标准大体可分为学历、职称和业绩三个层面，具体来讲，学历，即要求接受中等专业学校教育并顺利毕业；职称，即要求拥有初级或以上级别执业资格；业绩，即要求在某一行业或某一特定领域产生显著成果。以上三类对人才的界定均具有一定的合理性，但各自都还存在较明显的局限。

第二阶段：自 2003 年至今，各界对“人才”概念的界定逐步趋于统一。这一阶段，党中央召开的人才工作会议成为人才研究的重要抓手和风向标，并逐步对人才的概念进行了科学、严谨的阐释，即“只要具有一定的知识或技能，能够进行创造性劳动，为推进社会主义物质文明、政治文明、精神文明建设，在建设中国特色社会主义伟大事业中做出积极贡献，都是党和国家的人才”。这个对“人才”概念的界定极大地消除了此前很长一段时期以学历、职称、资历和身份等指标评价人才的弊病，将品德、能力和成果确定为人才评价的重要指向，将社会、市场和大众的认可程度作为测评标准，在国家发展的进程中实现对人才的全方位考察，重点关注人才自身为社会经济发展所创造的价值。国家人才工作会议所做出的精辟阐释已被广大学者所接受，逐步成为人才研究领域的共识。

国外学者对于“人才”的研究具有较长的历史，对“人才”概念的阐释经历了从抽象到具体的过程。德国学者提出：人才可抽象为一个集合体，其实质为个人心理和所具有的社会属性的总和。保加利亚学者也指出：人才是能够创造崭新精神和物质实体，并在自身的生理和社会环境框架下集合成的脑力、体力和精神的整体。

研究初期，国外学者对“人才”概念的界定十分抽象。随着研究的不断深入，广大学者给出了较为细致的解读。Aimee Rindoks（2010）将人才划分为三类：一是“与成果产出具有高度关联的人才”，主要包括创业者、企业家、发明家、工程师及技术性人才等，这类人才具有直接参与生产过程并与成品或服务产出直接相关的特点；二是“研究类人才”，主要包括研究员、科学家和在读学生，这类人才的工作场所多为科研机构或高等院校；三是“社会服务人才”，主要包括医护工作者、作家和艺术家等。如果进一步细分，Sami Mahroum（2000）将人才划分为以下几种类型：处于学习阶段的学生、学术研究者、事务和行政管理人员；具有专业技术的工程师、企业家。

国际人才对人才做了进一步限定，即加入了“国际”这一定语。对于“国际”的理解，主要分为两类：一是从国籍的角度，认为国际人才必须是非中国籍的；二是从学习、工作经历和能力的角度，姚卓和罗瑾琏（2003）等学者认为，国际人才主要是指学历层次较高，具有相对丰富的专业知识，拥有极佳的创新、创业能力和跨文化多语言的交流能力，了解国际运行准则和现代管理规律的个人；丁进（2010）则提出，国际人才主要为具备国家间工作能力、拥有跨国工作交流的知识和技能，并对全球化发展有深刻理解和贡献的人才。

综合以上学者的观点和结论，并结合我国当前实际情况及数据的可获取性，本书所关注的国际人才为外籍来华留学生、外籍来华工作专家等。

1.1.2　国际人才研究回顾

1.1.2.1　影响国际人才流入的因素

纵观前人学者的研究成果，国际人才的流入主要受到经济、制度和文化等三个维度的影响。

（1）经济因素

参照推广后的经济人假设，国际要素特别是国际人才的逐利性主要体现在工资薪酬或个人收入的外部性方面。国际人才往往更乐于流向整体发展水平及流入后预期回报率较高的国家和地区，以便谋求更佳的发展机会和发展空间，充分发挥个人价值。Todaro（1969）在自己构造的人力资本流动模型框架中指出：工资差距是人力资本流动的重要因素，人力资本更期待流向工资更高的地区。Shapiro（2003）在研究中也发现：较为舒适的工作环境以及更可观的事业发展空间更容易将人力资本从其他区域吸引到所关注区域，而随着劳动生产率的增长，将使得更多的劳动力要素涌入。何一峰（2007）等学者使用面板数据，从定量的角度分析发现，薪资收入、所处地区居住成本和当前劳动力市场整体情况对劳动力要素的流动有明显的影响，人们对工资收入或综合收入更高的地区具有更明显的倾向性。

结合某一区域的经济和金融发展水平，往往整体的经济环境和金融市场发达程度与国际人才的流入欲望存在显著的正向关系。Grubel 和 Scott（1966）在研究中发现，国际人才这类特定要素往往寻求所得到资源具有比较优势的区域，在现实生活中，国际人才更愿意迁往经济和社会发达程度更高的区域。王永齐（2007）从定量的角度找出了金融市场环境与人力资本迁移的量化关系：当某一区域的金融市场相对发达时，人力资本的流入会产生更佳的外部性。

（2）制度因素

在制度因素层面，移民政策、签证及入境制度、就业及工作政策、社会保障政策等多个方面均会对国际人才的流入产生较大的影响。宋晓梅和陈宪章（2005）在研究中指出，某一国家或地区的教育制度、利润分配法规、资本和资产使用制度均是人力资本流入的考量因素。Egger 和

Radulescu（2009）从定量的角度证明了税收政策会对人才跨国流动产生显著的影响，国际人才更倾向迁往个人负担较轻的国家或地区。石凯（2010）的研究发现，对海外人才提供政策支持、需求帮扶政策及较好的发展预期均有利于人力资本流入后产生更佳的溢出效应。Bedford 和 Spoonley（2014）的研究表明，国家或地区的移民制度是实现国际人才争夺的有效手段，澳大利亚等国在移民制度方面不断创新，其所采用的利益表达系统具有较完备的人才遴选能力，可为国际人才提供更加适合的工作环境和就业岗位。Pholphirul 和 Rukumnuayki（2017）在针对泰国企业的研究中发现，在国家层面提供基金奖励或资金扶持将有利于国际人才的流入，这逐步成为泰国进行创新投入的有力手段。

（3）文化因素

在文化因素层面，Chiquiar 和 Hanson（2005）在其研究中指出，教育条件是国际人才流入的重要考量因素。Hunt（2004）在其研究中也得出了相似的结论，即国际人才更愿意迁往教育水平更好的地区，以谋求自身或下一代得到更高质量的教育。Delicado（2010）的研究表明，高等院校及科研院所的声誉是影响国际人才流入的重要因素之一，目标地区高校的硬件设备、社会资源均是国际人才所关注的重要迁移指标。Mullings（2011）的研究发现，良好的劳动力市场文化是吸引国际人才，并引导其将所具备的技能、知识和资源投入该地区的重要因素之一，极佳的社会关系网络对国际人才也具有显著的吸引作用。

1.1.2.2 国际人才流入产生的影响

根据已有文献可知，国际人才流入后所产生的影响主要体现在以下三个方面：一是对流入地区人力资本的扩充，二是推动形成全新的社会及商业网络，三是极大提升流入地区劳动力的多样性。与此同时，国际人才作用的发挥也会受到流入地区客观环境的限制，流入地区的固有文化、经济发展水平、对外来人员的接纳程度均会对国际人才作用的发挥产生深远的影响。

（1）扩充流入地区的人力资本存量

对人力资本存量的影响主要表现为对流入区域原有知识存量的扩充。国际人才的流入会带来崭新的观点视野、知识结构和思维方式。Maré（2014）等学者的研究表明，伴随着国际人才的大量流入，其所带来的全新知识和技术结构会与本地区原有的知识和技术充分融合，从而对流入区域的创新行为产生影响。Ozgen（2014）等人的研究得到了相似的结论：国际人才具有清晰、明显的个人特征，往往迁移能力较强、具备较好知识和技术水平、拥有探索精神的群体才会迁移到其他国家或地区，因此，国际人才的大量流入会产生极佳的知识和技术溢出效应，极大地提升流入地区的人力资本存量，产出新颖的思维方式，促进整体创新能力的提升。Gagliardi（2015）研究发现，多数国家对本国的优势高新技术都具有一定的保护倾向，这导致高新技术本身的迁移往往有极大的空间限制，使得高新技术间的交流被框定在较小的范围内，不利于高新技术的产出和迭代，而国际人才的流入会带来较为丰富的隐性知识和技术，使得原本不易流通的高新技术通过国际人才这一重要载体实现跨地区流通，完成对流入区域原有知识库的补充和丰富。

（2）推动构建全新社会和商业网络

随着国际人才持续大量流入，其自身及其所带动的社会和商业属性将与该地区原有人群进行充分融合，逐步形成全新的社会和商业网络。Pholphirul（2017）等学者的研究发现，国际人才在带来全新的知识结构、思维方式和高新技术的同时，也会为流入地区带来与此前不同的人脉和社会关系，两者结合将有利于创新行为和创新成果的产生。Gagliardi（2015）的研究表明，国际人才的流入将推动该区域生产力的整体提升，并使用其所带来的社会及商业资源产生较为明显的国际化商业优势，相较本地人才而言，国际人才在推动形成国际交往和合作时具备较明显的便利条件。在此基础之上，Scellato（2015）等学者发现，在某些国家和地区，拥有不同知识体系、技术能力和思维方式的个体，通过充分的融合交流，将更容易促进全新理论的产出，使原有知识和技术顺利迭代。Jensen（2016）等人参考分布在全世界近 70 个国家和地区的近 20000 家公司的数据情况，指出因国际人才而带来的全新社会和商业网络可以对创新行为和产出产生显著的正向影响。

（3）提升劳动力多样性

国际人才的持续流入可以在一定程度上改变流入地区的劳动力结构，并结合劳动力自身的背景和特征，实现劳动力多样性的显著提升。

Parrotta（2014）等学者指出，劳动力多样性可以进行细化和拆解，依据其固有属性，可分为理论知识及技术技能多样性、奉行文化和种族信仰多样性、生理属性和人口特点多样性等三个维度，伴随国际人才的持续迁入，该流入区域的创新能力也会因劳动力的不断丰富而显著增长。Maré (2014) 等学者在研究中发现，国际人才是新颖理论、知识和技能的有效载体，流入区域的知识结构也会随着国际人才的流入日趋完善，推动该区域知识多样性的持续发展。Pholphirul (2017) 等学者的研究表明，创新行为和产出往往来源于多样性的理论知识和技术技能，而国际人才恰为多样性知识和技能的最佳载体，通过多样性劳动力的融合，使其思维、观点和视野不断碰撞，实现原有知识和技能的完善和发展，促成创新行为的发生。

(4) 国际人才作用发挥效果影响因素

流入区域对新要素的接收程度是影响国际人才作用发挥的重要因素。国际人才流入所带来的全新理论知识、科学技术会因各国或地区吸收能力的不同而产生较为明显的效果差异。流入区域固有的人力资本存量是衡量该区域接收新要素能力的关键因素，通常情况下，该区域所固有的劳动力或人力资本层次越高，越有利于对国际人才所带来的先进理论知识和科学技术进行充分消化和使用。

Blomstrom (1994) 等学者的研究表明，众多原有人力资本存量较低的国家或地区并未表现出因国际人才流入而发生技术溢出效应。徐斌 (2000) 等人在研究中也发现，人力资本存量较好的国家，在科学技术转移方面明显好于人力资本存量不佳的国家和地区。Ali (2015) 等学者以 20 多个西方国家为主要研究对象，指出固有人力资本较好的国家更容易从国际人才的迁入中获得更大的收益。邵军、徐康宁 (2008) 等学者也在研究中发现，当原有人力资本达到一定水平时，因国际人才流入而带来的知识技术迁移会呈现出较为理想的效果。

国际人才流入作用发挥的效果与流入区域产业完备程度、行业发展水平、商业环境等经济发展指标高度相关。Fritsch (2010) 等学者的研究表明，国际人才流入区域的创新能力与其行业发展程度呈现倒“U”型。行业和产业的创新资本投入和创新劳动投入也会对国际人才的创新产出产生显著的影响。Broekel (2011) 等人以近百个区域创新环境为研究对象，发现产业结构、经济发展水平、行业健全程度、人才和人力资本存量等 12 个指标均会对国际人才的创新行为产生明显的影响。陈怡安和杨河清 (2013) 等学者的研究表明，国际人才的流入会对该区域的技术升级迭代产生积极的影响，但效果会因区域的发达程度、科学研究的生态、工作生活环境水平的变化而不同，在我国呈现出自东部至西部区域递减的结果。仇怡、聂萼辉（2015）指出，海外留学生的归国会产生较明显的高端技术溢出效应，但实际呈现的效果会受到该区域对外开放程度、经济发展情况、行业发展水平及产业完备程度的影响。

1.1.3　国际人才流入与经济增长

作为本章探究的最为关键的主题，国际人才流入和经济增长二者的关系在前人学者的研究中有部分涉及，总的来说，国际人才流入与流入国经济增长相互影响、相互依存。从经济水平影响国际人才流入的角度来看，较强的经济实力代表了流入国较好的生活水平、学习环境和发展前景。流入国需要具备较好的经济发展水平，才能够吸引国际人才的目光。从国际人才流入影响经济增长的角度来说，国际人才作为高水平劳动力，其流入能够为流入国创造较高的价值，从各方面带动流入国的经济增长。

高素质的国际化人才在流动过程中会受到很多因素的影响。一个国家强大的经济水平背景（Chen，Barnett，2000）、有利于人才发展的良好环境（马海涛，2019）和在不同专业技术领域投入的力度（蓝劲松，2000），都会成为吸引国际人才有意愿流入的强大“拉力”。人才在国际间流动时也会提升母国与流入国之间的交流程度。如若两个国家的贸易交流频繁、合作融洽，人才会倾向于在这两国之间流动；提高两国贸易进出口的规模也能够明显地增强对彼此人才的吸引力（魏浩，2019），一些经验也证明，国际人才的流动与国际贸易合作间的影响是互相的，且彼此影响的程度在不断提高（Jacques，2009）。世界上越来越多的国家开始重视国际人才的吸引，它们从政策层面放宽准入条件（方英义，1993；陈力，2003；王培根，2000），给予更好的福利待遇和生活环境保障（Solimano，2008），提供更好的科研条件、工作环境以及更丰富的就业岗位（蓝劲松，2000）。当一个国家发展到物质资源不再令政府和人民苦恼时，人力资源就显得尤为重要，所以，人力资源的开发程度基本上能够体现一个国家和地区的经济实力（王金营，2001）。对于国际人才的流入国而言，人力资源是促进经济增长的资源要素当中最为特殊且十分关键的一种，国际人才资源更是一种稀缺且有效的资源。

虽然国际人才流入前会考虑很多因素，但是当其流入另一个国家后，他发挥的作用和给流入国带来的影响最终会起到推动经济增长的作用。国际人才作为高素质、高技能的劳动力，其流入有助于知识技能溢出，直接给流入国输入了知识技术和科研成果，同时因其自身的社会网络，也为流入国增加了一些投资合作和商业交流的机会（章明，1997；薛漪，2005）。与此同时，当国际人才融入各行各业中大展拳脚时，也为流入国增加了社会利益（方英义，1993），一方面提高了创新能力，另一方面也提升了创新效率（李春浩，2018；牛雄鹰，2018），这些都能够间接促进行业发展，进而带动一个国家或地区的经济增长。根据人力资本溢出效应，有国外企业工作经验的人才流入他国后，因其具备不同于流入国企业的工作经验，其流入能够显著提升流入国本地企业的生产效率（Fosfuri，2001），同时也为企业增加了不同的知识储备和强大的智力保障（马海涛，2019），企业生产效率的提高又为流入国增加了更多的就业机会和岗位（李其荣，2007）。掌握科技知识背景的国际人才流动能够带动知识在不同国家的传递，也说明国际人才是知识溢出的主力军（Fallick，2006），这种溢出效应在发达国家和发展中国家之间表现得尤为明显（Walz，1997）。国际人才流入能够促进科学技术水平的快速提升，进而为该地区的经济发展做出贡献。相对于技术水平的提升，国际人才流入对该国贸易交流的影响更能够促进经济增长。人才在国家间流动的过程也是不同国家的文化、思维彼此碰撞并吸收的过程。国际人才的流入有利于来源国和流入国的贸易交流，减缓贸易摩擦（Maurice，2002），与此同时，国际人才也成为两个国家之间强有力的交流纽带。人才在流入国建立起新的社会网络，与其原有资源形成连接（薛漪，2005），依靠个人或群体的力量促使两个国家达成更多的贸易合作和投资来往（Felbermayr，2010）。曾有研究表明，外籍人才流入中国后，中国的双边贸易额显著增加（Rauch，2002），技术密集型产品的进口同样显著增加（魏浩，2018）。国际人才流入带来的国际贸易增长弥补了技术落后带来的负面影响，也促进了我国经济的增长（谷媛媛，2017）。

1.1.4 国际人才流入与进出口贸易

从 20 世纪 90 年代开始，就有学者针对劳动力跨国流动影响流入国、流出国之间的进出口贸易这一问题进行研究。美国学者在 1994 年运用美国方面收集的数据进行研究，首次发现国际移民能够明显促进来源国和流入国之间的贸易交流（Gould，1994）。国际贸易的来往在之前之所以困难重重，是因为有意愿进行贸易往来的两个国家之间存在语言、文化、思维方式、价值观念等方面的差异，再加上国际市场并不像国内市场一样，有较为对称、完整的交易信息，所以，两国在进行贸易合作时需要克服和解决的问题十分冗杂（Rauch，Casella，2003）。国际人才或者说国际移民的出现就很大程度上减少了这些问题，他们自身的流动使得国家之间的语言文化、交流方式、思维特点相互融合，进一步带动商品在国际间的流动，也在一定程度上降低了在贸易合作中产生摩擦的概率（Maurice Schiff，2002）。国际人才可以作为个人或纽带群体直接连接来源国与流入国，通过他们直接传递双方的信息或达成贸易合作的决定，除此之外，国际人才也可以通过其他途径，以一种间接的方式促进两个国家的贸易往来（Felbermayr，2010）。一项研究利用英国长达 10 年的、167 个国家的留学生数据（1999 年至 2009 年）说明，在此期间，留学生流入人数每上涨 1% 就会使得英国的进口贸易额增加 0.4%（Marina，2014），这也证实了国际人才与国际贸易二者之间的影响是显著的。

关于国际人才能够为来源国和流入国创造贸易合作机会的问题，学者们存在不同的看法，可以将他们对国际人才和进出口贸易关系的观点整理为三大类：

第一类是国际人才和进出口贸易之间是替代关系。替代关系这一观点在 1957 年由 Mundell 首次提出。这一观点的前提假设是基于赫克歇尔—俄琳模型，即 H-O 模型，在此基础之上又增加了规模收益不变、完全竞争两个条件。在他的观点中，国际间的自由贸易能够降低各个国家之间生产要素价格的差额，若在国际贸易中对生产要素的流动加以限制，则国际人才与国际进出口贸易二者可以相互替代。有学者在研究中运用来自欧洲的移民数据和国际贸易数据，对二者之间的关系进行研究，结果发现，在欧洲内部，贸易双方因为文化背景、语言习惯等方面的壁垒，导致商品服务和劳动力之间存在替代作用（Straubhaar，1988）。劳动力在进行跨国流动时，往往会选择流入较为发达的国家，但如果这些国家在劳动力流入方面提高门槛加以限制，那么劳动力就只能在母国工作，在母国生产与其技术能力本身不匹配的低技术产品，再出口至较发达的国家。同时，劳动力无法流出也会使得母国失业率上升，进一步加大劳动力流出的意愿，从而对发达国家劳动力流入施加了压力（Collinsetal，1997）。

第二类是国际人才和进出口贸易之间是互补或促进关系。这也是多数学者经研究所得意见较为集中的观点。在国际贸易中，国际移民作为连接两个国家的纽带，很大程度上起到了降低贸易成本的作用（Gould，1994），他们的存在使得国际间的信息沟通途径更为多元、便利，降低了信息不对称的成本，这就让来源国与流入国的企业减少了为获取准确信息所付出的成本，也更有意愿进行贸易合作，进而促进国际贸易（Borgatti，2003）。对海外华人而言，他们起到上述作用的同时，还经常会被华人华侨协会等组织邀请参加商业投资活动，在活动中促进海外华人间感情交流的同时，也加深了他们之间的商业交流，在一定程度上能够克服进出口贸易中的非正式贸易壁垒（Ting Gao，2003）。Paoloetal（2015）针对国际移民和国际贸易问题，运用空间计量等方法进行了实证分析。研究发现，国际移民能够显著促进国际贸易合作，印证了以上互补或促进关系观点。

第三类是国际人才和进出口贸易之间是替代或互补关系。这一观点认为，国际人才与进出口贸易的关系可以表现为替代，也可以表现为互补。国际人才的流动往往受到流入国收入水平的影响，这也使得国际人才流入与进出口贸易的关系受流入国收入水平的控制，流入国收入水平低，国际人才与进出口贸易的互补作用显著；流入国收入水平高，国际人才与进出口贸易的替代作用显著（Bohing，1994）。有研究显示，国际人才中的非技术类人才对进出口贸易有显著的促进作用，而技术类人才与进出口贸易有互相抑制的作用（Lope，1998）。

以上研究主要是针对流入国外国家的移民与相关国家贸易之间的关系，而对于我国的国际人才（国际移民）流入与我国进出口贸易的研究，近年来也逐渐增加。一项采用 1980—2006 年我国移民与进出口贸易的数据的研究结果显示，我国移民和国际贸易之间存在双向因果的关系（篆建红，2008）。单从我国进口贸易的角度看，通过分析我国与 28 个国家的流入移民情况可以发现，移民流入也会显著促进我国进口贸易（赵永亮，2012）；从我国出口贸易的角度看，自 2001 年我国加入 WTO 至 2011 年，国际人才的流入在很大程度上推动了我国的出口贸易，在东中西部三个地区的出口贸易中的促进作用均显著，但对不同类型出口贸易的影响存在异质性（魏浩，2015）。国际人才流入对我国进出口贸易的显著影响是其他非我国同种语言国家的 36 倍（王云飞，2015），且高技术人才的影响高于非高技术人才（张晓毅，2017），这也体现了国际人才和普通国际移民之间的差异。

1.1.5　国际人才流入与创新水平

新增长理论相较于新古典增长理论最大的突破在于将知识和人力资本加入了经济增长模型中，强调知识和人力资本是经济增长的不可或缺的关键要素。知识可以划分为显性知识和隐性知识两种。显性知识主要是指可以通过口头、书面等形式进行传播的知识；隐性知识主要是指涉及认知的、不能够清晰表达的知识。隐性知识更多囊括了文化、价值观念、信仰等内容，这种隐性知识往往会集中表现在一个国家或地区民众的行为上，在国际交流中，这种隐性知识就成了交流壁垒。国际人才作为显性知识和隐性知识的载体，其流动有利于两个国家或地区克服文化、信仰、价值观等隐性知识方面的壁垒，同时也可以将技术、能力等显性知识带入流入国。国际人才的存在能够有效地将两个国家的显性知识顺利转化并互补融合。

从 20 世纪末一直到现在，国内外不断有学者对国际人才促进知识溢出进行研究。Walz 在研究发展中国家和发达国家的国际劳动力流动时发现，国际劳动力的流动能够显著带动技术和知识在两个国家地区间流动转移（Walz，1997）。国际人才的流动不但能促进国家间的技术交流，还在一定程度上有利于国际人才提升自身学习能力，提高自身人力资本。国际人才吸收了流入国的技术能力，进一步增强了知识溢出效应（Le，2008）。依据创新理论，不同的知识、技能、思维方式在不同的人之间转化吸收能够刺激创新，因此，国际人才的流动与创新紧密相关。Mare 对移民占比和企业创新产出进行研究，结果发现，移民占比和企业创新产出显著正相关（Mare，2011）。美国很早就对国际人才流动带来的技术、创新效应进行了探索，他们发现，国际劳动力的流动，甚至是因公进行跨国商务出差的劳动力，都可以促进美国与其他国家进行技术层面的交流（Hovhannisyan，2015），而具备高技能水平的国际人才不仅能够从技术层面促进美国企业的创新，更能提供精神和意识层面的动力（Kerrwr，2014），他们被认为是美国提升国家创新水平、创新能力、创新素养的关键资源。国际人才流入我国的大潮始于近些年，在国内，高技术水平的劳动力在外资企业工作了一段时间后，其受到国外技术的熏陶和影响，在进入国内企业后会提高国内企业的生产水平和能力，一定程度上表明劳动力带动了知识在国际间的转移（王恬，2008）。海外归国人员在我国是比较庞大的群体，主要以海外归国留学生为主，他们在国外深造学习，掌握了知识、技能，回国后应用于学习、生活、工作中，有研究表明，海归的回流能够促进我国技术的进步，并且这种作用在我国中部和东部地区表现较为显著。根据以上研究可以发现，国际人才对一国创新水平的影响是很大的，来源国强大的技术背景固然重要，但国际人才自身在这一过程中起到的作用也不容忽视。在国际间流动的人才往往具有主动与国际接轨的能力，拥有扎实的专业知识，在流入另一个国家后能够迅速适应环境，并将其所具备的技能应用于工作中。同时，国际人才也可以将之前所积累的关于产品和技术的知识系统、操作模式迁移到流入国企业中，降低了企业迭代探索的成本，提升了企业的创新效率，进一步提高所在国家和地区的创新水平（魏浩，2012）。

创新驱动经济增长具有充分的理论依据。劳动力在国际间的流动是先进知识和先进技术在国家间传递的重要保障，对流入国经济增长的作用明显（林琳，2009）。改革开放以来，中国经济以迅猛的趋势不断发展，随着经济增长进入常态化，传统的发展模式陷入瓶颈，经济增长已不能完全依赖于提高出口、增加投资等传统方式，进而逐步转化为提升创新能力驱动经济增长（刘志彪，2011）。创新对经济增长的影响是直接的也是间接的，创新可以通过提升全要素生产率来直接驱动经济增长（Bravo，2011），也可以通过科技创新不断生产新的商品和服务，进而间接拉动经济增长。实证发现，科学研究与实验发展（R&D）的投资提高 10%，这一经济体的长期生产力水平将提高 1.6%（戴魁早，2008；Martina，2012）。同时，创新能够促进经济向高质量发展方向迈进（任保平，2013），也能够有效促进经济转型。

1.1.6 研究述评

综上所述，国际人才相关的研究起始时间较晚，且研究多以理论分析为主，实证分析较少。在探究国际人才流入和经济增长关系的研究中，已有学者证实国际人才能够促进知识溢出、技能流入，提升流入国企业生产效率、创新能力，促进两个国家的贸易合作等，并认为这些方面的提升可以间接促进国家和地区的经济增长。纵观国际人才的研究体系，截至目前，并没有学者对国际人才流入与中国经济增长进行实证研究，且尚未得出清晰的结论。同时，关于国际人才流入是通过怎样的路径对经济增长产生影响的？国际人才是否真的可以通过创新水平和进出口贸易间接影响经济增长？这些问题并没有得到完整的研究解释。因此，国际人才流入对我国经济增长的影响及其影响路径这一话题值得进一步研究。

基于已有的实证研究，不难发现在研究对象的选取上，大部分研究是基于发达国家的数据，针对发展中国家的研究较少。同时，研究多用外籍留学生的数据来代理国际人才流入量，国内研究中还有很多以海外归国留学生作为国际人才流入量代理变量的。事实上，国际人才并不仅限于留学生这一类群体，国际专家工作者也是国际人才中非常重要的一部分，其在生产过程中创造的价值不容小觑，因此在研究我国的国际人才流入时，选择境外来中国大陆工作专家作为一部分研究对象是十分必要的。

在促进经济增长的研究中，人力资本经常作为关键要素被深入剖析，人才是相对较新的人力资本的概念，从人才角度出发对经济增长进行研究的实证文章稍显匮乏，国际人才与经济增长的文章更甚。我国经济发展在世界各国中具有的特殊性，结合我国自身的实际发展状况，有针对性地对国际人才与我国经济增长进行研究具有较强的现实意义。

1.2　国际人才流入与我国经济增长实证分析

1.2.1　模型设定

基于已有研究中并未得到国际人才流入与我国经济增长的直接结论，本章中，笔者首先探究二者之间的关系，并利用 2003—2015 年我国各省、自治区、直辖市的人均国内生产总值（GDP）与各省、自治区、直辖市历年国际人才流入的数据，参考 Felbermayr（2012）和魏浩（2018）的研究，构建实证分析模型如下：

$$\ln GDP_{mn} = \alpha_0 + \alpha_1 \ln student_{mn} + \alpha_2 \ln expert_{mn} + \alpha_3 Z_1 + \alpha_4 Z_2 + \alpha_5 Z_3 + \alpha_6 Z_4 + \alpha_7 Z_5 + \varepsilon_{mn}$$

（公式 1）

在如上模型中，m 代表我国各省市，n 代表历年年份；Z_0 代表常数项；Z_1 为国际人才（解释变量）—外籍来华留学生的系数值；Z_2 为国际人才（解释变量）—境外来中国大陆工作专家的系数值；Z_3～Z_7 代表模型中的控制变量，分别为城市化水平、出口水平、政府参与经济程度、对外开放程度、市场规模的系数值；ε_{mn} 代表随机误差项。

1.2.2 变量介绍及数据来源

表 1.1

变量类型	变量名	经济含义
被解释变量	人均国内生产总值	实际人均 GDP（元）
解释变量	外籍专家	境外来中国大陆工作专家数（人）
	外籍留学生	外籍来华留学生数（人）
控制变量	城市化水平	各省市辖区人口/省级总人口
	出口水平	出口额（万元）
	政府参与经济程度	一般性预算支出（扣除教育和科学技术支出）
	对外开放程度	外商直接投资额（万元）
	市场规模	各省人口密度（人/平方千米）

1.2.2.1 解释变量及被解释变量

本章在对国际人才与我国各省市经济增长关系的实证分析中，解释变量为国际人才流入量，选取外籍来华留学生流入量和境外来中国大陆工作专家流入量作为国际人才流入量的代理变量，被解释变量为我国各省市人均国内生产总值。

在解释变量即国际人才流入量选择方面，考虑到：第一，国际人才是具有跨国流动行为的，应当是具备国际化能力水平的、与流入国文化背景不同的一类人。因此，从国籍上来区分，外籍来华留学生和境外来中国大陆工作专家是符合跨文化背景的，而海外归国留学生虽有跨国行为，但文化背景难以改变，同时海归通常在外留学或工作的时间较短，且知识和技术的获取具有时滞性，并不能全面参透国外的思维技术和工作程式，因此可以用国籍来区分国际人才。第二，外籍来华留学生和境外来中国大陆工作专家在国内社会中的贡献度较高。外籍留学生在来到中国深造学习、工作、生活的同时，作为学生，也能够高频次参与不同的社会活动，而且外籍身份让他们在参与社会活动时能够带来更好的反响和成果。调查显示，外籍留学生中有近 90%会参与企业实习（赵晓霞，2017），58%会参加兼职工作。相较于外籍留学生，外籍专家带来的知识溢出和技术流入更为可观，他们的加入能够显著提高企业的创新和生产效率。

已有研究多用外籍留学生的数据来代理国际人才流入量，在国内的研究中还有很多以海外归国留学生作为代理变量的。但国际人才并不限于留学生这一类群体，国际专家工作者也是国际人才中非常重要的一部分，将境外来中国大陆工作专家纳入研究对象十分必要。为尽可能保证研究对象的全面性，同时考虑到数据的可获取性，本书参照魏浩（2018）和李春浩（2018）的研究，选择外籍来华留学生和外籍专家的流入量作为国际人才的代理变量。

在被解释变量的选择方面，本章参照多数学者在研究经济增长相关问题时的做法，选取我国历年各省、自治区、直辖市的人均国内生产总值来代表经济增长。

1.2.2.2　控制变量

在探究国际人才流入与我国经济增长问题时，为了尽可能撇除其他因素对各省市经济增长的影响，更好地表现各地区的经济状态，特选取并在模型中加入了 5 个控制变量，具体如下：

城市化水平（Z_1）。城市化的过程是一个城市发展转型的表现，能够助力该地区及其周边地区城市的经济增长和发展。城市化创造了更多的就业机会，吸引、积累劳动力并促进劳动力从第一产业向二、三、四产业转移，能够提高工业生产效率，推进科学技术的进步，这些都能够推动城市经济增长。这里用省级市辖区人口/省级总人口计算城市化水平。

出口水平（Z_2）。最终需求（GDP）是投资、消费、净出口三种需求之和，我国通常称为拉动经济增长的“三驾马车”，可以看出出口对经济增长的重要影响，这里用各省、自治区、直辖市的出口额来代表出口水平。

政府参与经济程度（Z_3）。由于我国政治制度和市场的特点，政府通常会在市场供给需求失衡时出手加以干预，也会为促进经济增长而出台各项政策加以引导，为了维持市场的供需平衡，会对经济活动做出干预，因此地方的经济增长会受到政府决策或政策的影响，这里用地方政府的一般性预算支出（扣除教育和科学技术支出）来衡量其参与经济活动的程度。

对外开放程度（Z_4）。外商直接投资额（FDI）是生产国际化的表现，体现了一个国家的对外开放程度，FDI 是国家开放情况下经济增长的动力之一，能够很好地促进资本和技术的积累。这里用各省市的外商直接投资额（FDI）描述各省市的对外开放程度。

市场规模（Z_5）。市场规模是经济增长的第一因素，一个地区的市场规模越大，意味着能够吸引的投资越多、经济发展越快，人口密度这一指标可以衡量一个地区的需求状况，这里用各省市的人口密度来代表其市场规模。

1.2.2.3 数据说明

为了保证研究中数据方面的不间断性和稳定性，本书选取中国内地 2003—2015 年除新疆、西藏的 29 个省市的面板数据做回归分析，其中各省市历年的外籍来华留学生（外籍留学生）、境外来中国大陆工作专家（外籍专家）、人均国内生产总值（GDP）以及各控制变量的原始数据来源于各省市历年统计年鉴、《境外来中国大陆工作专家统计调差资料汇编》、《中国教育统计年鉴》和《中国统计年鉴》。

1.2.3 实证结果分析

1.2.3.1 国际人才流入对我国经济增长影响的 OLS 回归

表 1.2 国际人才流入与我国各省市经济增长的回归 OLS 结果

变量	模型一	模型二	模型三
外籍留学生	0.31508***		0.19140***
	(0.03027)		(0.03973)
外籍专家		0.39362***	0.23225***
		(0.03817)	(0.04999)
城市化水平	0.00104**	0.00154***	0.00100**
	(0.00037)	(0.00035)	(0.00036)
出口水平	0.00084	0.00077***	0.00053**
	(0.00062)	(0.00064)	(0.00065)
政府参与经济程度	0.00005	0.00017**	0.00008
	(0.00005)	(0.00005)	(0.00006)

续表

变量	模型一	模型二	模型三
对外开放程度	0.00435***	0.00374***	0.00359***
	(0.00238)	(0.00246)	(0.00239)
市场规模	0.00014*	0.00024***	0.00024***
	(0.00006)	(0.00007)	(0.00006)
常数项	6.56016***	5.33713***	5.51046***
	(0.17333)	(0.28777)	(0.28208)
R^2	0.70300	0.70180	0.71810

注：*、**、***表示在 10%、5%及 1%的显著性水平下，括号内为相应的 t 值，以下表格同此。

根据所构建的模型，选取国际人才流入数据（包括外籍留学生和外籍专家）和我国各省市经济增长数据进行 OLS 回归，同时加入各项控制变量。模型一为单独加入外籍来华留学生数据作为国际人才流入量，模型二为单独加入外籍专家数据作为国际人才流入量，模型三为同时加入外籍来华留学生和外籍专家两类国际人才数据，具体估计结果如表 1.2 所示。可以发现，在三个模型中，国际人才流入量都与我国各省市经济增长在 1%水平下显著正相关，且调整决定系数 R^2 水平都大于 0.7，说明三个模型的拟合程度均良好，也表明国际人才的流入对我国经济增长的促进作用是显著的。在模型一中，解释变量外籍留学生的系数值是 0.32；在模型二中，解释变量外籍专家的系数值为 0.39；在模型三中，外籍留学生的系数值为 0.19，外籍专家的系数值为 0.23，对比分析模型一、二，外籍专家对人均国内生产总值的促进作用强于外籍留学生，且在模型三中结论相同，说明外籍专家对我国经济增长的正向影响作用高于外籍留学生。

基于 OLS 分析结果发现，国际人才的流入能够显著促进我国经济增长，同时境外来华工作专家对我国经济增长的影响大于外籍来华留学生。

1.2.3.2 固定效应模型

表 1.3 国际人才流入对我国经济增长影响的固定效应回归结果

变量	外籍留学生		外籍专家	
	模型一	模型二	模型三	模型四
外籍留学生	0.31508***	0.40659***		
	(0.03027)	(0.02533)		
外籍专家			0.39362***	0.39985***
			(0.03817)	(0.05392)
城市化水平	0.00104**	0.00323***	0.00154***	0.00487***
	(0.00037)	(0.00026)	(0.00035)	(0.00028)
出口水平	0.00084	0.00045***	0.00077***	0.00047***
	(0.00062)	(0.00040)	(0.00064)	(0.00049)
政府参与经济程度	0.00005	0.00006*	0.00017**	0.00006
	(0.00005)	(0.00003)	(0.00005)	(0.00004)
对外开放程度	0.00435***	0.00286***	0.00374***	0.00322***
	(0.00238)	(0.00159)	(0.00246)	(0.00195)
市场规模	0.00014*	0.00026	0.00024***	0.00025
	(0.00006)	(0.00018)	(0.00007)	(0.00022)
常数项	6.56016***	5.44171***	5.33713***	4.6850***
	(0.17333)	(0.17561)	(0.28777)	(0.45820)
省份固定效应	uncontrolled	control	uncontrolled	control
R^2	0.70300	0.60470	0.70180	0.6456

尽管在 OLS 回归部分已经在模型中加入控制变量，以排除其他因素对分析结果的影响，但可能仍然存在一些无法观测的变量会产生干扰，因此，此处发挥面板数据多省份多年份的优势，建立省份固定效应模型，以此检验前部分得到的结论。在省份固定效应模型下，对国际人才和我国经

济增长进行回归分析，估计结果如表 1.3。模型一和模型二中的解释变量为外籍来华留学生，模型三和模型四中的解释变量为外籍专家。观察采用了固定效应模型，结果显示，在固定省份后，外籍留学生和外籍专家对我国经济增长的影响仍显著正相关，且在 1%水平下显著，R^2 值都大于 0.6，证明模型的拟合程度良好，模型结果与 OLS 回归结果基本保持一致，印证了 OLS 回归中国际人才流入对我国经济增长的显著促进作用。观察表 1.3 中的回归系数发现，解释变量外籍留学生和外籍专家在固定效应模型中的系数均增大，说明在控制省份的条件下，国际人才流入对我国经济增长的影响更大。

控制省份的固定效应模型显示，在控制了一部分遗漏变量的情况下，国际人才流入对我国经济增长的促进作用仍然显著。

1.2.3.3　基于两阶段最小二乘法（2SLS）回归分析

表 1.4　国际人才流入对我国经济增长影响的 2SLS 回归结果

变量	外籍留学生		外籍专家	
	OLS	2SLS	OLS	2SLS
外籍留学生	0.31508***	0.32172***		
	(0.03027)	(0.03596)		
外籍专家			0.39362***	0.42679***
			(0.03817)	(0.04531)
城市化水平	0.00104**	0.00100**	0.00154***	0.00144***
	(0.00037)	(0.00038)	(0.00035)	(0.00036)
出口水平	-0.00084	0.00084	-0.00077***	-0.00081***
	(0.00062)	(0.00061)	(0.00064)	(0.00065)
政府参与经济程度	-0.00005	-0.00005	0.00017**	0.00019**
	(0.00005)	(0.00005)	(0.00005)	(0.00006)
对外开放程度	0.00435***	0.00430***	0.00374***	0.00351***
	(0.00238)	(0.00240)	(0.00246)	(0.00251)

续表

变量	外籍留学生		外籍专家	
	OLS	2SLS	OLS	2SLS
市场规模	-0.00014*	-0.00015*	-0.00024***	-0.00026***
	(0.00006)	(0.00006)	(0.00007)	(0.00007)
常数项	6.56016***	6.52515***	5.33713***	5.09411***
	(0.17333)	(0.20107)	(0.28777)	(0.33877)
R^2	0.70300	0.70750	0.70180	0.70580

OLS 回归和固定效应模型结果显示，国际人才的流入可以显著促进我国经济增长，为了实证结论的严谨性，应继续解决变量中可能存在的内生性问题。首先，国际人才流入与经济增长可能存在双向因果关系。一方面，国际人才流入可以带动当地的经济增长，国际人才可以促进知识溢出、技术转移，提升流入国的生产效率和创新水平，利用国际人才的人际网络还可以促进国际贸易合作，拉动流入国的经济增长；另一方面，国际人才在流入前会考虑流入国的经济发展状况。一些研究已经证实，流入国的经济因素对国际人才的影响最为强大（Zheng，2003；张犀椰，2009），一个国家的经济水平不单单体现为经济实力，还代表着国家的科技实力、教育实力、文化实力，国际人才更倾向于参考经济水平因素选择流入国（陈怡安，2014）。如果国际人才流入和经济增长的双向因果关系成立，则可能影响本书的实证结果。其次，实证过程中可能存在遗漏变量，虽在前文中已尽可能全面加入控制变量并进行固定效应检验，但仍可能存在类似于政策、社会环境等难以量化的因素的影响。例如，我国近年来为争夺国际人才资源，陆续出台了各项政策，加大对国际人才的吸引力度，且不同省份出台政策的时间和政策内容不尽相同，诸如此类的因素与国际人才流入具有强相关性，可能会产生影响研究结论的内生性问题。因此，为了最大程度上减少内生性问题对研究的干扰，在这里参考 Card（2001）的做法，采用“偏离—份额 IV”（shift-share IV）的计算方法构建工具变量：

$$\widehat{IS}_{n,T} = \frac{IS_{n,2003}}{\sum_{n} IS_{n,2003}} \times IS_t \qquad \text{（公式 2）}$$

在公式 2 中，$IS_{n,\ 2003}$ 表示第一年（2003 年）中第 n 个省份的国际人才流入量，IS_t 表示第 t 年整个国家的国际人才流入总量，$\widehat{IS}_{n,\ T}$ 则表示对每年某一个地区国际人才流入量的估计，用第一年某一省份的国际人才流入量占整个国家第一年国际人才流入量的比例来预估往后每年该省份的国际人才流入量。按照偏离—份额 IV 方法计算出的我国各省市国际人才的分布情况和每年国际人才流入的实际数量密切关联，但与该地的经济水平和政策环境等干扰因素相关性较弱，基本符合工具变量的原则要求。

基于 2SLS 回归的内生性处理如表 1.4 所示。内生性处理在一定程度上减少了扰动项的影响，模型二和模型四中的拟合优度均大于 OLS 回归，R^2 值大于 0.7，表示该模型对国际人才流入与我国经济增长的估计更准确。同时，外籍留学生和外籍专家对我国经济增长的影响仍显著正相关，且在 1%的水平下显著，印证了前文中得出的结论。

两阶段最小二乘法的回归结果显示，国际人才流入依然能够显著促进我国经济增长，该部分的结果与 OLS 回归结果基本一致，说明实证结果十分稳健。

1.3　进出口贸易和创新水平的中介效应

中介效应是对变量关系的一种描述，比如，在研究解释变量 X 对被解释变量 Y 的影响的时候，可能通过一个或者多个中间变量 M 实现 X 对 Y 的影响，在这里，M 就是中介变量，X 通过中介变量 M 影响 Y 的这种关系就是中介效应。

基于此，本章将国际人才流入对我国经济增长（人均 GDP）的影响分为进出口水平以及创新水平两个中介变量。假设所选择的变量之间满足线性关系，进一步提出公式 3、公式 4、公式 5，三个公式为三层链式关系。

$$\ln GDP_{ij} = \alpha_0 + \alpha_1 \ln X_{ij} + \alpha_2 C_{ij} + \mu_{ij} \quad \text{（公式 3）}$$

$$mediator_{ij} = \beta_0 + \beta_1 \ln X_{ij} + \beta_2 D_{ij} + \sigma_{ij} \quad \text{（公式 4）}$$

$$\ln GDP_{ij} = \gamma_0 + \gamma_1 mediator_{ij} + \gamma_2 \ln X_{ij} + \gamma_3 E_{ij} + \varphi_{ij} \quad \text{（公式 5）}$$

其中，GDP 表示人均 GDP，X 表示外籍来华留学生人数或境外来华工作专家人数，$mediator$ 表示不同的中介变量、进口出口水平以及创新水平，C、D、E 分别表示每一个回归方程中所选用的控制变量，μ、σ、φ 分别表示每一个回归方程中的随机误差项，i 表示地区，j 表示年份。公式 3 中的

系数 α_1 可以视为外籍留学生或境外来中国大陆工作专家对人均 GDP 增长的总效应。公式 5 中的系数 γ_2 可以看作对人均 GDP 增长的直接效应，将公式 4 代入公式 5 中即可得到系数 γ_1，β_1 则代表不同中介变量的中介效应。根据计算所得的相关系数值和显著性水平，并通过相关检验方法对中介效应进行检验，以判断其中是否存在中介效应。具体检验方法为：

第 1 步，检验模型中的回归系数 α_1，若没有通过显著性检验，则检验到此结束，若通过，则进行下一步；

第 2 步，对系数 γ_1、β_1 分别进行显著性检验，若同时满足显著性水平的要求，那么中介效应一定存在，即可进行第 3 步检验，若其中存在任何一个系数不显著，则直接进行第 4 步检验；

第 3 步，依据第 2 步的结果，若 γ_2 系数是不显著的，那么说明该中介效应是完全的，解释变量一定会通过中介变量对被解释变量产生影响，若系数 γ_2 是显著的，解释变量只是有一部分会通过中介变量影响被解释变量，也就说明该中介效应为部分中介，且中介效应的大小为 $\beta_1\gamma_1/(\beta_1\gamma_1+\gamma_2)$；

第 4 步，进行 sobel 检验，若 sobel 检验是显著的，就证明中介效应是存在的，即可返回到第 3 步计算中介效应值的大小，若 sobel 检验结果不显著，也就说明该路径的中介效应是不存在的。

本部分所选取的变量名称说明以及对应的描述性统计结果见表 1.5。本部分的研究目的是探究国际人才流入是否通过进出口贸易、创新水平对经济增长产生影响，因此同上文一样，选取人均 GDP 作为被解释变量，衡量经济增长；选取境外来中国大陆专家人数和外籍来华留学生人数作为解释变量，衡量国际人才流入。本章将进出口贸易、创新水平作为中介变量，分别使用进出口总额、发明专利件数作为代理变量。在控制变量方面，根据不同中介变量选取不同的控制变量，包括市场规模、外商直接投资、信息化水平、技术水平、产业结构、基础设施、政府支持。

表 1.5　中介效应变量说明

变量类型	变量名	经济含义	均值	标准差	最大值	最小值
被解释变量	人均国内生产总值	实际人均 GDP（元）	31830.77	21879.7434	107960.09	3701.00

续表

变量类型	变量名	经济含义	均值	标准差	最大值	最小值
解释变量	外籍专家	境外来中国大陆工作专家人数	19401.13	30384.3363	167218.00	251.00
	外籍留学生	外籍来华留学生人数	2738.74	4837.961475	29821.00	7.00
中介变量	进出口贸易	进出口贸易总额（万元）	62334733.94	112718012.8	676038215.56	280706.18
	创新水平	专利拥有量（件）	11879.58	21219.00611	154608.00	49.00
控制变量	市场规模	各省市人口密度（人/平方公里）	446.87	626.9115044	3825.99	7.39
	外商直接投资额	外商直接投资额（万元）	3866540.62	4436663.31	22528880.40	16917.17
	信息化水平	电话普及率（部/百人）	84.85	37.84028948	228.09	17.40
	技术水平	技术市场成交额（万元）	1369548.29	3594068.49	34538854.57	1885.29
	产业结构	第三产业占 GDP 比重	40.69	8.309369541	79.65	28.60
	基础设施	邮电业务占 GDP 比重	5.41	2.350472163	11.90	1.43
	政府支持	一般预算支出占 GDP 比重	19.75	8.884218351	62.69	7.92

1.3.1　进出口贸易的中介效应检验

对进出口贸易的中介效应进行检验，中介变量为进出口贸易总额，控制变量包括：市场规模、外商直接投资、信息化水平、技术水平。

1.3.1.1 进出口贸易对“外籍来华留学生影响经济增长”的中介效应

根据公式3、公式4和公式5，检验进出口贸易在外籍来华留学生影响我国各省市经济增长中的中介效应，模型估计结果如表1.6所示。

表1.6 进出口贸易对“外籍来华留学生影响我国经济增长”的中介效应

变量	模型一	模型二	模型三
	GDP	进出口贸易	GDP
进出口贸易			0.0975***
			(4.69)
外籍留学生	0.0416***	0.0677*	0.0350**
	(3.37)	(2.17)	(2.90)
市场规模	0.869***	0.209	0.849***
	(8.64)	(0.82)	(8.68)
外商直接投资	0.0241*	0.121***	0.0123
	(2.09)	(4.18)	(1.07)
信息化水平	0.847***	0.600***	0.788***
	(24.57)	(6.90)	(22.08)
技术水平	0.201***	0.237***	0.178***
	(17.88)	(8.38)	(14.85)
常数项	-0.621	8.735***	-1.473**
	(-1.13)	(6.33)	(-2.62)
省份固定效应	control	control	control

如表1.6所示，在模型一中，外籍来华留学生的系数通过了显著性检验，说明外籍留学生对人均GDP有显著的正向影响。在模型二中，外籍留学生的系数通过显著性检验，外籍留学生对进出口贸易有着显著的正向影响。在模型三中，进出口贸易的系数通过显著性检验，进出口贸易对人均GDP产生显著正向影响，至此，说明这里的中介效应一定存

在，也就说明在外籍来华留学生影响我国经济增长的过程中存在进出口贸易的中介效应。通过对系数的计算，可知中介效应占总效应的 15.87%。

进出口贸易对“外籍来华留学生影响我国经济增长”的中介效应检验结论为：

外籍来华留学生流入量的增加可以直接促进我国各省市的经济增长，也可以通过增加进出口贸易间接促进我国各省市的经济增长。

1.3.1.2　进出口贸易对“外籍专家影响经济增长”的中介效应

根据公式3、公式4 和公式5，检验进出口贸易在外籍专家影响我国各省市经济增长中的中介效应，模型估计结果如表 1.7 所示。

表 1.7　进出口贸易对“外籍专家影响我国经济增长”的中介效应

变量	模型一	模型二	模型三
	GDP	进出口贸易	GDP
进出口贸易			0.112***
			(5.19)
外籍专家	-0.0968***	0.210***	-0.0246
	(-7.69)	(4.70)	(-1.34)
市场规模	-0.0101	0.194	0.863***
	(-0.79)	(0.78)	(8.75)
外商直接投资	0.0864***	0.112***	0.0122
	(8.21)	(3.94)	(1.06)
信息化水平	1.192***	0.671***	0.815***
	(40.79)	(8.52)	(23.61)
技术水平	0.102***	0.213***	0.184***
	(8.37)	(7.58)	(15.21)
常数项	3.778***	7.504***	-1.501**
	(31.79)	(5.48)	(-2.64)
省份固定效应	control	control	control

如表 1.7 所示，在模型一中，外籍专家的系数通过了显著性检验，说明外籍专家对人均 GDP 有显著的正向影响。在模型二中，外籍专家的系数通过显著性检验，外籍专家对进出口贸易有着显著的正向影响。在模型三中，进出口贸易的系数通过显著性检验，进出口贸易对人均 GDP 产生显著正向影响，至此，说明这里的中介效应一定存在，也说明在外籍专家影响我国经济增长的过程中存在进出口贸易的中介效应。再观察模型三中外籍专家的系数，发现系数不显著，也就是进出口贸易对外籍专家影响经济增长的中介效应是完全中介。

进出口贸易对“外籍专家影响我国经济增长”的中介效应检验结论为：

外籍专家流入量的增加是完全间接通过增加进出口贸易来促进我国各省市经济增长的。

1.3.2 创新水平的中介效应检验

对进出口贸易的中介效应进行检验，中介变量为进出口贸易总额，控制变量包括：外商直接投资、基础设施、政府支持、产业结构。

1.3.2.1 创新水平对“外籍来华留学生影响经济增长”的中介效应

根据公式 3、公式 4 和公式 5，检验创新水平在外籍来华留学生影响我国各省市经济增长中的中介效应，实证检验结果如表 1.8 所示。

表 1.8 创新水平对“外籍来华留学生影响我国经济增长”的中介效应

变量	模型一	模型二	模型三
	GDP	创新水平	GDP
创新水平			0.379***
			(24.17)
外籍留学生	0.339***	0.520***	0.141***
	(11.80)	(8.66)	(7.33)
外商直接投资	-0.0151	-0.0297	-0.00379
	(-1.07)	(-1.01)	(-0.44)
产业结构	0.00623	0.0383***	-0.00830**
	(1.49)	(4.38)	(-3.18)

续表

变量	模型一	模型二	模型三
	GDP	创新水平	GDP
基础设施	-0.0392 ***	-0.0965 ***	-0.00259
	(-5.48)	(-6.45)	(-0.56)
政府支持	0.0531 ***	0.0828 ***	0.0217 ***
	(12.63)	(9.41)	(7.55)
常数项	6.748 ***	2.055 ***	5.969 ***
	(30.36)	(4.41)	(42.93)
省份固定效应	control	control	control

如表 1.8 所示，在模型一中，外籍留学生系数通过显著性检验，说明外籍留学生对人均 GDP 有显著正向影响。在模型二中，外籍留学生系数依旧显著，即外籍留学生对创新水平有着显著的正向影响。在模型三中，创新水平系数通过显著性检验，创新水平对人均 GDP 有显著正向影响，至此说明这里的中介效应一定存在，也就说明，在外籍来华留学生影响经济增长的过程中存在创新水平的中介效应。通过对系数的计算，可知中介效应占总效应的 58.29%。

创新水平对“外籍来华留学生影响我国经济增长”的中介效应检验结论为：**外籍留学生流入量的增加可以直接促进我国各省市的经济增长，也可以通过提高创新水平间接促进我国各省市经济增长。**

1.3.2.2　创新水平对“外籍专家影响经济增长”的中介效应

根据公式 3、公式 4 和公式 5，检验创新水平在外籍专家影响我国各省市经济增长中的中介效应，实证检验结果如表 1.9 所示。

表 1.9　创新水平对“外籍专家影响我国经济增长”的中介效应

变量	模型一	模型二	模型三
	GDP	创新水平	GDP
创新水平			0.431 ***
			(27.17)

续表

变量	模型一	模型二	模型三
	GDP	创新水平	GDP
外籍专家	0.215***	0.559***	-0.0262
	(3.89)	(5.28)	(-0.81)
外商直接投资	-0.0169	-0.0355	-0.00161
	(-1.04)	(-1.13)	(-0.18)
产业结构	0.0132**	0.0461***	-0.00667*
	(2.75)	(5.01)	(-2.38)
基础设施	-0.0536***	-0.116***	-0.00372
	(-6.58)	(-7.41)	(-0.75)
政府支持	0.0736***	0.107***	0.0276***
	(16.56)	(12.53)	(9.11)
常数项	6.625***	0.160	6.556***
	(14.27)	(0.18)	(25.06)
省份固定效应	control	control	control

如表1.9所示，在模型一中，外籍专家的系数通过了显著性检验，说明外籍专家对人均GDP有显著的正向影响。在模型二中，外籍专家的系数依旧显著，即外籍专家对创新水平有着显著的正向影响。在模型三中，创新水平的系数通过显著性检验，创新水平对人均GDP产生显著正向影响，至此说明这里的中介效应一定存在，也就说明，在外籍专家影响我国经济增长的过程中存在创新水平的中介效应。再观察模型三中外籍专家的系数，发现系数不显著，也就说明创新水平对外籍专家影响经济增长的中介效应是完全中介。

创新水平对“外籍专家影响我国经济增长”的中介效应检验结论为：

外籍专家流入量的增加是完全间接通过提高创新水平来促进我国各省市经济增长的。

1.4　结论与建议

1.4.1　结果讨论

1.4.1.1　我国对国际人才的吸引力呈上升趋势

根据我国 2003—2015 年国际人才流入情况的描述性统计可以发现，国际人才流入量逐年增加，说明我国对国际人才的吸引力逐年提升。同时，两类主要国际人才群体略有差异，境外来中国大陆工作专家数总量较大，外籍来华留学生数增速更快。我国东中西部对国际人才的吸引力也有所差异，东部地区的国际人才吸引力明显高于中部地区和西部地区，我国国际人才流入趋势随时间推移逐渐由北方向南方转移。

改革开放以来，我国经济快速发展，但依旧与发达国家存在较大的差距，对拥有国际视野、专业能力的海外高层次专家型人才有较大的需求，同时在我国发展前景广、潜力大的背景下，外籍专家会也会考虑到中国发展，这很好地解释了外籍专家体量较大的原因。同时，借鉴发达国家的发展历程，我们不难发现，一个国家教育水平的提升通常是滞后于国家发展的，对国际留学生的吸引力也侧面反映了一国的教育水平，客观来看，我国教育水平仍有待提升，这也解释了外籍留学生总体人数少于外籍专家的情况。

根据我国各省市的经济发展情况，东部地区省市较多，经济产业发展较快，对外交流机会更多，因此对国际人才的吸引力更大。而中西部地区的省市平均综合实力稍弱于东部地区，对国际人才的吸引力稍显不足。随着时间的推移，我国南部城市发展迅猛，北部大城市（例如北京）虽依旧保持高水平的吸引力，但整体上看，国际人才流入趋势已从北向南迁移。

1.4.1.2　国际人才流入显著促进我国经济增长

通过前文的实证分析，发现国际人才的流入能够显著促进我国各省、自治区、直辖市的经济增长，同时境外来华工作专家和外籍来华留学生对我国经济增长的影响存在异质性，外籍专家对经济增长的促进效果强于外籍留学生，且实证结果稳健。

外籍留学生和外籍专家的流入对我国各省市的经济有显著的促进作用，这在一定程度上可能是因为国际人才在流动前生活成长的环境和国内不同，他们和华人在价值观念、文化习惯、思维方式上都存在差异，国际人才的流入能够很好地带动文化交互融合，促进知识技术溢出，提高国内社会的创新能力和生产效率，同时运用在流入国和来源国形成的社会网络，促进国家或地区企业间的商业交流和贸易合作，从不同方面、不同程度上影响了流入地区的经济增长和发展。

根据实证结果可知，境外来中国大陆工作专家对我国经济增长的促进作用高于外籍来华留学生。由于外籍来华留学生这一群体的身份均为学生，他们来到中国的主要目的是深造学习，在留学期间可能会参与社会活动或进入企业短期实习，但他们的主要精力还是集中在学习上，在思维、知识、技术上的输出并不充分。而外籍专家是不同类型企业、行政、事业单位、我国大型项目和社会组织所聘用的境外专家，他们来到中国的主要目的是科研和工作，我国外国专家局将境外专家分为经济技术管理专家和科教文卫专家，可见，外籍专家通常身处我国重要发展领域，他们的能力、水平和影响可见一斑。同时外籍专家在各有领域资源丰富，他们的流入可以实现国际资源互通，进一步促进不同行业的交流与合作，这些都可以成为促进经济增长的渠道。也正是如此，外籍专家在对我国经济增长的影响方面高于外籍留学生。

1.4.1.3 国际人才流入通过进出口贸易影响经济增长

进出口贸易，在境外来华工作专家影响我国经济增长的过程中存在正向的完全中介效应，在外籍来华留学生影响我国经济增长的过程中存在明显的正向中介效应，即境外来中国大陆工作专家通过增加进出口贸易，间接促进经济增长，外籍来华留学生可以直接促进经济增长，也可以通过增加进出口贸易的方式来促进经济增长。

国际贸易中的两个国家之间可能存在文化背景、思维观念方面的差异，再加上国际市场并不像国内市场一样，有较为对称、完整的交易信息，两国在进行贸易合作时，需要克服和解决的问题十分冗杂。国际人才的出现很大程度上减少了这些问题，他们自身的流动使得国家之间的语言文化、交流方式、思维特点相互融合，进一步带动了商品在国际间的流动，也在一定程度上降低了在贸易合作中发生摩擦的概率。国际人才可以通过个人或群体连接来源国与流入国，通过他们直接传递信息或达成贸易合作的决定，促进两个国家的贸易往来。我国对外交流的主要渠道之一就是进出口贸易。进出口贸易通常被称为经济增长的发动机，也是经济增长的三大引擎之一，其重要性不言而喻。国际人才流入会促进进出口贸易的增长，进而间接影响我国经济增长。

1.4.1.4　国际人才流入通过创新水平影响经济增长

创新水平，在外籍专家影响经济增长的过程中存在正向的完全中介效应，在外籍来华留学生影响经济增长的过程中存在显著的正向中介效应。即境外来中国大陆工作专家通过提升创新水平间接促进经济增长，外籍来华留学生可以直接促进经济增长，也可以通过增加进出口贸易间接促进经济增长。

外籍留学生和外籍专家作为具有与国际接轨能力和扎实专业背景的国际人才，能够在流入后快速将之前所积累的关于产品和技术的知识系统、操作模式、迁移到流入国企业中，降低了企业迭代探索的成本，促进了企业的创新效率，进一步提高所在国家或地区的创新效率。随着我国经济增长进入常态化，传统的发展模式陷入瓶颈，需要逐步转向提升创新能力以驱动经济增长。国际人才流入所带来的创新水平的提高可以通过提升全要素生产率来直接驱动经济增长，也可以通过不断生产新的商品和服务间接拉动经济增长，这些都有利于推动经济向高质量发展方向迈进。因此，外籍留学生和外籍专家的流入会通过提升创新水平，进而促进我国经济增长。

1.4.2　研究建议

在国际人才成为稀缺资源的当下，世界各国逐渐意识到国际人才在社会生产和科技研发中的重要作用，相继加入到人才争夺的队伍之中，我国也是如此。近年来，我国不断加大力度吸引国际人才，以满足国内市场对国际人才的需求。为了更合理有效地拓展国际人才队伍，基于前文的实证研究结论，我们可以得到一些来自实践的启示：

第一，我国需重视国际人才在促进经济增长方面的作用，在经济发展初期，经常通过外商投资来促进经济增长，虽然外资投入是经济增长的重要组成部分，但国内技术欠缺和创新水平不足所带来的经济问题不能一直通过增加外商投资的手段来弥补。随着中国经济的迅猛发展，国际地位攀升，我国也逐渐重视人才发展培养，并强调“人才资源是第一资源”。国际人才作为能够拉动外商投资同时引入前沿知识技术的群体，其流入能弥补技术方面的欠缺，增加外资投入，因此，我国应当重视国际人才的引入工作，以发挥其特有的优势，助力经济的稳步高质量发展。

第二，我国需重视并充分利用国际人才的贸易促进效应。从前文中得到的结论可以看出，国际人才流入会通过增加进出口贸易对我国经济产生较大的影响。由于我国的国际人才流入量比世界其他发达国家少，国际人才能够发挥的作用十分有限，其在增加进出口贸易、促进经济增长方面的贡献较难察觉。考虑到世界当前的形势和我国促经济的政策，我国应在对外贸易方面保持稳中求进的状态，积极平稳地开展对外贸易，同时调整国际人才准入方案，进一步发挥国际人才对进出口贸易的促进作用，进而推动我国经济增长。

第三，我国需重视对境外来中国大陆工作专家群体的吸引。外籍专家是拥有高技术水平和高知识背景的国际人才，主要在我国重要组织和发展领域工作，是跨国流动人才中十分重要的群体，前文的实证结论显示，外籍专家能够显著促进我国经济增长。外籍专家的流入代表了国际先进知识技术的流入，能够推动国内各领域的发展，因此，我国需要逐步完善国际人才的引入政策，加强对国际人才的服务保障和激励制度，以此吸引外籍专家的流入。与此同时，我国应重视自身技术提升，培养一批能堪当大任的国内人才，鼓励人才跨国交流，在国家间形成人才循环，才能真正实现高质量发展。

第四，我国需重视外籍来华留学生的培养教育。目前，外籍留学生仍是我国国际人才中数量庞大的群体。虽然他们来到中国的目的是学习深造，但他们特有的优势价值值得继续挖掘并发挥，我国应不断调整并完善国际留学生的准入政策，吸引更多来自发达国家和发展中国家的留学生。我国应进一步增加对高等院校的师资投入和科研支持，提升我国高等教育水平，才能争取与更高的国际学府进行合作，逐步提升外籍留学生的质量。在留学期间，我们要注重外籍留学生的社会活动参与度，积极引导他们进行文化交流，拓宽国人视野的同时也能让留学生增长见识，增强日后在华发展的意愿。在留学生即将完成学业时鼓励其毕业后在华发展、学以致用的同时，有利于保持我国和其母国的贸易交流。所以，注重外籍留学生的培养是推动我国教育事业向更高水平发展的动力，同时还可以拓宽国人的文化视野。

第五，我国需重视国际人才群体的多元化引入。从当前我国的人才结构来看，我国面临着人才结构失衡，具体表现在高精尖技能人才、复合型人才不足，能够发展新兴领域的人才短缺等方面。我国的国际人才群体处于体量较为庞大但类型较为集中、质量水平有待提高的状态。因此，我国应定向吸引不同类型、领域的国际人才，加大力度吸引国内急需发展的行业，用国内市场需求匹配流入的国际人才，以此弥补当前发展的短板，并保持优势行业的领先。国际人才引入的多元化可以让各行各业看到本行业的国际趋势，取长补短，同时，国际人才的流入也可以在一定程度上提高行业内的生产效率和创新水平，为整个社会的生产活动增添更为强大的动力，进而有利于我国经济高质量发展。

第 2 章

国际人才流入对外商直接投资质量的影响

引　言

积极吸引和合理利用外资是实现我国扩大对外开放、构建高水平开放的经济新体制的重要手段。外商直接投资（FDI）作为外资的一种重要形式，大大促进了流入地区的经济发展，高质量 FDI 的流入有利于供给侧结构性改革的推进。而国际人才作为国家间人力资本流动的主要载体，可能通过提升外资存量、促进外资增长、优化外资结构等方式，提高我国地区 FDI 水平。因此，本章将对国际人才流入与外商直接投资的关系进行探究。

2.1　文献综述

2.1.1　FDI 影响因素的相关研究

针对 FDI 的研究，大多数学者关注到了 FDI 的数量和地区分布，多数学者关注到了政策环境等因素对于 FDI 的影响。张丹和李玉双（2021）关注到环境规则对 FDI 的影响，将其划分为命令控制型、经济激励型和自愿意识型三类。研究发现，后两者的强化对吸引来自欧美等国的清洁型 FDI 流入有利，从长远来看，能够在促进经济高质量增长的同时，降低对环境的污染。储德银和姜春娜（2021）从理论层面出发，通过构建空间面板模型，首先明确了财政透明这一良好的财政管理结果能够吸引 FDI 流入且这种影响是显著的，并在此基础上发现，财政透明不仅能够提升营商环境的公平性、有序性，还可以促进地方政府在公共服务等方面的投入，进而增强地方对于 FDI 的吸引力。付晓东等（2021）以我国的改革开放这一关键历史节点为研究出发点，将研究聚焦于改革开放之后国内 FDI 区域分布差异和区位变化趋势，发现改革开放渐进式进行的特点以及各地区在资源禀赋、人力资本存量、集聚效应、政治环境等方面的显著差异，导致 FDI 在我国的分布也表现出显著的区域差异。Luo S.，et al.（2021）基于中国 31 个省份及自治区、直辖市 2003 年至 2017 年的数据，对国际资本双向流动对经济增长的传导机制及影响作用进行了研究，研究发现，FDI 和对外直接投资（ODI）均能显著提高经济增长质量，且 FDI 的作用强于 ODI，研究通过引入中介效应，发现 FDI 主要通过促进就业、推动技术溢出和提高产出效率三种途径提升经济增长的质量。雷淑珍等（2021）的研究关注到了 FDI 自身的异质性，将 FDI 按照行业区分为资源导向型、效率导向型和市场导向型三类，基于中国 2001 年至 2015 年省级面板数据，发现异质性 FDI 对区域创新能力的提升有着显著的非线性影响，政府可以通过平衡引资结构等途径提升区域的创新能力，因此这种影响作用受政府财政干预水平的影响较大。

在针对 FDI 质量的研究方面，国外学者较早在研究中引入 FDI 质量作为变量，但是由于 FDI 质量本身不好观测，研究多基于对于 FDI 质量的不同理解选取指标体系进行评价，通过研究的不断深入，也使 FDI 质量逐渐从抽象变得具体且可度量。Kumar N.（2002）从 FDI 对地区所产生的影响结果的角度出发，认为衡量 FDI 的质量应该通过其对东道国产生的贡献来评价，即 FDI 的流入对于东道国出口竞争能力的提升和资本积累的增加等方面。另外，还有一些学者认为，评估 FDI 质量应该主要关注 FDI 本身，Buckley, et al.（2004）在针对 1995 年至 2001 年中国 FDI 流入对本国工业业绩影响的研究中就采用了工业行业 FDI 企业资本占全国总资本比例、FDI 企业雇员占全国劳动人口比例、各行业 FDI 企业投资比例等指标来评价 FDI 质量。

之后，Alfaro L. 和 Charlton A.（2007）从探究 FDI 是否是同质的角度出发，用 FDI 质量来表示每一单位 FDI 对经济增长产生的效果；同时他们在效果评估上也考虑到了对行业特性（平均技能强度和对外部资本的依赖）、东道国偏好等客观因素进行区分。随着中国社会经济的快速发展，国内学者在对 FDI 质量的研究中借鉴了之前学者的经验，傅元海等（2010）更加注重 FDI 中技术要素的重要性，将引资结构、技术管理知识含量、环保水平等纳入衡量 FDI 质量的指标体系，从引入 FDI 的目的和诉求出发，对评价体系进行了优化和升级，将 FDI 的质量与其对东道国经济发展的促进和出口竞争力提升的作用联系到一起。Pan X.，et al.（2020）的研究发现，FDI 的质量在提升中国的能源效率中发挥着重要作用，研究在 FDI 质量衡量指标的选取上遵循 Kumar N. 的观点，同时重点关注技术要素的作用，采用技术水平来衡量 FDI 质量。孙玮等（2011）将 FDI 分为质量较低的数量扩张型，主要关注该类 FDI 的经济规模；技术含量较高的知识密集型，此类 FDI 则注重观测技术实力、管理制度合理化程度和本地化关联程度等指标。邹建华和韩永辉（2013）关注到珠江三角洲地区在一定程度上浓缩了改革开放经济史，针对珠三角地区的 FDI 进行了研究，并提出 FDI 质量可以通过单体规模、高新技术产业投资占比、外资外向型发展、技术外溢潜力指标对 FDI 质量进行比较和衡量。

白俊红和吕晓红（2017）在研究中将 FDI 质量更加具体化、可测度化，为 FDI 质量评判建立五维评价体系，将其量化为盈利能力、技术水平、管理水平、实际规模、出口能力五个维度，以求尽量全面地体现 FDI 质量。由于其具体、系统、可计算性强的特点，这一指标体系被之后的学者广泛应用。叶修群和张雅竹（2020）在关于保税区和出口加工区等关税政策的实行将对 FDI 质量产生何种影响的研究中，衡量 FDI 质量的评价指标体系也借鉴了上述研究。通过研究不断将 FDI 质量变得可观测之后，学者们也逐渐将研究重心转移到提升 FDI 质量的可行路径上。李金城等（2021）基于中国 2003 年至 2018 年的省级面板数据的研究结果表明：我国目前阶段的 FDI 质量有所提高，且对华实际投资额的增长推动了企业的劳动偏向型技术进步，而我国劳动要素较为丰富，这种改变符合顺要素禀赋的特征，并且该研究还着重强调人力资本对吸引高质量 FDI 的重要作用：技术的差距较大、人力资本水平高的国家和地区更能够吸引高质量 FDI 流入。此项研究还发现，优化外资引进结构，使所引进的外资符合自身要素禀赋、提升技术水平和人力资本存量，建立人才梯队是提升我国 FDI 质量的有效途径。陈炎伟等（2021）的研究从“卢卡斯悖论”出发，对人力资本和 FDI 在完全市场和不完全市场下相互影响的路径进行了探讨与分析，研究发现，在人力资本与 FDI 相互关联和协同发展的关系中，一方面，人力资本会影响 FDI 区位选择；另一方面，FDI 的流入能够显著促进人力资本的提升，形成相互促进、可持续发展的良好局面。研究还发现，通过人力资本和 FDI 的耦合，可以促进劳动力水平的提高，从而有效应对社会老龄化、少子化等问题，促进产业结构优化与经济的高水平发展。田素华等（2021）关注到了人口老龄化问题对 FDI 的影响，该研究利用世代交叠模型（OLG）对企业在国际化经营中东道国的劳动力供给和资本供求的问题进行了研究，发现人口老龄化会造成劳动人口减少和居民储蓄增加，这将从资本的供求两个方面造成 FDI 净流入的减少，而国际人才的流入将在一定程度上缓解人口老龄化带来的劳动力供给与资本供求问题，间接对 FDI 产生影响。

2.1.2 国际人才流入对 FDI 影响的相关研究

目前已有研究说明了国际人才流入对流入国吸引 FDI 以及技术扩散溢出等方面的促进作用。从长远来看，人力资本的流动和 FDI 之间可能存在补充而非替代关系。Comolli P.（2018）通过调查小型贸易经济体的国际人才流入和 FDI 之间的关系，发现小型贸易经济体的国际人才流入往往伴随着 FDI 流入（补充资本流动），且这种影响与国际人才的技能构成有关。技术型国际人才流入多数伴随着 FDI 流入，而非技术型国际人才流入则可能造成 FDI 流出（可替代的资本流动）。

作为经济学中两种最主要的生产要素，部分学者较早地在研究中探究了国际人才和 FDI 之间的关系。多数学者关注到了国际人才网络所发挥的作用。Docquier F. 和 Lodigiani E.（2010）使用资本和人力资本存量的原始数据进行了研究，结果表明，资本和国际人才存在某种互补而非替代的关系。国际人才流入会产生人才网络外部性，从而对 FDI 流入产生影响。Foad H.（2012）发现，关于国际人才流入和 FDI 的研究大多着眼于对国家层面的整体影响，认为国际人才网络通过增强信息交流和将市场内置等途径降低了外商投资的风险。同时，他还关注到了这些国家层面研究存在的识别问题，造成 FDI 流入增加的可能不是国际人才流入本身，因为经济发展等原因在吸引国际人才流入的同时也会吸引 FDI 的流入。Hisman 通过美国 50 个州、10 个来源国的 FDI 和国际人才的区域分布数据来识别这种影响因素。该研究证实了国际人才流入不仅与 FDI 显著正相关，而且技能水平较高的国际人才社区将吸引更多的 FDI 流入，而国际人才对 FDI 的拉动效应也随着其与本国的联系以及国际人才对当地社区的影响而增加。这说明，国际人才流入对 FDI 产生了正外部性，因此，在评估国际人才流入的成本和收益时必须考虑这一点。Lv 和 Song（2018）利用中国 30 个省市 1998 年至 2016 年的面板数据的研究，再次验证了国际人才流入在 FDI 的增长效应中起到的重要作用。该研究还证实了这种影响的效果在不同地区有所差异。

国内学者基于中国数据的研究成果同样丰富，国内针对国际人才的研究主体多数聚焦于海外回流人才和来华留学生。朱敏（2013）从国家和省市两个层面考察了海外人才回流的情况，以及其对 FDI 技术溢出所产生的影响，且海外回流人才由于自身具有较高的人力资本水平且对技术的接受程度较高，在一定程度上可以提升母国 FDI 技术溢出效应，且这种影响具有一定的乘数效应。陈怡安（2014）通过将海归回流与 FDI、进口和专利技术等渠道对比研究，发现海外人才回流与 FDI 是我国国际知识溢出的重要渠道。另外，谷媛媛和邱斌（2017）利用中国 2006 年至 2013 年的省级面板数据进行了实证研究，证实了国际人才的流入对我国地区 FDI 水平提高的促进作用，而且国际人才的流入在一定程度上与企业经营环境和地理集聚水平具有替代作用。尽管如此，受政策环境、区位差异、人力资本集聚效应等因素的影响，我国东、中、西部 FDI 规模也存在较大差异。朱静静（2019）基于中国 2007 年至 2016 年 31 个省市的省级面板数据研究了来华留学生教育对中国 OFDI 的影响，证实了来华留学生教育作为国际人才交流的主要途径之一，对我国 OFDI 具有显著的促进作用，且这种促进作用具有显著的地区差异。

2.1.3　文献述评

作为促进经济发展的两项重要决定因素，劳动力和资本之间的关系一直广受学界关注。人才强国、对外开放等发展战略在确保我国经济在高质量发展的轨道上行稳致远，为推动世界经济复苏进程贡献中国力量的同时，也对研究的国际化提出了新要求，要更加关注国际人才和 FDI 等与国际经济相关程度更高的研究对象。综上所述，对于如何评判 FDI 质量，学界已经形成了以谷媛媛和邱斌（2017）为代表的、较为统一的五维 FDI 质量评价指标体系，即从 FDI 自身的特征和 FDI 对区域所产生的影响等方面对区域 FDI 质量进行全面分析。从 FDI 自身的特征出发，主要关注 FDI 整体的区位分布情况、实际规模和技术水平等要素；从 FDI 对区域所产生的影响来看，主要关注其在经济、技术等方面的影响。

在研究数据的选取上，多数研究采用了面板数据。但已有研究往往聚焦于政策、市场、经济环境等因素对 FDI 及其质量的影响。虽然也有部分学者关注到了国际人才所产生的影响，但是这类研究主要关注国际人才流入对 FDI 数量和区位分布的影响。就目前注重国际人才与 FDI 质量的研究来看，多数在影响维度探究中往往只关注到国际人才在创新能力等某一维度所发挥的作用，缺少全面、系统的研究，未深入探究国际人才流入在提升 FDI 质量上起到的重要作用。

因此，本章选取外籍来华专家数及外籍来华留学生数量代理国际人才流入数量，基于 FDI 质量视角，借鉴学界对 FDI 质量评判的主流评价标准体系构建五维 FDI 质量评价指标体系，利用我国省级面板数据，结合评价指标体系从多维度、地区异质性等视角实证检验国际人才流入对 FDI 质量提升的影响效果，使研究更加全面、细致、立体。

2.2 国际人才流入对 FDI 的影响实证分析

2.2.1 区域 FDI 质量评价体系构建

根据前人学者的研究成果，对 FDI 质量的测评方式主要分为两类。

一类测量指标主要关注 FDI 自身的特征差异，中国学者在对 FDI 质量的研究中借鉴了前人学者的经验，从引入 FDI 的目的和诉求出发，孙玮等（2011）在鉴别 FDI 质量时，主要关注 FDI 的经济规模、技术实力、管理制度合理化程度和本地化关联程度等指标，并分别用经济规模、技术含量、盈利能力和本土化程度等指标进行表征。

另一类测量指标则更重视 FDI 对东道国的影响差异，Buckley 等学者（2004）在针对 1995 年至 2001 年 FDI 对中国工业业绩影响的研究中，采用 FDI 的投资比例、FDI 企业吸纳就业能力等指标来测量 FDI 质量。傅元海（2008）等学者更加注重 FDI 中技术要素的重要性，将衡量 FDI 的指标体系进行了优化和升级，将 FDI 的质量与其对东道国经济发展的促进和出口竞争力提升作用联系到一起。邹建华和韩永辉（2013）在针对珠三角地区 FDI 的研究中提出，FDI 质量可以通过规模、投资占比、外资外向型发展、技术外溢潜力指标进行衡量。白俊红和吕晓红（2017）在 FDI 质量与中国经济发展方式转变的研究中将 FDI 质量更加具体化，以五维评价体系尽量全面、客观的评判 FDI 质量。叶修群和张雅竹（2020）在关于保税区和出口加工区等关税政策的实行将对 FDI 质量产生何种影响的研究中，也借鉴了上述评价指标体系来衡量 FDI 质量。Pan，et al.（2020）的研究发现，FDI 的质量在提升中国的能源效率中起着重要作用，该研究在 FDI 质量衡量指标的选取上遵循了 Kumar（2002）的观点，采用技术水平来衡量 FDI 质量。

本书综合参照前人学者的评价指标体系，重点关注出口能力、盈利能力、管理水平、实际规模、技术水平五个维度。由于各省市经济水平、各指标的量纲可能存在较大差异，将对评价指标进行归一化处理后再进行拟合和比较。

2.2.2　区域 FDI 质量现状分析

首先，就 FDI 流入的数量来看，2005 年至 2015 年，我国实际利用外商直接投资额如图 2.1 所示。由图 2.1 可知，FDI 数量的整体增长趋势基本与国际人才流入的增长趋势保持相同，也符合本章对于二者之间可能存在联系的假设。

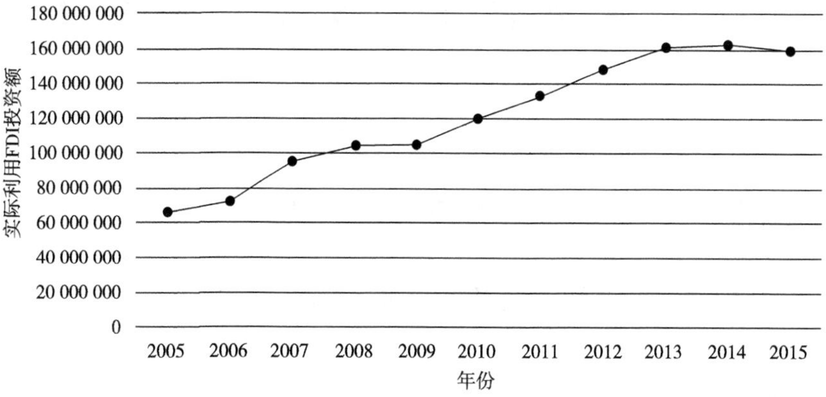

图 2.1　2005—2015 年实际利用外商直接投资额（单位：万元）

与国际人才流入的情况相似，FDI 流入在数量方面也存在加大地区间不均衡的问题。如图 2.2 所示，东部地区 2005 年至 2015 年各年实际利用 FDI 投资额均高于中部地区，也高于西部地区，且整体呈较为稳定的增长趋势。

对于 FDI 质量的评判还需更加深入、细致，从 FDI 自身的特征和 FDI 对区域所产生的影响等方面对区域 FDI 质量进行全面分析。从 FDI 自身的特征出发，主要关注我国 FDI 整体的区位分布情况及其实际规模和技术水平等要素；从 FDI 对区域所产生的影响方面看，主要关注其在经济、技术等方面对区域产生的影响，如进出口量、工业企业产值、科技研发的投入与产出等指标，以及在此基础上各地区间差异以及随时间而产生的变化情况，后续研究将对上述问题进行进一步探讨。从已有报告来看，在华外资企业的营收和利润等方面均符合预期，但是企业发展也受到人才招聘困难、国内本土企业竞争加剧等影响。

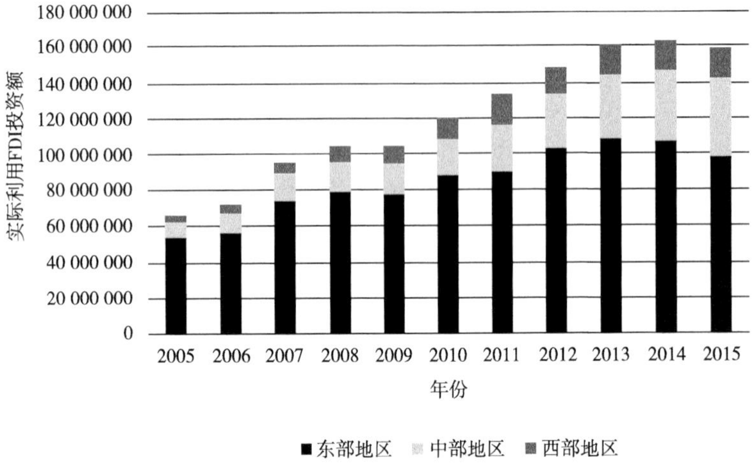

图 2.2　2005—2015 年各地区实际利用 FDI 投资额（单位：万元）

2.2.3　模型设定、变量及数据说明

2.2.3.1　模型设定

为了检验国际人才流入与中国 FDI 质量的关系，本章利用省级面板数据，构建如下形式的计量模型：

$$FQ_{it} = \beta_0 + \beta_1 Talent_{it} + \sum \beta X_{control} + \gamma_i + \gamma_t + \mu_{it} \quad (公式 6)$$

式中，i、t 分别表示地区和年份；FQ_{it} 表示 FDI 质量；β_0 为常数项；$Talent_{it}$ 为核心解释变量，即国际人才流入；β_1 为核心解释变量的系数值；$\sum \beta$ 代表其他控制变量的向量系数，$X_{control}$ 为一系列其他控制变量，将会在之后的研究中对其做详细的介绍；γ_i、γ_t 分别表示地区和年份固定效应；μ_{it} 为误差项，服从正态分布。

由于各变量的量级存在较大差异，为避免影响估计结果，本章在进行实证分析前对各变量进行了归一化处理。

2.2.3.2　变量与数据说明

（1）被解释变量：FDI 质量（FQ）

借鉴白俊红和吕晓红（2017）、叶修群和张雅竹（2020）等学者在研究中构建并运用的 FDI 质量评价指标体系，并结合数据的可得性，本章从出口能力、盈利能力、管理水平、实际规模、技术水平 5 个维度出发，构建评价指标体系，并利用熵值法确定以上各项指标权重得到综合得分，以期能够较为客观、全面地表征和衡量 FDI 质量，将 FDI 质量具体化、量化。

其中，出口能力以 FDI 行业出口总额与地区出口总额之比表示：

$$出口能力=\frac{\text{FDI 行业出口总额}}{\text{地区出口总额}}$$

盈利能力以 FDI 工业行业的成本费用利润率与规模以上工业行业的成本费用利润率之比表示：

$$盈利能力=\frac{\text{FDI 工业行业的成本费用利润率}}{\text{规模以上工业行业的成本费用利润率}}$$

管理水平以 FDI 工业行业总资产贡献率与规模以上工业行业资产贡献率的比值表示：

$$管理水平=\frac{\text{FDI 工业行业总资产贡献率}}{\text{规模以上工业行业总资产贡献率}}$$

实际规模以实际利用外商直接投资额表示；技术水平以 FDI 工业行业全员劳动生产率表示。

综合数据的可得性及所研究对象的发展趋势，本章以中国正式加入世界贸易组织并融入一段时间后，2005 年至 2015 年《中国统计年鉴》《中国工业统计年鉴》《中国科技统计年鉴》《中国区域经济统计年鉴》《中国劳动统计年鉴》以及各地区统计年鉴和统计公报为原始数据来源。

（2）解释变量：国际人才流入（*Talent*）

本章主要分析国际人才流入对于 FDI 质量的影响，选取各省外籍来华专家流入数和各省外籍来华留学生数之和代理国际人才流入数量。结合上述变量选取及数据的可得性，本章初始数据来源于 2005 年至 2015 年《境外来中国大陆工作专家统计汇编》和《中国教育统计年鉴》。

（3）控制变量：整体经济状况（*TE*）、劳动力成本水平（*WK*）

整体经济状况（*TE*）：良好的经济状况意味着 FDI 有一个较好的发展环境，有利于其整体质量的提升，因此，本章将整体经济状况纳入控制变量，采用居民消费水平来表示整体经济状况。

劳动力成本水平（*WK*）：陈炎伟（2021）的研究指出，劳动力成本水平在人力资本与 FDI 耦合关系中起到重要作用。虽然劳动力成本优势使我国在全球分工体系中具有较强的竞争力，但近年来劳动力成本的增加已经成为 FDI 企业所面临的主要挑战，因为，这会在一定程度上降低其盈利能力，导致 FDI 质量的下降。另一方面，较高的劳动力成本往往也意味着劳动力具有较高人力资本，而高质量劳动力将会有利于 FDI 质量的提升。因此，本章将劳动力成本水平纳入控制变量，采用城镇单位在岗职工平均工资与人均 GDP 的比值表示劳动力成本水平。

对外开放水平（*OP*）：对外开放水平反映了一国的经济发展水平以及参与国际经济的程度，这对于 FDI 质量的影响可能是双向的。一方面，对外开放水平的提升促进 FDI 规模和数量的提升，另一方面，也可能存在门槛降低的问题，从而不利于 FDI 质量的总体提升。因此，本章将对外开放水平纳入控制变量，采用外贸依存度，即进出口总值占 GDP 比重（%）来表示对外开放水平。

政府支持水平（*GOV*）：我国政府职能的转变，优化服务改革的推进，对外资积极且开放的态度，以及监管机制体制的创新等多项政府举措都将增加对外资的吸引力度，储德银和姜春娜（2021）、付晓东等（2021）的多项研究也表明，财政政策、政府决策等因素都对 FDI 有直接影响。因此，本章将政府支持水平纳入控制变量，采用一般预算支出占 GDP 比重（%）来表示政府支持水平。

2.2.4 国际人才流入对 FDI 质量影响的实证分析

2.2.4.1 国际人才流入对 FDI 质量的整体影响

本章首先采用普通最小二乘法（Ordinary Least Square，OLS）对全样本进行估计。表 2.1 报告了全国国际人才流入对 FDI 质量影响的回归结果，模型一中仅放入国际人才流入变量，结果为正，且在 1%的水平上显著。为进一步提升本章估计结果的稳健性，模型二至模型五在模型一的基础上引入了前文所选取的控制变量。从实证结果来看，国际人才流入对于 FDI 质量的影响一直保持正向，并且显著性未发生根本性的变化，一直保持在 5%以上的水平上显著。具体来看，由模型五可知，国际人才流入人数每增加 1%，可使全国 FDI 质量提升 22.3%，这进一步说明国际人才流入对 FDI 质量具有显著的促进作用。

表 2.1　全国国际人才流入对 FDI 质量影响的 OLS 回归结果

	模型一	模型二	模型三	模型四	模型五
Talent	0.576***	0.449***	0.314***	0.167**	0.223***
	(14.58)	(8.87)	(7.22)	(2.42)	(3.22)
TE		0.211***	0.292***	0.293***	0.186***
		(3.76)	(6.12)	(6.43)	(3.74)
GOV			-0.327***	-0.290***	-0.178***
			(-11.47)	(-10.28)	(-6.94)
OP				0.170***	0.121**
				(2.90)	(2.14)
WK					-0.205***
					(-5.84)
常数项	0.185***	0.156***	0.231***	0.209***	0.260***
	(27.52)	(16.78)	(20.08)	(17.66)	(16.25)
样本数	319	319	319	319	319
R^2	0.4986	0.5275	0.6267	0.6431	0.6674

注：*** $P<0.01$，** $P<0.05$，* $P<0.1$，括号中为标准误差。

2.2.4.2　国际人才流入对 FDI 质量影响维度探究

为了减少某些不可观测的因素对于研究结果所造成的影响，在模型五的基础上进一步控制了地区效应和时间效应。此外，在确定模型之后，不仅对拟合后的 FDI 质量综合指标进行了回归，还在此基础上分别对评价 FDI 的各个维度进行了回归，希望通过对不同维度的对比分析，并结合文献更深入地探索国际人才流入对 FDI 质量产生的影响。国际人才流入对中国 FDI 质量的分维度回归结果如表 2.2 所示。

表 2.2　全国国际人才流入对 FDI 质量的分维度固定效应模型回归结果

	FQ	出口能力	盈利能力	管理能力	技术水平	实际规模
Talent	0.258***	-0.161*	0.0170	0.0156	-0.0997**	0.587***
	(4.12)	(-1.95)	(1.05)	(0.75)	(-2.03)	(5.66)

续表

	FQ	出口能力	盈利能力	管理能力	技术水平	实际规模
TE	−0. 189***	−0. 191*	0. 00921	0. 0533**	0. 0918	−0. 302***
	(−2. 61)	(−1. 83)	(0. 53)	(2. 27)	(1. 44)	(−2. 61)
GOV	−0. 271***	−0. 461***	−0. 0106	0. 0896**	0. 153*	−0. 358***
	(−8. 60)	(−7. 26)	(−0. 94)	(2. 40)	(1. 73)	(−6. 61)
OP	0. 198***	0. 728***	−0. 0264	−0. 0568***	−0. 0673*	0. 0688
	(3. 83)	(11. 27)	(−1. 13)	(−3. 23)	(−1. 71)	(0. 73)
WK	−0. 106***	−0. 183***	−0. 0168	−0. 0584*	−0. 127**	−0. 0685*
	(−3. 73)	(−3. 22)	(−0. 95)	(−1. 78)	(−2. 26)	(−1. 69)
常数项	0. 237***	0. 430***	0. 921***	0. 171***	0. 171***	0. 155***
	(12. 37)	(13. 99)	(104. 90)	(22. 94)	(7. 25)	(4. 89)
地区固定效应	是	是	是	是	是	是
时间固定效应	是	是	是	是	是	是
样本数	319	319	319	319	319	319
R^2	0. 7581	0. 6770	0. 0473	0. 1555	0. 3230	0. 6731

注：*** $P<0.01$，** $P<0.05$，* $P<0.1$，括号中为标准误差。

从 FDI 质量的结果来看，国际人才流入对 FDI 质量综合评价指标的回归系数为正，且在 1%的水平下显著，这与预期是一致的。国际人才的流入有利于提升 FDI 质量的整体水平，这是进一步推动 FDI 项目落地、优化 FDI 投资环境的重要因素。但是从整体来看，国际人才流入对于 FDI 质量的积极影响主要体现在对于 FDI 实际规模的提升，回归系数为正，且在 1%的水平下显著，即国际人才流入人数每增加 1%，可使 FDI 实际规模增加 58. 7%，从而提升 FDI 质量。国际人才流入在其他方面未能对我国 FDI 质量产生积极正向的影响，并且在出口能力和技术水平方面显现出了负向显著影响，显著性分别为 10%、5%，这可能与地区整体政策环境、地区科技发展水平以及国际人才的停留时间、融入度以及该群体自身存在的异质性有关，之后的研究将会对此进行进一步深入探讨。

2.2.5　国际人才流入对 FDI 质量影响的异质性实证分析

通过观察前面的实证结果，发现国际人才流入在总体样本层面对 FDI 质量的影响虽然为显著正向影响，但整体影响效果较弱。因此，本章基于已有文献和上述结果，对国际人才内部可能存在的差异和全国地区间 FDI 区位差异分别展开异质性研究。

2.2.5.1　国际人才类型对 FDI 质量影响的异质性实证分析

由于国际人才群体内部具有较强的异质性，且国际人才对 FDI 质量产生的影响可能受到其自身特征的影响，也有部分研究对国际人才进行了异质性研究，主要按照其在华时间长短和所属领域，将国际人才区分为长期人才和短期人才、经济人才和文教人才。本章主要根据国际人才人力资本水平和类别，将国际人才划分为外籍来华专家和外籍来华留学生。一方面，专家可能长期专注于某一领域，这会使专家在这一领域的生产率明显高于其他群体，专家也更有动力去投资专业知识，有更鲜明的专业见解和个人风格；另一方面，相较于专家，以留学生为代表的青年国际人才群体则专业化程度较低，有着更宽领域的知识面，更有机会在各个领域之间分配时间和精力，进行不同程度的人力资本投资。因此，本章进一步将国际人才细分为外籍来华专家和外籍来华留学生进行研究。

聘请外籍专家来华工作是我国政府实施国际人才交流的重要方式，也是加快建设世界重要人才中心和创新高地的重要途径。外籍来华专家往往是在国际一流院校、企业、机构具有较高职务、职称的专家、学者或高端人才，他们往往具有较高的人力资本，且在某一领域有较高建树与声望。而外籍来华留学生作为我国所吸引的国际人才的另一主要群体，也受到政府和学者的重视。国际上，经济合作与发展组织（OECD）等国际组织在研究国际人才相关问题时也会就国际学生的流动问题展开研究。综上所述，本章将国际人才进一步细分为外籍来华专家和外籍来华留学生，回归结果分别如表 2.3 和表 2.4 所示。

通过对比观察结果发现，不同人力资本水平、不同技术水平的国际人才确实对我国 FDI 质量产生了极其不同的影响。外籍来华专家与 FDI 质量呈显著正相关，不仅在 1%的水平上显著，而且影响效果强于国际人才总体对 FDI 质量的影响效果。也就是说，外籍来华专家流入人数每增加 1%，可使全国 FDI 质量提升 29.4%，这个结果远高于国际人才全样本的效果。

但是，外籍来华留学生对于 FDI 质量的影响为负向，且不显著。本章在此基础上，对各个维度进行了进一步分析，以期对影响维度进行深入探究。

表 2.3 全国国际人才流入（外籍来华专家）对 FDI 质量的固定效应模型回归结果

	FQ	出口能力	盈利能力	管理能力	技术水平	实际规模
Specialist	0.294***	−0.176**	0.0186	0.0123	−0.148***	0.676***
	(4.55)	(−2.05)	(1.08)	(0.63)	(−2.95)	(6.54)
TE	−0.146**	−0.220**	0.0122	0.0576**	0.0862	−0.208*
	(−2.24)	(−2.31)	(0.63)	(2.48)	(1.27)	(−1.93)
GOV	−0.263***	−0.465***	−0.0101	0.0893**	0.145*	−0.337***
	(−8.57)	(−7.24)	(−0.91)	(2.38)	(1.67)	(−6.74)
OP	0.159***	0.748***	−0.0285	−0.0557***	−0.0311	−0.0237
	(2.97)	(10.31)	(−1.14)	(−3.09)	(−0.77)	(−0.26)
WK	−0.109***	−0.182***	−0.0169	−0.0578*	−0.121**	−0.0760*
	(−3.90)	(−3.22)	(−0.95)	(−1.74)	(−2.16)	(−1.94)
常数项	0.244***	0.426***	0.921***	0.171***	0.164***	0.172***
	(12.60)	(13.62)	(101.48)	(22.81)	(7.08)	(5.40)
地区固定效应	是	是	是	是	是	是
年固定效应	是	是	是	是	是	是
样本数	319	319	319	319	319	319
R^2	0.7621	0.6773	0.0474	0.1552	0.3273	0.6879

注：*** $P<0.01$，** $P<0.05$，* $P<0.1$，括号中为标准误差。

外籍来华专家流入对于 FDI 质量影响的分维度结果如表 2.3 所示。其中，外籍来华专家流入对出口能力的影响为负向，且在 5%的水平上显著。也就是说，外籍来华专家流入人数每增加 1%，会导致全国 FDI 出口能力降低 17.6%。这可能是因为我国整体出口产品附加值较低且品牌较少，但外籍来华专家的流入带动 FDI 企业向提升产品附加值和提高品牌形象等方向转型，初期会在一定程度上对出口份额产生一定的影响。结果显示，外籍来华专家的流入对 FDI 盈利能力和管理能力的影响均为正向，但没有表现出显著性。这可能是由于引进国际人才本身会在一定程度上提高企业的成本费用，而 FDI 盈利能力的提升要求国际人才适应新环境并逐渐发挥作用。Lazear（2000），Basset-Jones（2010）等人的研究发现，外籍来华专家的流入会在一定程度上提升种族多样性，而种族多样性可能会增加因语言和文化背景差异造成沟通障碍或者是在工作场所产生误解和冲突的概率，给日常管理活动带来阻力，或者在组织成员之间传播具有误导性的信息，使组织内不同成员完成任务和相互协调的难度提升，这种风险可能随着专家人数的增加而提升。综合以上原因，国际人才尤其是外籍来华专家的流入可能需要一段时间，使企业、环境和外籍来华专家相互适应，才能产生较为显著的影响。

本地人力资本水平也需与国际人才的人力资本水平相匹配。有研究指出，本地人力资本层次的提升和丰富也对促进国际人才与 FDI 更好结合，发挥国际人才作用，推动 FDI 质量提升至关重要，因此，与外籍来华专家人力资本水平相差较大的本地人力资本存量也可能影响其来华作用的发挥。另外，外籍来华专家的流入对技术水平有较为显著的负向影响，显著水平为 1%，说明国际人才的流入在一定程度上制约了 FDI 技术水平的提升。这可能与中国高技术产业所面临的“低端锁定”风险有关，国内高技术产业行业 FDI 普遍存在本土化程度较低且呈逐年降低的趋势。国际人才的流入在某种程度上加深了非本土化程度，这些都影响了国际人才在我国整体大环境下发挥积极作用。曲如晓等（2021）的研究发现，国际人才流入将会带动企业研究开发投入的增加，推动企业进行创新等活动，但是这种积极作用与技术距离呈现负相关关系，这种负向影响可能是因为外籍来华专家与企业现有技术团队之间在人力资本、技术水平等方面的差距造成的，这些因素可能会在一定程度上限制外籍来华专家构想的实现或降低成果的转化率，这也在一定程度上解释了上述结果。此外，仅增加专家人数而忽略“协调成本”会进一步增加上述风险，如上文所说，专家往往长时间在某一领域深耕，在该领域具有较高声望和建树，因此专家往往在具有高度专业性和权威性的同时也更具排他性。而且，基础理论往往是“冷板凳”，需要进行较长时间的深入研究才能有成果产出，这就对国际人才在华时间和 FDI 企业对其的长期支持有较高要求，这也是之后国际人才工作应该重点关注的。但是这方面的负向影响并没有对国际人才流入对 FDI 质量整体的提升产生过大影响。

通过观察表 2.3 的结果发现，外籍来华专家的流入对 FDI 的实际规模增加有正向的影响，且具有 1%的显著水平，即外籍来华专家流入人数每增加 1%，全国 FDI 实际规模将增加 67.6%。这与此前已有研究的实证结果相符，佐证了国际人才对于 FDI 规模具有正向影响，本章结果在此基础上进一步验证了国际人才的流入对于 FDI 实际规模增加的影响。从影响维度的角度观察，外籍来华专家的流入主要通过增加实际规模对中国 FDI 质量产生影响。

表 2.4 全国国际人才流入（外籍来华留学生）对 FDI 质量的固定效应模型回归结果

	FQ	出口能力	盈利能力	管理能力	技术水平	实际规模
Student	-0.0268	-0.0172	0.00130	0.0228	0.163***	-0.0994
	(-0.67)	(-0.25)	(0.16)	(0.91)	(4.27)	(-1.56)
TE	-0.0208	-0.255	0.0166	0.0339	-0.157*	0.127
	(-0.23)	(-1.61)	(0.68)	(0.94)	(-1.96)	(0.88)
GOV	-0.301***	-0.440***	-0.0128	0.0860**	0.154*	-0.423***
	(-8.15)	(-7.12)	(-1.04)	(2.19)	(1.71)	(-6.03)
OP	0.335***	0.632***	-0.0164	-0.0409***	-0.0730**	0.369***
	(6.86)	(8.90)	(-1.10)	(-3.10)	(-2.29)	(4.31)
WK	-0.0635**	-0.207***	-0.0142	-0.0574*	-0.153***	0.0308
	(-2.36)	(-3.60)	(-0.89)	(-1.76)	(-2.84)	(0.73)
常数项	0.216***	0.445***	0.919***	0.168***	0.168***	0.109***
	(10.74)	(13.58)	(122.27)	(22.72)	(6.49)	(3.11)
地区固定效应	是	是	是	是	是	是
年固定效应	是	是	是	是	是	是
样本数	319	319	319	319	319	319
R^2	0.7356	0.6735	0.0464	0.1564	0.3317	0.6034

注：*** $P<0.01$，** $P<0.05$，* $P<0.1$，括号中为标准误差。

与外籍来华专家流入对于 FDI 质量产生的主要影响相反，外籍来华留学生流入的影响在拟合后的综合指标上表现出负向影响，但并不显著。值得关注的是，外籍来华留学生在技术水平方面对中国 FDI 质量产生了积极正向的影响，且这种影响在 1%的水平上显著，也就是说，外籍来华留学生流入人数每增加 1%，可使全国 FDI 技术水平提升 16.3%，进而提升 FDI 质量。根据教育部的统计，以 2014 年为例，该年共有来自 203 个国家和地区的各类外国留学人员在我国境内各高校、科研院所以及其他教学机构中学习，按洲别统计情况如表 2.5 所示，其中，按国别排序，前 5 名的外籍留学生生源国分别为：韩国、美国、泰国、俄罗斯以及日本。不难看出，虽然随着“一带一路”政策的不断推进，沿线国家来华留学生人数持续增加，但来华外籍留学生的主要来源国依然为相对发达国家，国际间学生的流动不仅促进了国际间高校和科研机构的交流，而且这些外籍来华留学生的流入具有技能构成效应。Ozgen C.，et al.（2014）的研究就发现，国际人才的流入可能通过改变东道国人力资本存量，使新思想、新技术、新知识流入东道国等渠道，促进东道国企业研发、创新。与此同时，外籍来华留学生思想较为开阔且具有国际视野，在对新产品、新技术的观察和分析上也具有一定优势，能够更好地推动技术扩散，进而提升了 FDI 技术水平，促进了 FDI 质量的提升。外籍来华留学生对于其他几项的影响均不显著，这可能和外籍来华留学生自身人力资本较低，在华停留时间较短，且对企业实际经营的参与度较低、不具有决策权有较大关系。

表 2.5　2014 年全国来华留学生数据洲别统计①　（单位：%）

洲别	占总数百分比	同比增减
亚洲	59.80	2.58
欧洲	17.90	9.64
非洲	11.05	24.93
美洲	9.58	-2.45
大洋洲	1.33%	32.24

① 数据来源：中华人民共和国教育部 2014 年全国来华留学生数据统计。

2.2.5.2 国际人才流入对 FDI 质量影响的地区性差异分析

改革开放以来，一方面，大量国际人才流入中国；另一方面，中国所吸引的 FDI 总量巨大，但大量国际人才和 FDI 流入沿海地区，地区分布十分不均衡，而且 FDI 质量本身也良莠不齐。基于上述情况，为了能够更好地考察国际人才流入对 FDI 质量的影响是否存在地区性差异，本章参考魏浩和袁然（2018）的处理方式，将总体划分为东部、中部、西部地区三个子样本。结合上一部分研究得出的结果，由于外籍专家对于 FDI 质量的影响更显著，因此，本章进行了进一步细化，本部分仅针对外籍来华专家对区域 FDI 质量的影响进行讨论。东、中、西部的回归结果分别如表 2.6、表 2.7 和表 2.8 所示。

表 2.6 国际人才流入（外籍来华专家）对东部地区 FDI 质量的回归结果

	FQ	出口能力	盈利能力	管理能力	技术水平	实际规模
Specialist	0.488***	0.0684	0.00852	0.0135	0.0399	0.864***
	(7.08)	(0.74)	(1.38)	(0.65)	(0.73)	(7.85)
TE	-0.151**	-0.334***	-0.00789	0.0304	-0.105**	-0.0983
	(-2.27)	(-3.74)	(-1.33)	(1.51)	(-1.99)	(-0.93)
GOV	0.522***	0.526***	0.0141	0.0651	1.602***	0.187
	(3.55)	(2.66)	(1.07)	(1.46)	(13.79)	(0.79)
OP	-0.103*	0.498***	-0.00959*	-0.0339*	-0.109**	-0.375***
	(-1.74)	(6.27)	(-1.82)	(-1.90)	(-2.33)	(-3.97)
WK	-1.168***	-1.056***	-0.0190	0.0554	-0.259*	-1.619***
	(-5.99)	(-4.03)	(-1.09)	(0.94)	(-1.68)	(-5.20)
常数项	0.422***	0.558***	0.918***	0.153***	0.130***	0.456***
	(13.57)	(13.38)	(331.03)	(16.34)	(5.29)	(9.20)
样本数	121	121	121	121	121	121
R^2	0.5374	0.5064	0.0384	0.1862	0.7795	0.5582

注：*** $P<0.01$，** $P<0.05$，* $P<0.1$，括号中为标准误差。

国际人才（外籍来华专家）流入对于东部地区 FDI 质量产生了积极影响，这与总体样本的结果是一致的，且在 1%的水平下显著，即国际人才流入人数每增加 1%，可使东部地区 FDI 质量提升 48.8%。这可能是因为，东部地区具有较强的地缘优势和历史、政策性原因，区域内基础设施较完备，人力资本水平和劳动力素质较高，为国际人才提供的整体环境更利于其融入和发挥作用。同时，东部地区尤其是沿海地区市场化进程明显较快，整体经商环境较为灵活，企业整体国际化的程度高，本身对于 FDI 就具有较强的吸引力，而且由统计数据可知，2005 年至 2015 年，东部地区外籍来华专家人数达 4965698 人次，远超过中西部地区。国际人才的流入主要集中于东部沿海地区，这也在一定程度上形成了人才集聚效应，为提升 FDI 质量提供了有利条件。另外，东部地区依托其自身优势，更容易吸引具有较高含金量的 FDI，造就了其对国际人才的需求较多，东部地区企业对国际人才的包容性也较强，这些条件都有利于国际人才发挥作用。

表 2.7　国际人才流入（外籍来华专家）对中部地区 FDI 质量的回归结果

	FQ	出口能力	盈利能力	管理能力	技术水平	实际规模
Specialist	-0.644	-2.555	1.316	-0.360	-1.461**	4.171***
	(-1.02)	(-1.66)	(1.44)	(-1.13)	(-2.41)	(3.77)
TE	1.161***	1.507***	-0.194	-0.218**	1.581***	-0.222
	(6.71)	(3.57)	(-0.77)	(-2.50)	(9.55)	(-0.73)
GOV	-0.773***	-1.367***	-0.172	0.349***	-1.061***	0.616*
	(-4.31)	(-3.12)	(-0.66)	(3.86)	(-6.18)	(1.96)
OP	0.899**	1.778*	0.156	-0.524**	1.118***	-0.595
	(2.17)	(1.76)	(0.26)	(-2.50)	(2.82)	(-0.82)
WK	0.249***	0.378*	-0.0671	-0.0135	0.449***	-0.446***
	(2.87)	(1.78)	(-0.53)	(-0.31)	(5.40)	(-2.93)
常数项	0.0879**	0.225**	0.944***	0.176***	-0.0340	0.176**
	(2.13)	(2.23)	(15.82)	(8.43)	(-0.86)	(2.44)
样本数	88	88	88	88	88	88
R^2	0.4292	0.1425	0.0787	0.2287	0.3560	0.5963

注：*** $P<0.01$，** $P<0.05$，* $P<0.1$，括号中为标准误差。

如表 2.7 所示，国际人才（外籍来华专家）流入对于中部地区 FDI 质量为负向，但并不显著，同时国际人才的流入虽然对 FDI 的实际规模产生了积极正向的影响，且在 1%的水平上显著，但是对于中部地区 FDI 企业的技术水平则产生了负向影响，且在 5%的水平上显著。另外，国际人才的流入对于其他各维度都没有产生显著效果。对于上述现象，刘明和宋彦玲（2021）的研究发现，内陆地区的经济发展水平相较于沿海地区相对落后，地方政府为了促进相关产业的发展，往往会采取较强的地方保护措施，这样的做法在短时间内可能会产生一定效果，但是长此以往，便会催生“诸侯经济”，对生产要素在地区之间的流动造成阻碍，不仅增加了交易成本，还会限制国际人才在企业中的融入，影响其发挥积极作用。另外，可能是由于中部地区自身经济环境较为闭塞，一定程度上造成了市场机制的失灵，即资本市场失灵和国际金融市场失灵进一步导致国际人才不能很好地发挥作用，提升该地区 FDI 的质量。由此可以看出，国际人才的流入确实促进了 FDI 向中部地区流入，但是因为受到阻碍而未能更好地发挥作用。

表 2.8　国际人才流入（外籍来华专家）对西部地区 FDI 质量的回归结果

	FQ	出口能力	盈利能力	管理能力	技术水平	实际规模
Specialist	2.696***	4.125***	−0.0289	−0.832	2.732***	1.476***
	(9.29)	(5.42)	(−0.25)	(−1.43)	(10.74)	(2.80)
TE	0.278***	0.334**	−0.0138	0.217*	0.161***	0.566***
	(4.84)	(2.22)	(−0.59)	(1.89)	(3.20)	(5.42)
GOV	−0.123***	−0.301***	0.00198	0.00627	−0.0832***	−0.0356
	(−4.40)	(−4.10)	(0.17)	(0.11)	(−3.39)	(−0.70)
OP	−0.153	0.726*	0.0930	−0.0875	−0.618***	0.0380
	(−0.98)	(1.78)	(1.47)	(−0.28)	(−4.53)	(0.13)
WK	−0.0831***	−0.179**	−0.0142	−0.0150	−0.0493**	−0.0712
	(−2.98)	(−2.45)	(1.26)	(−0.27)	(−2.02)	(−1.40)
常数项	0.141***	0.246***	0.918***	0.181***	0.0672***	0.141***
	(7.81)	(5.21)	(125.53)	(5.02)	(4.25)	(4.29)

续表

	FQ	出口能力	盈利能力	管理能力	技术水平	实际规模
样本数	110	110	110	110	110	110
R^2	0.7664	0.6458	0.0462	0.0897	0.5123	0.7069

注：＊＊＊ $P<0.01$，＊＊ $P<0.05$，＊ $P<0.1$，括号中为标准误差。

国际人才（外籍来华专家）流入对西部地区 FDI 质量的回归结果如表 2.8 所示。与全国和其他地区不同的是，在针对西部地区的研究中，外籍来华专家的流入对西部地区 FDI 质量产生了尤其突出的积极影响，且在 1%的水平上显著。外籍来华专家的流入对西部地区 FDI 企业出口能力、技术水平、实际规模三个方面都产生了积极的正向影响，且均在 1%的水平上显著。这可能是由于国际人才的流入通过提升交易两国之间的信息对称性、提升企业决策能力、降低贸易潜在风险、消弭东道国正式及非正式制度缺失，在一定程度上抵消了西部地区自然禀赋匮乏。西部地区地处内陆，外资较难进入，企业地理集聚规模不高，制度不完善、企业经营环境不理想等因素对其产生的消极影响，即国际人才流入和地区基础条件、政策制度之间存在某种替代效应，这种替代效应很好地弥补了西部地区的劣势，在提升西部地区 FDI 质量方面发挥了积极作用。

从影响维度看，国际人才流入通过有效降低出口交易成本、疏通出口交易信息获取途径以及提升出口交易契约履行效率，带动了东道国 FDI 出口能力的提升。张俊美和佟家栋（2021）在研究中指出，国际人才网络通过提升交易两国之间的信息对称性、提升企业决策能力、降低贸易潜在风险、消弭东道国正式及非正式制度缺失等方式发挥积极作用。而国际人才的流入恰巧能够助力西部地区更好地获取出口交易信息、提升出口交易契约履行效率、降低出口交易中的不确定性，从而提升西部地区 FDI 企业的出口能力。

国际人才流入对于西部地区 FDI 企业技术水平产生积极正向影响的原因可能有几方面：首先，西部地区自身经济欠发达，急需从外部获取人才和技术。国际人才的流入一方面带动了企业对于研发的热情和投入，有效提升企业的技术水平。其次，西部地区自身人力资本存量较低，自身科研水平较弱，国际人才的流入在一定程度上填补了西部地区在技术发展上的空白和短板，促进了西部地区 FDI 企业技术水平的提升。此外，国际人才的流入在一定程度上促进了 FDI 技术溢出的扩散效应，这也推动了西部地区 FDI 技术水平的提升。国际人才的流入对西部地区 FDI 实际规模方面的影响与全国和东部、中部地区趋势相同，展现出正向且显著的影响，这也再次印证了国际人才流入能够带动 FDI 规模的增长。

2.2.6 两阶段最小二乘法回归分析

上述双向固定回归结果证明了国际人才流入对促进中国 FDI 质量提升的重要作用，虽然该作用受到国际人才自身异质性和地区区位差异的影响，但整体上还是表现出了积极、正向且显著的影响。尽管如此，模型中依然可能存在一些会对结果产生影响的内生性问题。首先，国际人才流入和 FDI 质量之间可能互为因果。前人学者的研究结果大多证实了国际人才流动是国家间知识转移的重要渠道，国际人才的流入会有效提升地区的 FDI 实际规模，有效扩充地区的人力资本存量；然而，与此同时，一个地区的 FDI 质量状况也会影响国际人才个体的流动选择，即国际人才分布具有集聚效应，多集中于基础设计较为完善、贸易自由度较高、高等院校集聚的东部地区，两者间可能互为因果，进而导致研究结果产生偏误。其次，本章借鉴前人学者的研究，从区域经济、政策、劳动力市场特征等角度选取了控制变量，但仍不能避免某些遗漏变量的存在。例如，在样本的观察和收集期间，各地区政策导向、经济环境波动等因素的变动都有可能同时波及国际人才流入和 FDI 质量，这些冲击普遍难以观测并用指标去衡量，其对 FDI 质量的影响涵盖在扰动项中，进而导致国际人才流入与扰动项相关，造成模型内生性问题的产生。

基于对上述问题的考量，为了尽可能消除模型中可能存在的内生性问题对结果的准确性造成影响，本章参照 Card（2001）等学者普遍采用的方法，即采用“偏离—份额 IV”的思想，通过构建工具变量来减少模型中可能存在的内生性问题，该工具变量的计算方法如下：

$$SP_{k,t} = \frac{SP_{k,2005}}{\sum_{k} SP_{k,2005}} \times SP_{t}$$

其中，$SP_{k,2005}$ 为第 K 个省份在数据统计初始时间 2005 年的国际人才人数，SP_{t} 表示 T 年全国国际人才总数。

构建该指标作为工具变量的大致思路是：依据基准年国际人才在我国

各地区的分布情况，对之后各年国际人才的总量进行分配。有理由认为，这种方法是基于过往我国国际人才网络对国际人才总量进行划分，这既与各年国际人才实际人数密切相关，又不会受到各地区政策导向、经济波动以及之后各年该地区人力资本存量等因素的影响，符合工具变量需具备相关性和外生性的要求。

表 2.9　全国国际人才流入对 FDI 质量影响的 2SLS 结果

	FQ							
	全国	东部地区	中部地区	西部地区	全国	东部地区	中部地区	西部地区
Talent	0.173***	0.283***	-0.111	2.834***				
	(3.65)	(4.90)	(-0.22)	(7.22)				
Specialist					0.197***	0.330***	1.074	3.036***
					(3.27)	(4.14)	(1.29)	(9.88)
TE	-0.144***	-0.411***	-0.597	0.407***	-0.116**	-0.357***	-1.265**	0.257*
	(-2.72)	(-5.47)	(-1.17)	(3.19)	(-2.15)	(-4.57)	(-2.20)	(1.82)
GOV	-0.282***	0.338***	-1.380***	-0.101***	-0.276***	0.388***	-1.250***	-0.139***
	(-8.35)	(2.84)	(-7.40)	(-5.40)	(-6.64)	(2.84)	(-7.00)	(-4.77)
OP	0.246***	0.206***	1.870***	-0.306*	0.220***	0.147**	1.522***	-0.201
	(4.23)	(3.09)	(4.50)	(-1.92)	(4.23)	(2.04)	(3.55)	(-1.35)
WK	-0.0925***	-1.083***	0.173**	-0.0536*	-0.0946**	-1.130***	0.140*	-0.0685**
	(-3.43)	(-5.70)	(2.39)	(-1.87)	(-2.39)	(-6.25)	(1.79)	(-2.13)
常数项	0.229***	0.290***	0.118***	0.0982***	0.234***	0.308***	0.140***	0.115***
	(12.02)	(7.88)	(3.23)	(3.86)	(10.53)	(7.92)	(3.17)	(5.02)
地区固定效应	是	是	是	是	是	是	是	是
年固定效应	是	是	是	是	是	是	是	是
样本数	319	121	88	110	319	121	88	110
R^2	0.9302	0.9536	0.9526	0.9437	0.7592	0.6293	0.6678	0.7913

续表

	FQ							
	全国	东部地区	中部地区	西部地区	全国	东部地区	中部地区	西部地区
Kleiber-gen-Paap rk LM	34.655	48.583	25.645	32.208	29.940	43.953	17.555	26.530
	[0.0000]	[0.0000]	[0.0000]	[0.0000]	[0.0000]	[0.0000]	[0.0000]	[0.0000]
Kleiber-gen-Paap rk Wald F	154.057	160.317	130.549	201.490	178.787	165.752	69.055	226.626
	{16.38}	{16.38}	{16.38}	{16.38}	{16.38}	{16.38}	{16.38}	{16.38}

注：*** $P<0.01$，** $P<0.05$，* $P<0.1$，括号中为标准误差。

国际人才流入以及外籍来华专家对中国FDI质量影响的2SLS结果如表2.9所示。由统计量Kleibergen-Paap rk LM可知，本章所选取的工具变量不存在识别不足的问题；统计量Kleibergen-Paaprk Wald F在各个模型中均超过了Stock-Yogo检验10%显著性水平上的临界值，这说明本章选取的工具变量不存在弱工具变量的问题。由此可知，本章以“偏离—份额IV”思想构建的工具变量较为合理。上述结果表明，国际人才流入对中国整体和东、西部地区FDI质量均产生了显著的促进作用，且均在1%的水平上显著，这与之前的结果一致。

综上所述，结合固定效应模型、两阶段最小二乘法等计量方法的使用，本章在一定程度上避免了国际人才流入和FDI质量二者可能互为因果以及解释变量与扰动项相关进而导致模型存在内生性问题所导致的偏误。上述结果大致保持相同，基本保证了本章的稳健性，能够在一定程度上说明国际人才流入尤其是外籍来华专家的流入对我国和东部地区、西部地区所产生的显著正向影响，同时这种影响在西部地区尤为明显。

2.3 结论与讨论

2.3.1 国际人才流入对FDI质量具有显著的积极影响

本章利用我国2005年至2015年省级层面的国际人才数据与FDI省级面板数据，采用OLS回归、固定效应模型回归的方法实证检验了国际人才流入对中国FDI质量积极且显著的影响。在此基础上，本章针对国际人才内部存在的异质性和地区间存在的区位差异，对总样本进行进一步的剖析，逐步展开深入的研究。一方面，本章将国际人才细分为外籍来华专家和外籍来华留学生，对两者对 FDI 质量的影响及影响维度分别进行观测；另一方面，本章在发现外籍来华专家对于 FDI 质量的影响更加显著的基础上，将总样本依据地区划分为三个子样本，进行分样本讨论，使本书的研究更细化，更具有针对性。具体而言，主要有以下几点发现：

从总样本的回归结果可以看出，国际人才流入对 FDI 综合质量有显著正向的提升作用，即国际人才流入人数每增加 1%，可使全国 FDI 质量提升 25.8%。此外，研究还发现，对外开放水平对 FDI 质量的提升有显著正向影响，说明加强对外开放程度有利于 FDI 质量的提升。从国际人才流入对于中国 FDI 质量的影响维度上看，国际人才的流入主要通过促进 FDI 实际规模的增加提升 FDI 质量。

对于国际人才内部异质性的研究发现，外籍来华专家和外籍来华留学生对我国 FDI 质量所产生的影响不尽相同。首先，外籍来华专家流入对中国 FDI 质量产生了显著的正向影响，而外籍来华留学生流入则对我国 FDI 质量产生了负向影响，但并不显著。在影响效果上，外籍来华专家通过提升 FDI 实际规模，对 FDI 质量产生正向影响，但在出口能力和技术水平两个维度上会对 FDI 质量产生负向作用，这可能是由于外籍专家与我国当前人力资本存量和知识存量的不协调以及我国高技术产业所面临的“低端锁定”风险共同作用导致的。而外籍来华留学生却通过技术水平维度对中国 FDI 质量产生了积极影响，这也为大力吸引外籍来华留学生、坚定不移扩大开放提供了有力证据。

从东、中、西部地区三个地区分样本来看，国际人才分布的不均衡以及国际人才集聚所产生的人才集聚效应都导致国际人才流入对 FDI 质量的影响存在明显的地区性差异，具体表现为国际人才流入显著有利于东、西部地区 FDI 质量的提升，不利于中部地区 FDI 质量的提升，但这种影响并不显著。国际人才流入对于 FDI 技术水平的影响受区位差异影响较为明显，总体样本及中部地区结果均显示，国际人才流入不利于 FDI 企业技术水平的提升，反之，国际人才流入有利于西部地区 FDI 技术水平的提升，且这种影响尤为显著。国际人才流入对于 FDI 企业盈利能力和管理能力的影响较小，在各个样本中均未表现出显著影响。这可能受到改革开放的梯次进程与各地区在自然禀赋、知识存量、人力资本存量、文化制度环境差异等因素的共同影响。另外，两阶段最小二乘法回归分析的结果也印证了结论的稳健性，一定程度上避免了互为因果以及解释变量与扰动项相关导致模型存在内生性进而导致偏误的问题。

在之后的研究中，可以进一步将宏观与微观数据相结合，将国际人才的微观特征与企业层面、省级层面数据相结合，进行更加深入细致的研究。对于外籍来华专家，在关注其流入数量的同时，进一步分析其年龄、来源国信息、学历层次、入职单位性质、研究领域或工作行业、在华时长等指标。对于外籍来华留学生，在关注其流入数量的同时，进一步分析来华留学生来源国信息、来华就读专业、非学历留学生比例、留学生在华就业或兼职比例等指标。

2.3.2 结合政策对研究结果的分析与讨论

在过去的几个世纪里，科技和经济蓬勃发展，世界上许多国家和地方经济实力不断增强，国家内部和各国之间劳动分工和专业化程度大幅提升。19 世纪早期的科技人才并不具有高度专业化。但是，发展至 21 世纪，基于更丰富的科学知识和众多新兴技术的工业发展催生了众多高度分化的精细专业。以工程、医学学科为例，随着时间的推移，专业化的增长在很大程度上是由于知识的超常增长，这也在一定程度上推动了人才工作的深化和细化。

在当前时代大背景下，中国以绝不动摇的态度积极扩大对外开放，锐意推进改革开放的决心和行动力，也为世界注入了新的活力，带来了新的机遇。在不断促进国际合作与竞争的同时，也催生了更加旺盛的国际化人才需求。2021 年是中国共产党成立 100 周年，习近平总书记在各种场合多次强调人才的关键地位。多项事实也说明，我国人才工作已经开启了崭新的篇章。

同时，纷繁复杂的国际环境对我国引进国际人才工作是一把“双刃剑”，既是机遇也是挑战。鞠斐和袁勇志（2019）的研究关注到，近来贸易摩擦频发，不管是基于 301 条款的调查，还是部分国家对我国出口商品加征关税，都促使我国原有经济发展模式发生转变。在这样的大背景下，推动以创新驱动的内生增长转型对于我国经济的蓬勃发展就显得尤为重要，而创新的关键在于人才。

不管是国家还是地方层面，一段时间以来均出台了多项针对国际人才

"引才聚才"的政策举措。把国际人才吸引来不是最终目的，因地制宜引进对的国际人才，为国际人才营造良好的环境，促进国际人才作用的发挥，早日将我国建设成为世界重要人才中心，为国家发展目标提供人才支撑、打好人才基础才是关键。

此前，我国国际人才的引进工作较为笼统，对于数量的关注多于质量，吸引的国际人才缺乏针对性，这就很容易造成国际人才和国内产业不匹配、很难发挥作用的窘境。本章的结论不仅证实了国际人才流入对中国 FDI 质量的提升具有稳健的正向促进作用，符合我们坚定不移扩大对外开放的基本国策和人才强国战略，而且也验证了国际人才内部的异质性和各地区所存在的区位差异以及对人才的差异性需求，为之后能够统筹兼顾地做好国际人才工作提供了实证支持。

本章继续结合已有实证结论，对全国整体与部分具有战略意义的代表性城市相关国际人才政策、举措进行讨论分析。

2.3.3　对新时代全国相关政策、举措进行讨论分析

当前我国已经迈入了新时代。在党的领导下，虽然国际人才为推动我国经济社会发展、提升科技创新水平等方面发挥了极大作用，但是面对新局势、新挑战，我国国际人才工作还有许多不适应、不协调、亟须完善的地方，应给予足够的关注。其中，国际人才现有队伍存在结构性矛盾，国际人才相关政策精准化程度较低、政策连续性不高，国际人才发展体制机制不健全，容易造成国际人才"水土不服"等问题突出，引进国际人才评价难以摒弃"四唯"观念等问题仍然存在。这些问题都是影响国际人才流入对我国 FDI 质量产生积极且显著影响的关键。

首先，从国家层面看，对于国际人才流入的地区性差异，在整体宏观调控、政策适当倾斜的同时，还应积极推动国际人才生态环境建设，让人才能够"扎根下来"，让国际人才能够更好地适应环境，进而为吸收高质量 FDI 发挥作用，推动更多新技术、新产业、新模式、新业态的形成。结合本章的实证结果可知，国际人才的流入对于 FDI 企业在盈利能力和管理能力提升上的影响较弱，且均不显著，这可能是由于所引进的人才停留时间较短，未能实现深入融合。陈炎伟等人（2021）强调，人力资本与 FDI 高度相关且协同发展，人力资本水平不仅有益于 FDI 技术溢出，而且不管是在何种市场条件下，都是影响 FDI 区位选择的重要因素。因此，我们应

加快建立健全国际人才引进和服务保障机制，增强国际人才黏性，有效提升我国在全球科技创新领域的竞争力，实现在国际价值链分工中的领先地位。

其次，在吸引国际人才流入的目标方面，应该由“唯数量论”向“质量提升”转变。围绕“进入创新型国家前列、建成人才强国”的战略目标，以“四个面向”根本要求为吸引国际人才的根本遵循，深入实施新时代人才强国战略。在重视外籍专家等高端国际人才引进的同时，也不应忽略外籍来华留学生这一群体作为青年人才在推动科技水平进步等方面产生的影响。明确各地区 FDI 产业特色及相应国际人才需求，有针对性地吸引符合区位特色的国际人才，使国际人才能够更好地与 FDI 相结合，提高国际人才参与企业运营的广度与深度，释放国际人才的价值与潜力，达到有效吸引国际人才的目的，从而使 FDI 质量得到提升。

最后，从整体环境上，正如叶修群和张雅竹（2020）指出的，本地人力资本的提升和多层次、多元化的人才体系是促进 FDI 质量提高的必需智力支持。本地人力资本水平的综合提升不仅要依靠吸引国际人才流入，还应注重对自主培养的强化。自主培养绝不等同于闭关自守。人才对外开放是双向的，不仅要将国际人才吸引进来，也要鼓励我们自主培养的人才与国际接轨，强化人才国际、国内“双循环”，紧跟形势，及时进行研判，有导向性地加强人才国际合作与交流，秉持全球视野、世界顶尖水平，积极吸引我们需要的顶尖人才，使人才选用模式更加立体、多元，鼓励更多国际智力、创新要素为我国贡献力量。同样，上述条件在国际人才对 FDI 质量的提升过程中也发挥着重要作用，较高的人力资本和完善的人才体系在国际人才提升 FDI 管理水平方面发挥了积极作用，从而更加有效地利用国际人才的国际联络优势，发挥民间外交生力军作用。另外，对于外籍人才来华相关政策手续的优化也至关重要。此前，外籍人才来华签证期限、外籍人员聘用政策、外籍人员家属安置等问题可能导致其无法在华扎根、流失率较高等问题，削弱了国际人才流入对区域经济、FDI 质量应该发挥的作用，影响了国际人才使用的效率。

为了能够更好地推进新时代人才强国战略的深入实施，尤其需要针对人才工作进行统筹规划、全面布局。因此，综合研判，习近平总书记指出，要将部分人才集聚度高、高素质人才密度大的核心城市优先建设为人才平台，并配套推进人才发展制度的全面改革试点工作，集中高质量资源大力支持、建设科研机构，有针对性地发起人才计划，为人才提供具有国际领先水平的创新平台。基于当前国内人才集聚度以及战略发展规划的考量，习总书记指出，可以考虑在京、沪、粤港澳大湾区三地优先开展人才高地建设工作，打造人才强国战略支点，助力人才梯队的形成。

2.3.4　对北京相关政策、举措进行讨论分析

北京作为首都和文化中心，集聚了近百所高校、千余家科研院所、2 万多家高新企业，人才密度极高。北京紧紧围绕国际科技创新中心建设，明确了人才对于引领发展的关键作用，为加快人才高地建设，国际人才工作的推进是其中至关重要的一环。北京市政府针对国际人才引进出台了《关于深化中关村人才管理改革构建具有国际竞争力的引才用才机制的若干措施》等众多举措，旨在更好地指导国际人才选、用、育、留的工作，从出入境、引才、兴业、服务保障等四个方面竭力为国际人才在京发展保驾护航。

更合理地解决国际人才的出入境问题是增强国际竞争力的首要任务。新政策在北京市已有出入境政策的基础上进一步深化。针对外籍人才永久、长期居留的政策，有关政策制定部门进行了改革，同时也进一步提升了国际人才出入境的方便、快捷程度，为国际人才更加灵活地来京就业和生活提供了便利，在一定程度上促进了国际人才的流入，为国际人才在京长期发展提供了可能。在此基础上，2021 年，北京进一步推行国际人才出入境便利化改革，积极发挥中关村全国首个国家级人才特区先行先试优势，建立起部市合作机制，推行国际人才出入境新政，不仅在很大程度上简化了相关事项办理流程，缩短了办理时间，而且允许外籍人才境外直接申办中国“绿卡”、为符合条件的外籍国际人才提供在华永久居留权等政策更是突破性的改革。这些重大改革的发生，为国际人才提供了更多可能。

北京市还为国际人才在京发展提供了更广阔的空间，政策突破性地放开了外籍人才引进聘任等相关领域，此类举措能够有效帮助国际人才摆脱种种限制，为国际人才深度参与科技创新、企业管理等活动提供了可能，从管理水平、技术水平等维度提升了 FDI 质量。

北京市还通过更加灵活、高效、市场化的方式有针对性地吸引、集聚人才，加强中关村等重点区域国际人才的交流合作，推进产教融合人才发

展体系，降低国际人才工作与高质量发展之间存在的协同性偏差，助力国际人才在京发展事业，提高国际人才在技术进步过程中所发挥的作用，从技术水平等维度提升 FDI 质量。

此外，北京市还十分重视对于国际人才的服务保障工作。保障涵盖外籍人才的衣、食、住、行、保险以及子女教育等各个方面，同时也在积极探索为高端国际人才提供“管家式”服务，让国际来京人才能够不被琐事所困，更快地适应环境，尽快投入在京的工作。随着人才专业化程度的提高，各种专业人才之间的冲突、沟通阻碍问题都有增加的趋势，因此，在政策上，通过增设辅助和协调职能的人员，能够在一定程度上降低协调成本，提高运行效率，激发国际人才作用的发挥。这些举措也在一定程度上减少了国际人才的流失，让他们能够安心在京工作，增强国际人才黏性，提高国际人才工作的连贯度，避免因国际人才流动率大而影响其发挥作用，进而减少对 FDI 质量产生的负向影响。

北京市不断优化人才服务体系，从多个方面力争为国际人才提供更好的生态环境，建设国际人才服务工作网络，优化服务体系。近年来，在京兴建国际人才公寓、国际学校、国际医院以及外国人服务站点，使国际人才在京工作生活条件得到了极大改善。这些政策的实施将在很大程度上增强国际人才流入的意愿，提高国际人才在京工作的黏性，让国际人才能真正在京“扎根”，实现深度融合，在增强 FDI 企业管理能力、盈利能力、技术水平等方面发挥作用，从而提升 FDI 质量。

2.3.5 对上海相关政策、举措进行讨论分析

上海作为全球最重要的贸易港口之一，城市的国际化程度与国际人才的需求在国内一直名列前茅。十八大以来，习近平总书记多次视察上海，频频对上海人才工作做出重要指示，要求上海依托现有优势，广泛集聚国内外各类高素质人才，加快推进建设具有全球影响力的科技创新中心。数据显示，在上海工作的外籍人才存量在全国最高；上海连续多年被评为“外籍人才眼中最具吸引力的中国城市”。

上海持续向全球各界高层次人才发出邀请，聚焦高精尖人才，采取具体问题具体分析的策略，靶向施策，定向发布精准引才方案。自外籍人士来华工作许可制在沪试点以来，截至 2018 年 12 月，上海市已累计办理许可证十万余份，其中办理对象近五分之一为外国高端人才（A 类）。上海

日趋完善的国际人才政策是吸引国际人才流入的主要原因，这也为其他城市的引才工作提供了指导性参考。2020 年，上海出台《关于新时代上海实施人才引领发展战略的若干意见》，进一步加强海内外人才集聚度。据《解放日报》的报道，目前上海已经形成了较好的高层次人才集聚态势，上海海隆石油化工研究所特聘的俄罗斯专家季莫宁用“便利”来形容上海的创新、创业环境。他表示，上海的环境更容易成就一番事业，在这里可以很简单地寻求到从生产要素到市场全产业链的合作伙伴。开放的合作机制、完善产业链布局以及广阔的市场空间都是吸引国际人才纷至沓来的原因，且这种环境与氛围不仅有利于国际人才融入企业，也给予了国际人才来沪创业的信心，从长远来看，将有利于该地区的经济发展以及 FDI 质量的提升。

在提升科技水平方面，上海市秉持以结果为导向的原则。构建全面、客观的评价新体系，借鉴以重德、重培养、重学术水平、重潜力、重国际认可为核心的国际通行评价原则，破除片面的“五唯”评价体系，这也为国际人才打通职业发展通道奠定了良好基础，让上海的人才发展环境能够更加与国际接轨，国际人才能够更好地融入上海，提高其科研热情、参与积极性和对上海的认可，愿意为上海的发展贡献力量。长时间来看，这将从一定程度上提升上海 FDI 企业的盈利能力和技术水平，推动上海 FDI 质量的提升。

上海市还创新打造了全球创新创业集聚区，在此集聚众多双创孵化载体，不仅增强了产业聚集性，也增强了对于科技人才的吸引力。上海市以其高度国际化、浓厚的创新创业氛围为依托，积极宣传，大幅度提升其对国际人才的吸引力、凝聚力、向心力，让在沪人才引以为傲、来过的人才念念不忘、没来过的人才心向往之。上海市通过提供主动服务、精准服务、高效服务，为人才提供了宜居宜业的人才生态环境。而国际人才黏性、认同感以及归属感的提升，可以在一定程度减弱因较大流动性带来的作用发挥不连贯、国际人才本土化低、与企业的融入度低等问题，为国际人才发挥作用、创造价值提供了有利条件。精准定位科技创新中心也能够更加有针对性地吸引国际人才，有利于形成人才集聚趋势，更好地发挥作用。

2.3.6 对粤港澳大湾区相关政策、举措进行讨论分析

粤港澳大湾区建设是新时代国家改革开放下的重大发展战略，肩负国家实施创新驱动发展和坚持改革开放等历史使命。在人才工作方面，广东省省委书记李希强调，要以在建设高水平人才高地为指导，以人才“五大工程”为发力点，持续发展新时代人才强省战略；着力提升人才引进质量，瞄准急需、紧缺的国际人才，优化引才路径。为加快国际人才集聚，大湾区以“物理地标”“情感港湾”为抓手，高标准打造前海国际人才港。可以看到，国际人才港的建成能够更好地明确该区域的定位，有针对性地吸引国际人才的到来，增强同类国际人才的集聚度，促进国际人才间的交流，提升成果的转化率，从技术水平等方面提升区域 FDI 质量。

同时，人才港同样注重“软实力”的提升，争做国际科技创新人才到大湾区工作和生活的“第一站”和“首选地”，为国际人才提供一站式“服务包”，提供百项贴心服务。此项政策能够为国际人才在此工作、生活提供强有力的事业支持，搭建更加高层次的平台，提供优质的服务和配套设施，实现更加精准的对接，帮助国际人才获得更好地融入体验，从生活保障、软环境等方面为国际人才提供最优方案，这些举措较为全面地覆盖了国际人才工作和生活的各个方面，在建设国际人才生态环境上提供了可行方案，为留住国际人才、助力其发展提供了可能性。

与此同时，粤港澳大湾区内部的人才工作部署也具有“因地制宜”等特点，实施“错位取才”的人才引进政策，紧密结合自身区位特点和产业布局，对人才工作的开展进行综合判断，统筹兼顾，靶向施策；避免盲目引才，错配人才，导致国际人才流入仅有数量的增加而不能很好地发挥作用的问题，进而提升 FDI 质量，推动经济的发展。

第3章

国际人才流入对区域创新能力的影响

引　言

创新是引领发展的重要动力，是建设社会主义现代化强国的有力支撑。以国际人才为重要载体的先进理论、先进技术、先进思维和先进经验流入我国，将极大促进我国区域创新能力的跨越式提升。站在这一特定的历史时点，对国际人才流入与区域创新能力这一话题的研究十分有意义。因此，本章对国际人才流入与区域创新能力间的量化关系进行了验证。

3.1　文献综述

3.1.1　区域创新能力概念界定

区域创新能力是一个复合概念，从出现至今，受到区域研究和创新研究等领域学者的关注，并根据自身的学科背景给出不同的定义，发展至今尚未形成统一的认知。Cooke（2001）等学者于 1992 年对区域创新能力这一话题进行了较为深入的质性研究和实证分析，这也是学术界首位从经济学视角探究区域创新能力的专家学者。近年来，国内外诸多学者在 Cooke 教授研究成果的基础上，对区域创新能力展开了多视角、多维度、多层次的探讨，得到了较丰富的研究成果。

Furman（2002）等学者认为，区域创新能力在某种程度上与科学技术迭代有一定的关联性，却与其不完全相同，可部分表现为一个国家或地区的现代制造业、工业实力，但还应包括创新政策的因素。Schiuma 和 Lerro（2008）等学者在自己的研究中发现，区域创新能力是一种机制或体制，主要体现为对理论、知识、技术的使用和开发，是对所处区域潜在发展能力的评价。Vendrell（2012）等学者表示，区域创新能力并不是一个显性实力，不易通过某一指标直接评价，更多的时候表现为对全新理论知识的发现和全新商业机会的把握，并且这种能力不能在不同区域间简单复制。Teece 和 Pisano（2015）等学者指出，区域创新能力的起点是当局对所处环境的认识和评估，能力水平的高低主要体现为对现存资源的开发能力，使用最少的资源取得更大优势或收益的区域，具备更佳的区域创新能力。

我国学者甄峰（2000）表示，区域创新能力主要体现在利用现有资源产出成品和服务的过程之中，开发和使用全新的理论、科技的能力即是区域创新能力。李永忠和冯俊文（2007）等学者则使用结果导向的方式来进行概念描述，认为区域创新能力是使用理论知识和科学技术去生产、迭代、提供全新产品、全新工艺和全新服务的能力。杨朝峰（2015）等学者则关注创新的全流程，认为区域创新能力应包括创新行为和创新产出两个部分，其衡量的标准也应从这两个维度出发。

纵观国内外专家学者的研究成果，截至目前，对区域创新能力这一概念的理解尚未形成明显的共识，大多数学者是基于各自专注的研究领域和其所关注的研究视角对区域创新能力进行解读。整体来讲，对区域创新能力的理解应包含以下几个要素：一是区域创新能力与理论知识和科学技术密切相关，其本质就是理论知识和科学技术的集合；二是提升区域创新能力的最终目标是推动经济和社会不断向好发展，可以表现在生产效率的提高、资源利用率的提升等诸多方面；三是区域创新能力还是一种对现有资源整合、梳理和使用的能力，力求最大化利用现有资源，并通过创新能力的提升产出新资源、新动力；四是区域创新能力并非单一能力，更是对一个区域综合实力的评价，创新行为和举措不是独立的事件，而是一个系统的协同作用。

基于以上分析，本章参考众多前人学者的共性观点，借鉴《中国区域创新能力报告》对区域创新能力这一概念的定义，即：区域创新能力是一个地区将知识转化为新产品、新工艺、新服务的能力，其本质是通过促进某一区域创新投入，从而得到创新产出，体现为其对区域内经济社会发展的贡献能力。

3.1.2 区域创新能力研究回顾

3.1.2.1 区域创新能力测度

在初步掌握区域创新能力这一概念的定义后，如何对区域创新能力进行测度，其评价的指标体系中应包含哪些维度，成为广大学者关注的重点。在构建区域创新能力评价体系的过程中，对区域创新能力概念的解读成为构建指标体系的重要参考依据，在不同的内涵和外延的界定下，产生了多种多样的区域创新能力评价体系。纵观前人学者的研究成果，多数学者主要通过以下几个维度对区域创新能力进行量化测度：

一是以技术市场成交额为代表的技术创新类指标，段姗（2014）等学者认为，技术的迭代与发展是衡量创新能力的重要因素；

二是以发明专利申请量或专利授权量为代表的理论创新指标，靳巧花（2017）等学者在研究中指出，专利数量是国际通行的衡量创新能力的关键要素，在测度一个地区或组织的创新能力时，往往关注其所申请或已经取得的专利数量；

三是以研发经费和全时当量为代表的创新投入类指标，高晓霞、芮雪琴（2014）等学者表示，资本和劳动是与产出直接相关的关键因素，在某种程度上，创新投入与创新能力具有密切的联系；

四是以产业产值为代表的产出指标，胡欣悦、李媛媛（2015）等学者认为，对于创新能力的评价，应采用结果导向的视角，创新成果的数量即是区域创新能力的最好体现。

纵观前人学者的研究成果，对于区域创新能力评价指标的选取并未形成明显的共识，但在构建评价指标体系的过程中，需综合考虑理论创新、技术创新和成品创新等多方面因素的观点却被多数学者所认可和接受。

3.1.2.2　区域创新能力影响因素

除去对区域创新能力的测度，如何提升区域创新能力以及哪些因素会对区域创新能力产生影响也是国内外学者关注的焦点。纵观之前学者的研究成果，以研发经费和全时当量为代表的创新投入因素、以 FDI 为代表的国家或区域对外开放程度因素、以社会资本为代表的环境因素、以产业发展水平为代表的经济因素均被认为是影响区域创新能力的重要维度。

（1）研发经费与人员投入

王宇新、姚梅（2015）等学者基于定量的视角，发挥面板数据的优势，以我国 31 个省、直辖市及自治区为研究对象，采用工具变量法进行广义空间回归分析，在模型中充分考虑滞后和遗漏偏误，较为准确地找出科研资金投入和科研人员投入与区域创新能力之间的量化关系，并得到相比于外商直接投资而言，创新资本和创新劳动投入对区域创新能力的积极影响更为明显这一重要结论。王锐淇、张宗益（2010）等学者利用省级面板数据，采用 GLS 回归分析等计量手段，找出我国东部、中部和西部区域创新能力影响因素之间的差异，发现同等规模的科研资金对不同区域创新能力的提升或助推效果有较为明显的差异。Stern（2000）等学者在研究中发现，科研资金和科研人员对区域创新能力的影响是最显著的，无论是国家或政府机关，或是企业及科研院所，所投入的科研资金和科研人员对区域创新能力的影响均大体相同，通过对新理论、新知识的导入，助力产生全新技术或全新方法，进而使生产方式迭代，生产效率大幅提升，推动创新成果的持续产生。

（2）外商直接投资

从某种程度而言，外商直接投资不仅会对一个国家或区域带来资金的流入，文化、资源、思维和技术等元素也会伴随着资本一同注入这一区域之中，这也是外商直接投资所引发的溢出效应。

国内外众多学者对这一话题开展了丰富的研究。Kokko（1994）等学者在研究中发现，外商直接投资对资本流入区域而言有着重要的作用，其经济的增长、理论知识的更新、科学技术的迭代都会因外商直接投资的落地而得到极大的推动。王三兴、熊凌（2007）等学者指出，外商直接投资与区域创新能力有十分密切的关系，尤其针对科学技术的迭代，外商直接投资的增加会对区域创新能力的大幅增加产生明显的正向作用。除此之外，国内外学者围绕这一话题的研究也得到了更多元的结论。Mansfield 和 Aitken（1980）以近 20 家跨国公司为研究对象，发现外商直接投资对不同区域创新能力的提升效果并非完全一致，其创新能力的提升可能还会受到其他因素的干扰。陈劲、余芳珍（2007）等学者以我国 31 个省、直辖市、自治区为研究对象开展实证研究，发现外商直接投资的增加对资金流入区域创新能力的提升并不是完全统一的，不同区域的经济发展水平、原有技术能力也影响该区域创新能力的提升效果。桑瑞聪、岳中刚（2010）等学者在之前学者研究成果的基础上，将评价区域创新能力的指标进行细分，通过对授权专利的分类探究，发现外商直接投资对外观专利和实用型专利的影响最为显著，并且这一影响效果明显好于发明专利，这也在一定程度上说明外商直接投资对区域创新能力的影响并非全面且一致的。

（3）社会资本

在社会资本层面，Camagni（1991）等学者指出，某一国家或地区内的社交网络往往决定着文化交融和归属表现，区域内所有元素的不断联络和交流通过理论知识的交换、思维方式的碰撞和技术的交流，在无形中助力区域创新能力的不断提升和发展。Maitina（2014）以德国的亚琛（Aachen）地区为主要研究对象，从定量的视角，发现社会资本与区域创新能力的影响并非是单向的，在更多的时候呈现出相互促进的良性循环这一重要的结论。李新功（2007）等学者在研究中发现，高水平劳动力的集聚是提升社会资本的重要保障，较为丰富的社会资本以及所处环境内的众多要素间不断的交流、联络，是推动区域创新能力提升的关键。赵雪雁（2015）等学者对社会资本提出了全新的测度方式，采用民众无偿献血率、民众对所处环境的信任程度、区域内民间团体的密度等 3 个指标衡量来评价社会资本的水平，并以我国 31 个省为主要研究对象展开实证研究，得出社会资本对区域创新能力具有促进作用这一重要的结论。

（4）产业集群

在产业集群层面，Soo Young（2000）等学者以韩国为研究对象，从定量的角度证明推动韩国整体创新能力持续提升的根本因素，在于高等院校、科研院所以及具备极强特色和研究实力的产业集群，在同一区域内集中众多实施创新行为的主体，对提升创新产出和整体的区域创新能力有显著的积极作用。Saxenian（2009）等学者在研究中发现，某一区域的创新能力与其区域内的企业实力、行业健全程度、网络环境、交通环境等因素有着密切的关系，拥有更佳创新环境的区域往往会营造出更好的创新氛围，助力创新行为的产生、全新理论和技术的出现和传播，进而表现出更佳的创新能力。黄晓治、曹鑫（2006）等学者从产业结构、企业或组织创新行为、企业或组织创新绩效等视角，采用定量的研究方法，探究产业发展水平与区域创新能力之间的量化关系，并且初步得到产业发展水平更高的区域会对企业和组织的创新行为产生显著的积极影响，促进区域创新能力的不断提高。刘军、李廉水（2010）发现，当某一区域的产业逐渐固化时，这一地区的创新行为会同步停滞。高新技术产业和高科技公司在某区域的集聚有利于全新理论知识的传播、先进技术的发展和迭代，但过度依赖资源的企业对创新行为有一定的抑制效应，此类企业的集聚对区域创新能力具有负面影响。

3.2　国际人才流入与区域创新能力实证分析

3.2.1　区域创新能力评价体系的构建

根据之前学者的研究成果，区域创新能力的评价方式主要分为三类。一是以专利授权量衡量区域创新能力的高低。这种方式便捷、高效，数据获取相对容易，但仅以单一指标对区域创新能力进行代理，难免出现考量片面的问题。二是以创新产出水平来衡量区域创新能力，创新产出往往包含专利授权量、高新技术产业产值、技术市场成交额、工业新产品的产值等指标。相较于第一类评价方式而言，创新产出考量的指标更全面。三是综合创新产出、创新投入等维度对区域创新能力进行评价，相较于前两类评价方式，第三类评价方式考量的指标更多，但创新投入最终将在很大程度上转化为创新产出，难免会带来重复计算创新能力的问题。

本章主要参考第二类区域创新能力的评价方式，关注发明专利量、技术市场成交额、高技术企业销售收入等指标。考虑到各省市经济体量的差异性，部分考量指标将转换为相对值进行评价。

3.2.2 区域创新能力估算原则及方法

在评价体系指标赋权方面，之前学者常采用熵权法、层次分析法、主成分分析、因子分析等方式。本章所选取的区域创新能力评价指标无须进行维度划分，且各个指标的单位、绝对值大小均有明显区别，故采用熵权法来确定指标权重。

"熵权"并非是经济学、管理学领域首先出现的概念，这一名词最早出现于信息论。依照信息论对"熵权"的解读，"信息"是衡量系统有序程度的计量单位，而"熵"是衡量系统无序程度的计量单位；当某个指标的"信息熵"处于较高水平时，意味着这一指标所能提供的有用信息更多，因此，在评价体系中应占有较重份额，赋予其更大的权重。经济学、管理学深刻理解了这一方式的内涵，借鉴其运算方法，广泛用于评价体系指标的赋权环节。具体步骤如下：

第一步，将数据整理为矩阵形式。每一个数据均可用 X_{ij} 表示，其中 i 为样本、j 为指标，X_{ij} 代表第 i 个样本的第 j 个指标数值。

第二步，对每一个数据进行标准化处理。对于数值越大表示水平越高的指标，可用公式 3-1 进行处理：

$$X_{ij} = \frac{X_{ij} - \min(X_{1j}, X_{2j}, X_{3j}, \cdots, X_{nj})}{\max(X_{1j}, X_{2j}, X_{3j}, \cdots, X_{nj}) - \min(X_{1j}, X_{2j}, X_{3j}, \cdots, X_{nj})} \quad \text{(公式 3-1)}$$

对于数值越小表示水平越高的指标，可用公式 3-2 进行处理：

$$X_{ij} = \frac{\max(X_{1j}, X_{2j}, X_{3j}, \cdots, X_{nj}) - X_{ij}}{\max(X_{1j}, X_{2j}, X_{3j}, \cdots, X_{nj}) - \min(X_{1j}, X_{2j}, X_{3j}, \cdots, X_{nj})} \quad \text{(公式 3-2)}$$

全部数据经过标准化处理后，数量级别、最大值及最小值会统一为相同标准，后期可根据研究的实际需要，同比例放大或缩小一定倍数。

第三步，通过公式 3-3，计算第 j 个指标在第 i 个样本全部指标中的占比：

$$P_{ij} = \frac{X_{ij}}{\sum_{i=1}^{n} X_{ij}} \quad (公式\ 3\text{-}3)$$

第四步，通过公式 3-4，计算第 j 个指标的熵值：

$$e_j = -k \cdot \sum_{i=1}^{n} P_{ij} \cdot \log^{P_{ij}}$$

$$k = \frac{1}{\ln^{n}} \quad (公式\ 3\text{-}4)$$

第五步，通过公式 3-5，计算第 j 个指标的差异系数。根据熵权法的理念，当某项指标的差异系数较大时，说明这项指标对整个样本的贡献更大，指标更重要，故应该赋予更高的权重：

$$g_j = 1 - e_j \quad (公式\ 3\text{-}5)$$

第六步，通过公式 3-6，计算各个指标的权重：

$$W_j = \frac{g_j}{\sum_{j=1}^{n} g_j} \quad (公式\ 3\text{-}6)$$

3.2.3　区域创新能力现状

3.2.3.1　理论创新能力情况

由图 3.1 和表 3.1 可知，各省、自治区、直辖市自 2003 年至 2015 年理论创新能力均呈递增趋势，并且东部区域的理论创新能力明显好于中部区域和西部区域。2015 年，各省、自治区、直辖市发明专利数量平均值为 32901（标准差：37494），较 2003 年的平均值 1726（标准差：1958）提升 1806%。

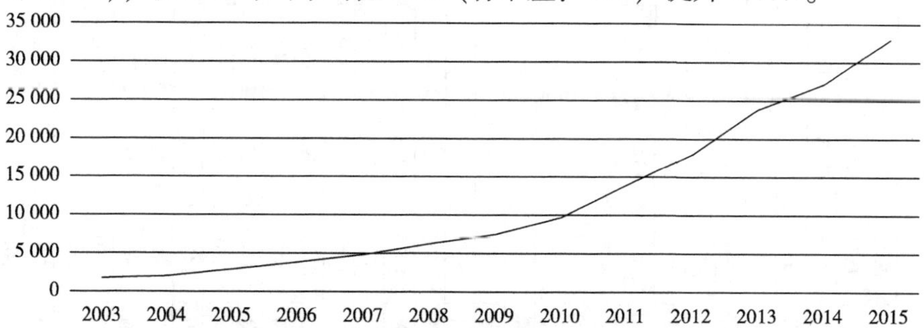

图 3.1　各省、自治区、直辖市平均理论创新能力情况

表 3.1 理论创新能力情况

（发明专利数，单位：件）

	2003	2004	2005	2006	2007	2008	2009	2010	2011	2012	2013	2014	2015
北京	7833	8608	12102	14226	18763	28394	29326	33466	45057	52720	67554	78129	88930
天津	3328	4013	4470	4981	5364	6281	6367	7347	10623	13587	21946	23391	28510
河北	986	979	1273	1597	2094	2380	2811	3270	4651	6108	7329	8332	11259
山西	480	571	610	965	1212	2053	2422	3046	4602	5417	6025	6107	5680
内蒙古	244	286	307	430	565	695	719	932	1267	1492	1935	1924	2254
辽宁	2584	2907	3267	4368	5516	6493	7125	9884	14658	19740	25292	18417	19332
吉林	1172	1048	1290	1335	1635	1895	2166	2789	3334	3913	4549	5288	6154
黑龙江	1151	1325	1598	1911	2386	3047	3384	4070	5063	7068	10338	13468	14663
上海	5936	6737	10441	12050	15212	17831	22012	26165	32142	37139	39157	39133	46976
江苏	3279	4423	6582	10214	16578	22601	31779	50298	84678	110091	141259	146660	154608
浙江	2751	3578	6776	8333	9532	12063	15646	18027	24745	33265	42744	52406	67674
安徽	532	658	903	1274	1602	2729	4465	6396	10982	19391	34857	49960	68314
福建	797	850	1202	1437	2170	2701	3842	5117	6896	8492	9884	12529	17663
江西	832	663	713	823	1012	1016	1502	1968	2796	3023	3931	4688	5722
山东	2596	3230	4801	7237	8795	13714	13983	17259	25623	40381	67642	77298	93475
河南	1025	1213	1703	2404	2875	4954	4952	6408	8833	10910	15580	19646	21338
湖北	1627	1674	2038	2827	3705	4616	6065	7411	10327	14640	18189	22536	30204
湖南	1492	1734	2594	3578	3670	5335	4416	6438	8774	9974	11938	14474	19499
广东	6181	8093	12887	21351	26692	28099	32247	40866	52012	60448	68990	75147	103941
广西	452	495	641	679	945	1086	1280	1574	2757	6511	14382	22237	30815
海南	110	137	176	246	278	331	456	572	732	865	921	969	1211
重庆	560	562	918	1204	1601	1997	3845	5150	8839	11402	12562	19418	35086
四川	1475	1638	2256	2930	3406	4098	6260	8342	11808	16368	23510	29926	40437
贵州	385	450	782	923	874	873	1336	1322	2358	3103	3988	8203	7538
云南	574	740	776	1005	1014	1474	1637	2333	2796	3324	3961	4732	6301
陕西	1191	1099	1693	1815	2412	3775	5858	8138	13037	17043	26487	24399	17322
甘肃	324	334	712	550	600	952	1120	1412	2105	3265	3735	4986	5504
青海	70	49	103	79	91	148	175	193	204	298	520	660	1103
宁夏	101	89	106	172	112	160	182	268	442	846	1792	2183	2626

2003 年，发明专利数最多的省、直辖市分别为：北京、广东、上海、天津、江苏；最少的省、自治区、直辖市分别为：青海、宁夏、海南、内蒙古、甘肃。2015 年，发明专利数最多的省、直辖市分别为：江苏、广东、山东、北京、安徽；最少的省、自治区、直辖市分别为：青海、海南、内蒙古、宁夏、甘肃。

3.2.3.2　技术创新能力情况

由图 3.2 和表 3.2 可知，各省、自治区、直辖市自 2003 年至 2015 年技术创新能力均呈递增趋势，并且东部区域的技术创新能力明显好于中部区域和西部区域。2015 年，各省、自治区、直辖市技术市场成交额平均值为 3229410（标准差：6510721），较 2003 年的平均值 369874（标准差：544634）提升 773%。

2003 年，技术市场成交额最大的省、直辖市分别为：北京、上海、广东、江苏、重庆；最小的省、自治区、直辖市分别为：青海、宁夏、海南、贵州、山西。2015 年，技术市场成交额最大的省、直辖市分别为：北京、湖北、陕西、上海、广东；最小的省、自治区、直辖市分别为：海南、宁夏、广西、内蒙古、贵州。

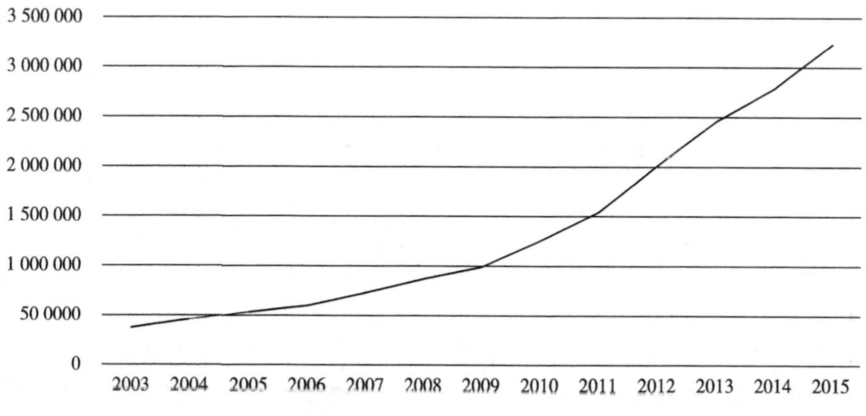

图 3.2　各省、自治区、直辖市平均技术创新能力情况

3.2.3.3　成品创新能力情况

由图 3.3 和表 3.3 可知，各省、自治区、直辖市自 2003 年至 2015 年成品创新能力均呈递增趋势，并且东部区域的成品创新能力明显好于中部区域和西部区域。2015 年，各省、自治区、直辖市高技术企业销售收入平

表 3.2 技术创新能力情况 （技术市场成交额，单位：万元）

	2003	2004	2005	2006	2007	2008	2009	2010	2011	2012	2013	2014	2015
北京	2653573. 97	4249975	4895921. 95	6973256. 02	8825602. 7	10272173. 09	12362450. 44	15795367. 22	18902752. 02	24585033. 62	28517239. 48	31371853. 97	34538854. 57
天津	420008	450276	507092. 87	588624. 49	723356. 13	866121. 96	1054610. 93	1193390. 03	1693818. 68	2323275. 31	2761575. 08	3885630. 99	5034368. 65
河北	67969. 45	72718	103826. 98	156099. 34	164328. 68	165906. 37	172111. 8	192930. 91	262470. 76	378178. 1	315580. 76	292228. 38	395437. 7
山西	32250. 8	59960	47979. 83	59213. 24	82677. 06	128424. 97	162067. 53	184910. 51	224824. 67	306087. 66	527680. 95	484595. 04	512007. 14
内蒙古	108452. 33	104085	109938. 77	107126. 97	109835. 21	94423. 48	147651. 46	271464. 44	226719. 05	1060961. 77	387389. 68	139393. 15	153871. 52
辽宁	620200	752817	865166. 6	806494. 21	929289. 53	997290. 1	1197095. 44	1306811. 47	1596633. 2	2306647. 88	1733774. 67	2174648. 02	2674926. 94
吉林	87292. 3	107900	122260. 6	153666. 43	174845. 43	196065. 87	197598. 28	188089. 78	262614. 49	251179. 83	347167. 29	285755. 96	264697. 1
黑龙江	121165. 36	125715. 13	142584. 53	156933. 58	350208. 8	412564. 88	488550. 02	529122. 92	620681. 94	1004473. 42	1017746. 66	1202775. 76	1272637. 27
上海	1427790. 2	1716963. 39	2317328. 17	3095095. 33	3548876. 57	3861694. 51	4354108. 44	4314373. 77	4807491. 37	5187473. 24	5316803. 99	5924480. 87	6637837. 97
江苏	765163. 17	897854. 56	1008295. 95	688297. 45	784173. 07	940246. 1	1082184. 32	2493405. 69	3334315. 52	4009140. 76	5275019. 66	5431585. 22	5729178. 23
浙江	530352. 83	581464. 69	386953. 9	399617. 66	453473. 59	589188. 56	564580. 51	603477. 84	718967. 52	813078. 61	814958. 2	872527. 08	980965. 54
安徽	87959. 58	90674. 7	142553. 09	184921. 23	264514. 98	324864. 87	356173. 6	461469. 75	650336. 69	861592. 07	1308252. 68	1698312. 51	1904669. 26
福建	166778. 87	141394. 74	171959. 24	113187. 2	145578. 76	179690. 08	232594. 42	356568. 8	345712. 23	500919. 86	446885. 28	391913. 32	521448. 46
江西	83323. 48	93661. 04	111226. 97	93134. 61	99533. 12	77640. 59	97892. 7	230479. 09	341860. 95	397796. 15	430552. 2	507593. 33	648483. 8
山东	525681. 7	750850. 3	983613. 9	232005	450274. 79	660125. 61	719390. 98	1006768. 98	1263777. 56	1400152. 98	1793980. 83	2492941. 98	3075545. 09
河南	192690. 07	203207. 31	263737. 42	237288. 42	261906. 65	254425. 16	263046. 1	272002. 17	387601. 53	399434. 74	402405. 86	407918. 73	450442. 37
湖北	412538. 17	461700. 13	501822. 97	444426. 74	522145. 88	628971. 06	770328. 73	907218. 41	1256876. 3	1963922. 46	3976158. 1	5806801. 47	7893406. 6
湖南	369305. 68	408279. 89	417394. 14	455281. 18	460816. 37	477023. 65	440432. 38	400939. 85	353900. 69	422419. 76	772098. 14	979341. 68	1050577. 58
广东	805729. 85	572650. 91	1124739. 82	1070257. 09	1328448. 04	2016319. 22	1709849. 78	2358948. 63	2750647. 39	3649383. 57	5293935. 64	4132478. 14	6625774. 63
广西	41808. 44	90954. 59	94059. 28	9423. 41	9969. 52	26996. 03	17661. 82	41361. 65	56377. 2	25238. 28	73449. 02	115833. 13	73131. 69
海南	11978. 36	1885. 29	10006. 64	8535. 26	7327. 25	35602. 27	5556. 27	32650. 96	34583. 83	5666. 14	38692. 89	6524. 62	21860. 73
重庆	555083. 04	596186. 29	357059. 29	553479. 49	395658. 07	621884. 42	383158. 09	794409. 8	681453. 47	540187. 88	902760. 29	1562006. 81	572366. 31
四川	128686. 31	165640. 06	190823. 27	259323. 16	303878. 33	435313. 34	545976. 94	547393. 13	678329. 54	1112437. 99	1485751. 86	1990506. 36	2823201. 62
贵州	17891. 99	13532. 53	10488. 45	5361. 42	6560. 47	20355. 79	17806. 11	77190. 76	136483. 37	96742. 77	183971. 92	200391. 78	259626. 01
云南	228717. 87	215555. 24	159174. 55	82747. 44	97496. 43	50547. 03	102468. 71	108826. 78	117144. 35	454778. 53	420003. 37	479233. 28	518364. 34
陕西	168021. 57	139128. 73	188976. 93	179484. 59	301710. 38	438300. 45	698074. 11	1024140. 22	2153663. 57	3348152. 62	5332786. 65	6400197. 93	7218211. 05
甘肃	77580. 89	119608. 01	172736. 43	214534. 27	262107. 14	297560. 45	356286. 93	430845. 03	526385. 94	730619. 02	999936. 3	1145162. 25	1296957. 95
青海	8291. 04	12793. 36	11811. 6	24665. 26	53016. 75	77032. 61	84967. 21	114050. 79	168442. 84	192989. 19	268862. 64	291001. 09	468848. 7
宁夏	10047. 32	12827. 1	14131. 03	5349. 37	6640. 69	8897. 6	8982. 29	9971. 98	39446. 59	29135. 47	14289. 28	31822. 79	35201. 81

表3.3　成品创新能力情况　（高技术企业销售收入，单位：亿元）

	2003	2004	2005	2006	2007	2008	2009	2010	2011	2012	2013	2014	2015
北京	1256.51	1571.6	2168.5	2831.92	3362.1	3217.118	3019.2	3333.8	3326.3	3569.9	3826.1	4151.6	3997.1
天津	1056.87	1505.3	1909	2335.95	2147	1968.707	1918.31	2291.1	2697.4	3526.9	4243.5	4282	4233.8
河北	270.86	252.2	300.2	327.25	423.22	539.3	622.33	883.1	1041.4	1204.5	1381	1508.7	1705.9
山西	42.63	51	67.6	95.47	137.43	164.4	172.3	233.9	302.4	621.5	707.8	793.6	864.7
内蒙古	60.26	74.8	102.8	132.99	162.7	180.2386	231.01	225.2	312.2	273.1	344.8	353.4	394.3
辽宁	507.56	569.3	608.5	721.28	973.51	1136.503	1294.1	1709.8	1898.5	2214.1	2362.4	2351.7	1813.7
吉林	106.83	113.8	145.4	188.13	250.6	363.1553	474.4	642.4	918.1	1138.7	1431.3	1667.9	1848.5
黑龙江	251.44	142.7	313.3	227.51	271.03	315.0873	356.52	399.2	472.7	524.2	610.8	632.4	622.2
上海	2536.42	3875.64	4030.3	4609.91	5811.97	6191.39	5785.7	7019.7	7063.6	7051.6	6823.4	7056.9	7213
江苏	3128.55	4916.1	6137.5	7536.66	9557.31	11831.43	12781.8	16169.6	19396	22863.6	24854	26113.9	28530.2
浙江	1069.58	1405.4	1741.8	2406.99	2774.9	2600.3	2569.4	3323.7	3607.3	3976.9	4360.1	4792.4	5288.1
安徽	100.43	133.9	156.5	203.71	267.7	329.11	431.42	661.5	1055.1	1460	1831.4	2533	3064.1
福建	988.48	1272.6	1421.9	1605.72	1715.9	1936.117	1948.1	2576.5	2989.8	3229.4	3545	3627.8	3962.3
江西	141.28	172.7	229.9	322.04	430.4	565.2594	743.43	1039.3	1432	1856.7	2289.6	2611.9	3318.1
山东	837.68	1186.5	1737.9	2286.3	3095	3868.986	4548.8	5148.8	6121.4	7729.2	8946.5	10212.1	11535.3
河南	191.3464	247.8	297.6	425.5	553.6	720.1	897.2	1185.6	2033.5	3257.8	4284.4	5293.1	6653.8
湖北	285.03	254.5	396.9	508.72	576	804.1799	1025.9	1257	1552.1	2027.3	2445.3	2948	3655.1
湖南	150.68	161.7	205.1	237.33	312.7	497.6	616.1	906.1	1473.4	1880.7	2564.9	2834.4	3280.2
广东	6345.32	8712.5	10428.8	12794.13	14582.93	16123.94	16758.1	20952.8	23227.6	25046.6	27871.1	30328.9	33308.1
广西	62.09	72.5	94.2	111.1	137.6	191.03	234.43	383.8	539.6	806.2	1126.2	1394.3	1791
海南	21.53	26.6	30.4	35.42	35.44	44.3	50.4	76.7	92.1	151.9	121.4	131.7	155.9
重庆	87.71	107.9	136	155.44	200.41	272	339.11	507.8	1111.8	1883.4	2624.2	3433.7	4028.8
四川	415.54	440.7	578.3	725.11	1020.14	1294.7	1583.3	2104.9	3186.5	3962.1	5160.5	5486.6	5171.7
贵州	93.66	107.2	127.9	132.96	171.2	190.57	245	266	305	342.9	412.53	531.8	734.27
云南	41.69	50.6	59.8	76.63	91.8	111.7829	131.3	160.1	188.7	239.4	291.1	312.1	350
陕西	318.95	379.9	414.3	466.64	566.6	615.7828	665.8	865.2	1001.5	1238	1374	1649.5	1902.9
甘肃	31.72	36.4	39.2	43.24	49.73	54.4646	56.54	76.2	87.6	112.3	140.9	162.4	179
青海	4.62	5	6.9	8.44	12.61	12.01	15	21.3	21.6	38.7	50.7	57.2	100.5
宁夏	8.93	11.2	15.7	14.21	19.03	22.92	28.53	30.9	35.9	31.9	31.8	37.4	111.8

均值为 4821（标准差：7705），较 2003 年的平均值 704（标准差：1316）提升了 585%。

2003 年，高技术企业销售收入最大的省、直辖市分别为：广东、江苏、上海、北京、浙江；最小的省、自治区、直辖市分别为：青海、宁夏、海南、甘肃、云南。2015 年，高技术企业销售收入最大的省、直辖市分别为：广东、江苏、山东、上海、浙江；最小的省、自治区、直辖市分别为：青海、宁夏、海南、甘肃、云南。

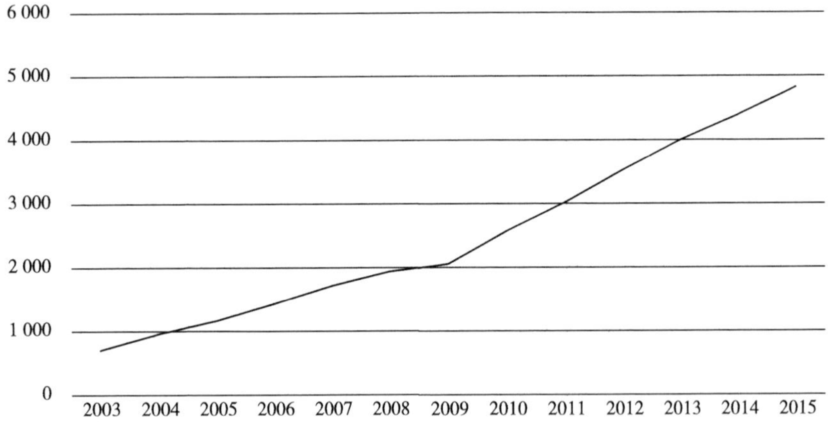

图 3.3　各省、自治区、直辖市平均成品创新能力情况

3.2.3.4　区域创新能力情况

由图 3.4 和表 3.4 可知，各省、自治区、直辖市自 2003 年至 2015 年区域创新能力均呈递增趋势，并且东部区域的区域创新能力明显好于中部区域和西部区域。2015 年，各省、自治区、直辖市区域创新能力平均值为 1442.35（标准差：1765.97），较 2003 年的平均值 140.24（标准差：198.10）提升 1159%。

2003 年，区域创新能力最好的省、直辖市分别为：广东、北京、上海、江苏、浙江；最不好的省、自治区、直辖市分别为：青海、宁夏、海南、山西、甘肃。2015 年，区域创新能力最好的省、直辖市分别为：江苏、北京、广东、山东、上海；最不好的省、自治区、直辖市分别为：海南、宁夏、青海、山西、云南。

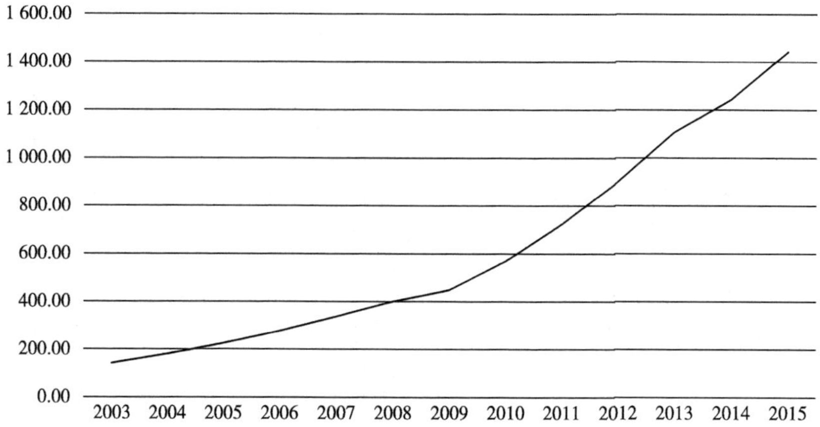

图 3.4　各省、自治区、直辖市平均区域创新能力情况

3.2.4　模型设定及变量介绍

为了较为准确地得到国际人才与区域创新之间的量化关系，本章将区域创新数据与省级层面国际人才数据相结合，并参考前人学者的研究成果，引入产业结构、政府支持、经济水平、开放程度、创新资本投入、创新劳动投入等指标，建立回归模型如下：

$$\ln Pa_t = \beta_0 + \beta_1 ln\ Ta + \beta_2 Ind + \beta_3 Gov + \beta_4 GDP + \beta_5 FDI + \beta_6 RDK + \beta_7 RDL + \varepsilon$$

（公式 3-7）

公式 3-7 中，解释变量为国际人才（*Ta*）数据选取及来源同第一章，选取 2003—2015 年境外来中国大陆工作专家和外籍来华留学生数。

被解释变量为区域创新能力（Pa_t），具体算法及区域创新能力数据已在本书第三章中得出，本章所使用的发明专利数、技术市场成交额、高新技术企业产值均来源于《中国统计年鉴》。

在控制变量方面，根据当前已有成果，本章将产业结构（*Ind*）、政府支持（*Gov*）、经济水平（*GDP*）、对外开放（*FDI*）、创新资本投入（*RDK*）、创新劳动投入（*RDL*）等指标引入回归模型之中，并依次用《中国统计年鉴》收录的第三产业增加值占 GDP 比重、一般预算支出占 GDP 比重、人均 GDP、外商直接投资占 GDP 比重、研发经费投入占 GDP 比重、研发人员全时当量占劳动人口比重进行衡量。

表 3.4　区域创新能力情况

	2003	2004	2005	2006	2007	2008	2009	2010	2011	2012	2013	2014	2015
北京	565.01	791.52	987.33	1325.98	1671.44	2001.23	2236.26	2732.51	3300.17	4110.08	4857.06	5409.13	5954.64
天津	209.78	269.12	322.90	382.73	386.97	403.13	421.23	491.10	648.03	854.43	1129.14	1287.10	1508.16
河北	50.59	49.20	62.83	77.40	96.85	113.53	130.27	166.28	215.17	271.18	303.88	332.25	417.59
山西	15.15	20.79	21.76	32.34	43.65	67.13	78.60	98.77	138.94	194.05	238.80	243.70	245.66
内蒙古	21.06	22.75	26.49	31.38	37.06	39.43	50.79	68.23	77.79	172.68	111.59	84.14	95.87
辽宁	165.72	192.71	215.92	240.70	300.30	341.93	391.51	495.45	635.61	841.29	894.44	814.86	836.87
吉林	40.48	41.17	50.35	58.86	72.87	90.95	106.88	133.60	178.73	209.46	260.34	289.95	321.11
黑龙江	57.83	51.14	74.55	73.78	108.72	132.36	151.25	172.76	208.75	294.61	365.54	447.05	476.31
上海	514.85	691.32	843.37	1017.21	1243.24	1364.07	1458.94	1650.69	1822.42	1957.65	1988.06	2078.86	2321.18
江苏	447.12	655.38	825.66	991.82	1315.87	1664.73	1943.67	2775.19	3823.01	4707.65	5624.72	5864.50	6279.02
浙江	212.71	266.24	336.31	430.80	494.67	540.54	601.73	723.15	889.02	1094.41	1308.59	1537.21	1882.43
安徽	27.98	33.86	46.49	62.75	84.05	117.84	163.66	233.78	378.70	598.67	973.94	1367.76	1785.14
福建	127.24	152.67	177.06	192.48	220.43	255.39	283.85	382.13	453.88	524.31	574.54	625.70	768.46
江西	36.99	38.02	46.45	55.31	69.99	80.55	109.05	161.22	227.06	278.46	340.76	394.61	497.78
山东	186.99	257.86	366.58	379.74	511.31	701.40	778.50	929.93	1208.83	1654.61	2325.62	2706.86	3202.31
河南	57.79	67.92	88.72	111.12	135.02	189.03	207.00	262.95	402.87	560.73	747.03	920.61	1087.87
湖北	102.94	106.45	131.48	150.48	182.15	233.20	297.60	360.47	482.91	689.24	1023.55	1360.36	1807.85
湖南	82.60	92.60	113.87	139.64	149.24	199.96	190.04	251.23	344.10	413.44	555.51	652.27	797.09
广东	815.22	1052.15	1369.25	1748.65	2049.67	2301.99	2405.78	3043.62	3514.94	3949.21	4566.57	4786.43	5893.17
广西	17.58	24.94	30.11	22.86	30.44	40.14	46.88	69.42	108.21	200.46	383.76	561.10	754.70
海南	3.91	3.76	5.77	7.40	7.86	12.90	12.42	20.19	24.87	29.84	31.69	29.93	38.52
重庆	80.17	86.80	69.08	98.53	92.40	132.30	146.25	233.42	347.63	453.72	587.66	868.24	1106.18
四川	80.51	90.16	117.79	152.25	194.55	248.76	329.44	418.65	602.23	811.15	1102.09	1310.47	1570.87
贵州	16.65	18.67	26.52	29.06	31.96	35.37	48.96	57.44	87.26	100.33	133.44	225.52	239.27
云南	39.05	41.52	36.70	33.94	37.24	42.44	53.24	69.73	82.08	135.04	147.98	171.11	208.50
陕西	70.37	71.24	91.29	97.53	132.13	177.79	250.93	349.62	582.14	814.96	1229.19	1337.50	1322.24
甘肃	16.31	21.71	35.06	37.15	44.09	55.14	65.13	80.91	105.78	152.95	194.97	236.85	265.31
青海	1.12	1.27	2.35	3.51	7.34	11.07	12.76	16.99	23.39	29.56	43.46	49.20	81.78
宁夏	2.31	2.62	3.52	3.61	3.10	4.63	5.59	7.53	14.60	20.60	36.59	46.42	62.23

王永华（2015）等学者在研究中发现，产业结构是衡量第一、第二、第三产业在经济中占比的统计量，会在一定程度上影响创新水平；政府支持的力度通常与创新环境的优劣有着密切的关系，适度的政府支持会对创新产生显著的积极影响。白俊红（2011）等学者在研究中指出，人均 GDP 象征着区域经济的综合实力，更高的经济发展水平通常会激发出更多的创新；外商直接投资代表着区域的开放程度，资本的自由流动往往会带动人才、技术、文化的交流，会对创新产生一定的影响；创新资本投入与创新劳动投入是创新产出的必要前提，与当前区域发展阶段相匹配的创新资本投入与创新劳动投入会对区域的创新水平产生正外部性。

3.2.5 实证结果分析

3.2.5.1 OLS 回归分析

根据上一节所建立的计量模型，将经过初步处理的数据带入回归模型之中，进行最小二乘法回归估计，具体估计结果如表 3.5 至表 3.12 所示。

表 3.5 全国国际人才流入对区域创新能力影响的 OLS 回归结果

	模型一	模型二	模型三
ln *student*	0.45733*** (11.10)	/	0.16371*** (4.12)
ln *expert*	/	0.77357*** (18.52)	0.63194*** (13.75)
Ind	−0.01747* (−1.81)	−0.03488*** (−4.30)	−0.03438*** (−4.32)
Gov	−0.03159*** (−5.60)	−0.00289 (−0.56)	−0.00241 (−0.48)
GDP	0.00004*** (12.73)	0.00004*** (14.16)	0.00004*** (12.90)
FDI	−0.03418 (−1.47)	−0.13745*** (−6.77)	−0.12627*** (−6.30)
R&D funds	1.33196*** (10.02)	1.11290*** (10.00)	1.04418*** (9.48)

续表

	模型一	模型二	模型三
R&D personnel	-3.42250*** (-7.20)	-2.70266*** (-7.32)	-2.61855*** (-7.24)
常数项	1.52678*** (3.76)	-1.04999*** (-2.68)	-1.20359*** (-3.12)
样本数	377	377	377
R^2	0.7926	0.8566	0.8629

注：*、**、***分别表示在10%、5%、1%的显著性水平下，括号中数字为对应的 *t* 值。

由表格3.5可知，在全国层面，国际人才流入对区域创新能力产生了显著的正向影响。三个模型的拟合优度均大于0.7，其中模型三的拟合优度为0.8629，好于模型一和模型二，对国际人才流入与区域创新能力的估计更准确。在模型三中，变量 ln *student* 的系数为0.16371，在1%的水平下显著，说明外籍来华留学生对区域创新能力具有积极作用；变量 ln *expert* 的系数为0.63194，在1%的水平下显著，说明外籍来华专家对区域创新能力也会产生显著的正向影响，并且影响效果明显大于外籍来华留学生。

分区域进行探讨时，由表3.6可知，9个模型的拟合优度均大于0.7，其中模型三、模型六、模型九的拟合优度均为各区域三个模型中的最佳，对各地区国际人才流入对区域创新能力影响的估计最为准确。

东部地区、西部地区与全国层面数据结果保持一致，国际人才流入会对区域创新能力产生积极的影响，变量 ln *student* 的系数分别为0.24941和0.24739，且均在1%的水平下显著；变量 ln *expert* 的系数分别为0.68934和0.95462，且均在1%的水平下显著。由此可知，外籍来华专家对区域创新能力的影响效果好于外籍来华留学生，并且在西部地区工作的外籍来华专家对区域创新能力产生了更积极的作用。

中部地区与全国层面数据结果并不相符，仅模型四中的变量 ln *student* 在10%的水平下显著，且系数仅为0.06481，模型五、模型六中的国际人才变量均未对区域创新能力产生显著的影响。

表 3.6　各地区国际人才流入对区域创新能力影响的 OLS 回归结果

	东部地区			中部地区			西部地区		
	模型一	模型二	模型三	模型四	模型五	模型六	模型七	模型八	模型九
ln *student*	0.84939*** (9.93)	/	0.24941*** (3.96)	0.06481* (1.90)	/	0.05629 (1.03)	0.57798*** (9.26)	/	0.24739*** (4.50)
ln *expert*	/	0.79191*** (21.67)	0.68934*** (15.92)	/	0.10344 (1.60)	0.02058 (0.20)	/	1.18587*** (14.84)	0.95462*** (10.57)
Ind	0.00630 (0.38)	-0.05391*** (-5.04)	-0.04737*** (-4.61)	-0.00730 (-0.84)	-0.00740 (-0.84)	-0.00746 (-0.85)	0.02971 (1.53)	0.00574 (0.38)	0.00503 (0.35)
Gov	-0.09584*** (-5.92)	-0.01002 (-0.88)	-0.01343 (-1.24)	-0.04161*** (-3.01)	-0.04490*** (-3.31)	-0.04163*** (-2.99)	-0.00532 (-0.65)	0.01326* (1.97)	0.01575** (2.51)
GDP	0.00003*** (7.10)	0.00003*** (10.16)	0.00002*** (9.08)	0.00009*** (15.18)	0.00009*** (15.06)	0.00009*** (15.02)	0.00004*** (4.48)	0.00004*** (6.49)	0.00003*** (5.39)
FDI	-0.06723*** (-2.68)	-0.14679*** (-9.00)	-0.14127*** (-9.09)	0.15863*** (3.99)	0.16314*** (4.11)	0.15865*** (3.97)	-0.17996** (-2.24)	-0.21833*** (-3.49)	-0.20876*** (-3.59)
R&D funds	0.17540 (0.89)	0.77623*** (7.16)	0.54497*** (4.60)	1.36408*** (9.30)	1.30831*** (8.29)	1.35025*** (8.28)	1.46315*** (5.65)	0.25770 (1.11)	0.31703 (1.46)
R&D personnel	-1.12527** (-1.99)	-0.95418*** (-2.74)	-0.74692** (-2.23)	-4.72341*** (-5.63)	-4.39877*** (-5.44)	-4.69258*** (-5.48)	-3.24111** (-1.98)	1.14539 (0.85)	0.94543 (0.76)
常数项	-0.05780 (-0.08)	-0.52409 (-1.29)	-1.28968*** (-2.98)	2.89250*** (8.26)	2.51687*** (4.82)	2.79849*** (4.75)	-1.76637** (-2.13)	-6.36928*** (-8.22)	-6.03303*** (-8.33)
样本数	143	143	143	104	104	104	130	130	130
R^2	0.8675	0.9488	0.9541	0.8999	0.8988	0.8999	0.7481	0.8471	0.8691

注：*、**、***分别表示在 10%、5%、1%的显著性水平下，括号中数字为对应的 *t* 值。

表 3.7 全国国际人才流入对理论创新能力影响的 OLS 回归结果

	模型一	模型二	模型三
ln *student*	0.48654*** (10.30)	/	0.22758*** (4.54)
ln *expert*	/	0.69863*** (13.94)	0.55735*** (9.62)
Ind	-0.00591 (-0.53)	-0.02152** (-2.09)	-0.02081** (-2.08)
Gov	-0.03591*** (-5.56)	-0.01085* (-1.66)	-0.01018 (-1.60)
GDP	0.00005*** (13.29)	0.00005*** (14.17)	0.00005*** (12.87)
FDI	-0.11782*** (-4.43)	-0.21459*** (-8.36)	-0.19904*** (-7.88)
R&D funds	1.36996*** (9.00)	1.21168*** (8.60)	1.11616*** (8.04)
R&D personnel	-4.15987*** (-8.28)	-3.56774*** (-7.64)	-3.45081*** (-7.57)
常数项	1.27347*** (2.74)	-0.92111* (-1.86)	-1.12463** (-2.34)
样本数	377	377	377
R^2	0.7506	0.7896	0.8008

注：*、**、***分别表示在10%、5%、1%的显著性水平下，括号中数字为对应的 *t* 值。

分维度进行探讨时，在全国层面，国际人才流入对理论创新能力具有显著的正向影响，具体数据结果如表 3.7 所示。三个模型的拟合优度均大于 0.7，其中，模型三的拟合优度为 0.8008，好于模型一和模型二，对国际人才流入与理论创新能力的估计更准确。在模型三中，变量 ln *student* 的系数为 0.22758，在 1%的水平下显著，说明外籍来华留学生对理论创新能力具有积极作用；变量 ln *expert* 的系数为 0.55735，在 1%的水平下显著，说明外籍来华专家对理论创新能力也会产生显著的正向影响，并且影响效果明显大于外籍来华留学生。

对理论创新能力进一步分区域进行探讨，由表 3.8 中的数据结果可知，9 个模型的拟合优度均大于 0.7，其中模型三、模型六、模型九的拟合优度均为各区域三个模型中的最佳，对各地区国际人才流入对理论创新能力影响的估计最准确。

与此前国际人才流入对区域创新能力的影响类似，东部地区、西部地区与全国层面数据结果保持一致，而中部地区并未表现出显著的量化关系。在东部和西部地区，国际人才流入会对理论创新能力产生积极的影响，变量 ln *student* 的系数分别为 0.31306 和 0.34827，且均在 1%的水平下显著；变量 ln *expert* 的系数分别为 0.58140 和 1.01945，且均在 1%的

表 3.8　各地区国际人才流入对理论创新能力影响的 OLS 回归结果

	东部地区			中部地区			西部地区		
	模型一	模型二	模型三	模型四	模型五	模型六	模型七	模型八	模型九
ln *student*	0. 81901 *** (10. 04)	/	0. 31306 *** (4. 38)	−0. 01476 (−0. 31)	/	−0. 03293 (−0. 44)	0. 70131 *** (9. 20)	/	0. 34827 *** (4. 70)
ln *expert*	/	0. 71014 *** (16. 94)	0. 58140 *** (11. 84)	/	−0. 00458 (−0. 05)	0. 04389 (0. 31)	/	1. 34499 *** (12. 41)	1. 01945 *** (8. 38)
Ind	−0. 02256 (−1. 44)	−0. 07603 *** (−6. 20)	−0. 06782 *** (−5. 82)	−0. 00438 (−0. 37)	−0. 00477 (−0. 40)	−0. 00474 (−0. 39)	0. 06124 ** (2. 59)	0. 03588 * (1. 73)	0. 03488 * (1. 82)
Gov	−0. 04870 *** (−3. 15)	0. 02509 * (1. 92)	0. 02081 * (1. 69)	−0. 03426 * (−1. 80)	−0. 03241 * (−1. 74)	−0. 03430 * (−1. 79)	−0. 01389 (−1. 38)	0. 00510 (0. 56)	0. 00860 (1. 02)
GDP	0. 00004 *** (9. 22)	0. 00003 *** (11. 93)	0. 00003 *** (10. 89)	0. 00007 *** (9. 58)	0. 00007 *** (9. 50)	0. 00007 *** (9. 47)	0. 00004 *** (4. 33)	0. 00005 *** (5. 92)	0. 00004 *** (4. 78)
FDI	−0. 14272 *** (−5. 95)	−0. 21209 *** (−11. 34)	−0. 20517 *** (−11. 64)	0. 08524 (1. 56)	0. 08265 (1. 52)	0. 08528 (1. 55)	−0. 43768 *** (−4. 47)	−0. 48190 *** (−5. 68)	−0. 46844 *** (−5. 98)
R&D funds	0. 22608 (1. 21)	0. 82805 *** (6. 66)	0. 53778 *** (4. 01)	1. 68289 *** (8. 33)	1. 67793 *** (7. 75)	1. 65340 *** (7. 36)	1. 53669 *** (4. 86)	0. 22921 (0. 73)	0. 31273 (1. 07)
R&D personnel	−1. 11999 ** (−2. 07)	−1. 06103 *** (−2. 65)	−0. 80088 ** (−2. 11)	−3. 05332 *** (−2. 64)	−3. 15941 *** (−2. 85)	−2. 98755 ** (−2. 53)	−3. 87160 * (−1. 94)	0. 88074 (0. 48)	0. 59922 (0. 36)
常数项	0. 76034 (1. 11)	0. 68221 (1. 46)	−0. 27847 (−0. 57)	3. 21559 *** (6. 66)	3. 17978 *** (4. 44)	3. 01505 *** (3. 71)	−3. 13277 *** (−3. 09)	−8. 16254 *** (−7. 77)	−7. 68917 *** (−7. 88)
样本数	143	143	143	104	104	104	130	130	130
R^2	0. 8776	0. 9316	0. 9402	0. 8286	0. 8284	0. 8288	0. 7323	0. 7996	0. 8306

注：*、**、*** 分别表示在 10%、5%、1%的显著性水平下，括号中数字为对应的 t 值。

水平下显著。由此可知，外籍来华工作专家对理论创新能力的影响效果好于外籍来华留学生，并且在西部地区工作、学习和生活的国际人才对理论创新能力产生了更积极的作用。

表 3.9　全国国际人才流入对技术创新能力影响的 OLS 回归结果

	模型一	模型二	模型三
ln *student*	0.46213*** (8.92)	/	0.27603*** (4.69)
ln *expert*	/	0.57190*** (9.70)	0.40054*** (5.89)
Ind	-0.04646*** (-3.83)	-0.05804*** (-4.80)	-0.05718*** (-4.86)
Gov	0.00125 (0.18)	0.01893** (2.46)	0.01975*** (2.64)
GDP	0.00003*** (5.79)	0.00003*** (6.15)	0.00002*** (4.89)
FDI	0.00514 (0.18)	-0.07208** (-2.39)	-0.05323* (-1.80)
R&D funds	1.53978*** (9.21)	1.47324*** (8.90)	1.35739*** (8.33)
R&D personnel	-2.21336*** (-4.01)	-1.84561*** (-3.36)	-1.70379*** (-3.19)
常数项	1.14377** (2.24)	-0.32783 (-0.56)	-0.58681 (-1.03)
样本数	377	377	377
R^2	0.7153	0.7242	0.7398

注：*、**、***分别表示在10%、5%、1%的显著性水平下，括号中数字为对应的 t 值。

技术创新能力维度，在全国层面，国际人才流入对技术创新能力具有显著的正向影响，具体数据结果如表 3.9 所示。三个模型的拟合优度均大于 0.7，其中模型三的拟合优度为 0.7398，好于模型一和模型二，对国际人才流入与技术创新能力的估计更准确。在模型三中，变量 ln *student* 和变量 ln *expert* 的系数分别为 0.27603 和 0.40054，均在 1%的水平下显著，说明外籍来华留学生和外籍来华专家均对技术创新能力具有显著的积极作用，并且外籍来华专家的影响效果好于外籍来华留学生。

对技术创新能力进一步分区域进行探讨时，由表 3.10 的数据结果可知，东部地区和西部地区的六个模型的拟合优度均大于 0.7，其中模型三和模型六的拟合优度分别为两个区域三个模型中的最佳，国际人才流入对技术创新能力影响的估计最准确；而西部地区三个模型的拟合优度均在 0.5 至 0.7 之间，估计效果并不十分理想。

表 3.10 各地区国际人才流入对技术创新能力影响的 OLS 回归结果

	东部地区			中部地区			西部地区		
	模型一	模型二	模型三	模型四	模型五	模型六	模型七	模型八	模型九
ln *student*	1.06090*** (9.89)	/	0.68953*** (5.59)	0.14039*** (2.91)	/	-0.03592 (-0.25)	0.53278*** (5.98)	/	0.23286** (2.38)
ln *expert*	/	0.71027*** (9.46)	0.42669*** (5.04)	/	0.19263** (2.08)	0.15525** (2.00)	/	1.08372*** (8.06)	0.86605*** (5.40)
Ind	-0.02440 (-1.18)	-0.07569*** (-3.44)	-0.05762*** (-2.86)	0.04171*** (3.40)	0.04216*** (3.35)	0.04199*** (3.39)	-0.00790 (-0.29)	-0.02962 (-1.15)	-0.03029 (-1.20)
Gov	-0.05936*** (-2.92)	0.00109 (0.05)	-0.00835 (-0.39)	-0.05357*** (-2.74)	-0.06242*** (-3.21)	-0.05354*** (-2.72)	0.02786** (2.37)	0.04463*** (3.94)	0.04697*** (4.21)
GDP	0.00002*** (3.10)	0.00002*** (3.84)	0.00001** (2.44)	0.00005*** (6.41)	0.00005*** (6.35)	0.00005*** (6.37)	0.00001 (0.97)	0.00001 (1.40)	0.00007 (0.67)
FDI	0.03775 (1.20)	-0.02333 (-0.70)	-0.00808 (-0.27)	0.07555 (1.35)	0.08791 (1.55)	0.07552 (1.34)	0.12599 (1.10)	0.09087 (0.86)	0.09987 (0.97)
R&D funds	0.49266** (2.00)	1.36077*** (6.10)	0.72142*** (3.11)	1.56280*** (7.55)	1.47127*** (6.50)	1.58693*** (6.90)	1.08328*** (2.93)	-0.01236 (-0.03)	0.04349 (0.11)
R&D personnel	-0.53408 (-0.75)	-0.87288 (-1.22)	-0.29988 (-0.46)	-3.44262*** (-2.91)	-2.68614** (-2.32)	-3.49644*** (-2.89)	1.65029 (0.71)	5.63661** (2.50)	5.44839** (2.46)
常数项	-2.58088*** (-2.85)	-1.22730 (-1.46)	-3.34328*** (-3.95)	0.77009 (1.56)	0.15749 (0.21)	0.93418 (1.12)	-1.68844 (-1.42)	-5.87573*** (-4.50)	-5.55923*** (-4.32)
样本数	143	143	143	104	104	104	130	130	130
R^2	0.8676	0.8626	0.8886	0.7744	0.7650	0.7746	0.5749	0.6413	0.6574

注：*、**、***分别表示在10%、5%、1%的显著性水平下，括号中数字为对应的 t 值。

与此前国际人才流入对区域创新能力和理论创新能力的影响并不完全相同，在技术创新维度，东部、中部、西部地区与全国层面数据结果均较为相似，仅中部地区的外籍来华留学生对技术创新能力的影响不显著，其余各组数据均说明国际人才流入会对技术创新能力产生积极的影响。

变量 ln *student* 的系数分别为 0.68953、-0.03592 和 0.23286，其中东部地区在1%的水平下显著、西部地区在5%的水平下显著；变量 ln *expert* 的系数分别为 0.42669、0.15525 和 0.86605，其中东部和西部地区在1%的水平下显著、中部地区在5%的水平下显著。

表 3.11 全国国际人才流入对成品创新能力影响的 OLS 回归结果

	模型一	模型二	模型三
ln *student*	0.48785*** (9.06)	/	0.10710** (2.05)
ln *expert*	/	0.88594*** (17.33)	0.81946*** (13.58)
Ind	-0.01989 (-1.58)	-0.04214*** (-4.02)	-0.04181*** (-4.01)
Gov	-0.07014*** (-9.52)	-0.03262*** (-4.90)	-0.03230*** (-4.87)
GDP	0.00005*** (11.70)	0.00005*** (12.54)	0.00004*** (11.63)
FDI	0.00681 (0.22)	-0.11992*** (-4.58)	-0.11261*** (-4.28)
R&D funds	1.19938*** (6.90)	0.87117*** (6.07)	0.82621*** (5.71)
R&D personnel	-3.84280*** (-6.70)	-2.85532*** (-6.00)	-2.80029*** (-5.90)
常数项	2.07413*** (3.91)	-1.36593*** (-2.70)	-1.46641*** (-2.90)
样本数	377	377	377
R^2	0.7352	0.8216	0.8236

注：*、**、***分别表示在10%、5%、1%的显著性水平下，括号中数字为对应的 *t* 值。

成品创新能力维度，在全国层面，国际人才流入对成品创新能力具有显著的正向影响，具体数据结果如表 3.11 所示。三个模型的拟合优度均大于0.7，其中模型三的拟合优度为 0.8236，好于模型一和模型二，对国际人才流入与成品创新能力的估计更准确。在模型三中，变量 ln *student* 的系数为 0.10710，在5%的水平下显著，说明外籍来华留学生对成品创新能力具有积极作用；变量 ln *expert* 的系数为 0.81946，在1%的水平下显著，说明外籍来华专家对成品创新能力也会产生显著的正向影响，并且影响效果明显大于外籍来华留学生。

表 3.12　各地区国际人才流入对成品创新能力影响的 OLS 回归结果

	东部地区			中部地区			西部地区		
	模型一	模型二	模型三	模型四	模型五	模型六	模型七	模型八	模型九
ln *student*	0.92910*** (8.64)	/	0.20622** (2.42)	0.10925*** (3.04)	/	−0.01557 (−0.14)	0.57056*** (6.46)	/	0.15959* (1.87)
ln *expert*	/	0.91537*** (19.17)	0.83056*** (14.19)	/	0.15474*** (4.24)	0.11569** (2.00)	/	1.33590*** (11.45)	1.18673*** (8.45)
Ind	0.01528 (0.74)	−0.05479*** (−3.92)	−0.04938*** (−3.55)	−0.04281*** (−4.69)	−0.04256*** (−4.55)	−0.04268*** (−4.63)	0.02307 (0.84)	−0.00716 (−0.32)	−0.00762 (−0.34)
Gov	−0.14036*** (−6.89)	−0.03825** (−2.57)	−0.04107*** (−2.80)	−0.04433*** (−3.05)	−0.05094*** (−3.52)	−0.04432*** (−3.03)	−0.04817*** (−4.14)	−0.02358** (−2.40)	−0.02198** (−2.25)
GDP	0.00003*** (5.97)	0.00003*** (7.71)	0.00002*** (6.80)	0.00011*** (18.93)	0.00011*** (18.56)	0.00011*** (18.76)	0.00006*** (5.12)	0.00006*** (6.54)	0.00005*** (5.78)
FDI	−0.04545 (−1.44)	−0.13923*** (−6.53)	−0.13467*** (−6.41)	0.22863*** (5.47)	0.23785*** (5.61)	0.22862*** (5.45)	−0.33278*** (−2.93)	−0.37476*** (−4.11)	−0.36859*** (−4.08)
R&D funds	−0.35981 (−1.45)	0.27668* (1.95)	0.08547 (0.53)	0.92985*** (6.03)	0.85412*** (5.07)	0.94031*** (5.49)	2.00751*** (5.48)	0.54444 (1.60)	0.58271* (1.73)
R&D personnel	−0.67940 (−0.95)	−0.39490 (−0.87)	−0.22353 (−0.49)	−6.94771*** (−7.88)	−6.36721*** (−7.38)	−6.97104*** (−7.74)	−7.38615*** (−3.20)	−2.05271 (−1.05)	−2.18170 (−1.13)
常数项	0.40145 (0.44)	−0.44972 (−0.84)	−1.08255* (−1.85)	4.09386*** (11.12)	3.58621*** (6.44)	4.16499*** (6.72)	−0.84077 (−0.72)	−6.36175*** (−5.62)	−6.14484*** (−5.46)
样本数	143	143	143	104	104	104	130	130	130
R^2	0.7853	0.9104	0.9142	0.9053	0.9013	0.9053	0.6636	0.7824	0.7885

注：*、**、*** 分别表示在 10%、5%、1%的显著性水平下，括号中数字为对应的 t 值。

对成品创新能力进一步分区域进行探讨时，由表 3. 12 中的数据结果可知，除模型七外，其余八个模型的拟合优度均大于 0. 7，其中模型三、模型六、模型九的拟合优度分别为各区域三个模型中的最佳，对国际人才流入对成品创新能力影响的估计最准确。

与此前国际人才流入对技术创新能力的影响相类似，在成品创新维度上，东部、中部、西部地区与全国层面数据结果均较为相似，仅中部地区的外籍来华留学生对成品创新能力的影响并不显著。

变量 ln *student* 的系数分别为 0. 20622、-0. 01557 和 0. 15959，其中，东部地区在 5%的水平下显著、西部地区在 10%的水平下显著；变量 ln *expert* 的系数分别为 0. 83056、0. 11569 和 1. 18673，其中东部和西部地区在 1%的水平下显著、中部地区在 5%的水平下显著，说明国际人才流入会对成品创新能力产生积极的影响，并且外籍来华专家的影响作用好于外籍来华留学生。

3. 2. 5. 2 固定效应模型分析

最小二乘法回归结果在一定程度上证明了国际人才流入会对区域创新能力产生显著的积极影响，但回归模型中存在内生性问题，可能会造成估计结果的偏误。尽管本章全面地选取了控制变量，但仍可能存在自然环境、城市基础设施、文化、风俗习惯、固有政策等不易观测变量，会对回归模型的估计产生干扰。基于此，本章充分发挥面板数据的优势，建立时间—地区双向固定效应模型，尽可能消除由遗漏变量带来的内生性问题。具体数据结果如表 3. 13 至表 3. 16 所示。

表 3. 13 全国国际人才流入对区域创新能力影响的固定效应模型回归结果

	模型一	模型二	模型三
ln *student*	0. 38289*** (9. 94)	/	0. 04644 (1. 45)
ln *expert*	/	0. 76731*** (23. 86)	0. 73721*** (19. 26)
Ind	-0. 03091*** (-3. 19)	-0. 04193*** (-6. 16)	-0. 04190*** (-6. 16)
Gov	-0. 05228*** (-7. 25)	-0. 03372*** (-6. 65)	-0. 03236*** (-6. 28)
GDP	0. 00002 (0. 35)	0. 00001** (2. 43)	0. 00001** (2. 38)
FDI	0. 02726 (1. 03)	-0. 00930 (-0. 50)	-0. 01034 (-0. 56)
R&D funds	0. 98237*** (7. 59)	0. 51962*** (5. 54)	0. 51629*** (5. 51)

续表

	模型一	模型二	模型三
R&D personnel	-1.04090** (-2.11)	0.28134 (0.80)	0.23515 (0.67)
常数项	3.01112*** (7.80)	-0.91784** (-2.38)	-0.94145** (-2.45)
地区固定效应	控制	控制	控制
时间固定效应	控制	控制	控制
样本数	377	377	377
R^2	0.8391	0.9210	0.9214

注：*、**、***分别表示在 10%、5%、1%的显著性水平下，括号中数字为对应的 *t* 值。

由表 3.13 可知，在使用固定效应模型后，三个模型的拟合优度相比与 OLS 回归均有了一定程度的提升，R^2 值大于 0.8，其中模型三的拟合优度为 0.9214，好于模型一和模型二，对国际人才流入与区域创新能力的估计更准确。在模型三中，变量 ln *student* 的系数为 0.04644，虽然系数值大于 0，但并未在 10%的水平下呈现出显著的结果；变量 ln *expert* 的系数为 0.73721，在 1%的水平下显著，说明在控制了某些不可观测遗漏变量的情况下，外籍来华专家仍然会对区域创新能力产生显著的正向影响。

表 3.14 全国国际人才流入对理论创新能力影响的固定效应模型回归结果

	模型一	模型二	模型三
ln *student*	0.38544*** (9.36)	/	0.08141** (2.08)
ln *expert*	/	0.71893*** (18.28)	0.66616*** (14.28)
Ind	-0.02030* (-1.96)	-0.03029*** (-3.64)	-0.03023*** (-3.65)
Gov	-0.06488*** (-8.41)	-0.04927*** (-7.95)	-0.04687*** (-7.47)
GDP	0.00001 (1.19)	0.00001*** (2.95)	0.00001*** (2.89)
FDI	-0.03258 (-1.15)	-0.06474*** (-2.84)	-0.06655*** (-2.94)
R&D funds	0.90316*** (6.53)	0.48784*** (4.25)	0.48199*** (4.22)
R&D personnel	-1.05118** (-2.00)	0.18287 (0.43)	0.10188 (0.24)
常数项	3.08675*** (6.21)	-0.44358 (-0.94)	-0.48496 (-1.03)

续表

	模型一	模型二	模型三
地区固定效应	控制	控制	控制
时间固定效应	控制	控制	控制
样本数	377	377	377
R^2	0.8315	0.8918	0.8931

注：*、**、***分别表示在10%、5%、1%的显著性水平下，括号中数字为对应的 *t* 值。

在理论创新能力维度上，固定效应模型回归结果与OLS回归结果保持一致。在控制住某些不可观测遗漏变量的情况下，国际人才流入仍然对理论创新能力具有显著的正向影响，数据结果如表3.14所示。三个模型的拟合优度均大于0.8，其中模型三的拟合优度为0.8931，好于模型一和模型二，对国际人才流入与理论创新能力的估计更准确。

在模型三中，变量ln *student* 的系数为0.08141，在5%的水平下显著，说明外籍来华留学生对理论创新能力具有积极作用；变量ln *expert* 的系数为0.66616，在1%的水平下显著，说明外籍来华专家对理论创新能力也会产生显著的正向影响，并且影响效果明显大于外籍来华留学生。

表3.15　全国国际人才流入对技术创新能力影响的固定效应模型回归结果

	模型一	模型二	模型三
ln *student*	0.48123*** (9.13)	/	0.21792*** (3.80)
ln *expert*	/	0.71822*** (12.28)	0.57698*** (8.43)
Ind	−0.04169*** (−3.15)	−0.05044*** (−4.07)	−0.05029*** (−4.14)
Gov	−0.00054 (−0.06)	0.00863 (0.94)	0.01505 (1.63)
GDP	0.00002*** (2.64)	0.00001* (1.88)	0.00002** (2.05)
FDI	0.05599 (1.55)	0.03142 (0.93)	0.02657 (0.80)
R&D funds	1.41797*** (8.00)	1.06882*** (6.26)	1.05319*** (6.29)
R&D personnel	−1.76873*** (−2.62)	−0.55327 (−0.87)	−0.77004 (−1.23)
常数项	0.67899 (1.07)	−2.30375*** (−3.29)	−2.41451*** (−3.51)
地区固定效应	控制	控制	控制

续表

	模型一	模型二	模型三
时间固定效应	控制	控制	控制
样本数	377	377	377
R^2	0. 7382	0. 7731	0. 7820

注：*、**、***分别表示在 10%、5%、1%的显著性水平下，括号中数字为对应的 *t* 值。

技术创新能力维度与理论创新能力维度情况相似，具体数据结果如表 3. 15 所示。在模型三中，变量 ln *student* 的系数为 0. 21792，在 1%的水平下显著，说明外籍来华留学生对理论创新能力具有积极作用；变量 ln *expert* 的系数为 0. 57698，在 1%的水平下显著，说明外籍来华专家对理论创新能力也会产生显著的正向影响，并且影响效果明显大于外籍来华留学生。

表 3. 16　全国国际人才流入对成品创新能力影响的固定效应模型回归结果

	模型一	模型二	模型三
ln *student*	0. 38072*** (7. 47)	/	0. 03398 (0. 75)
ln *expert*	/	0. 88664*** (19. 55)	0. 90866*** (16. 80)
Ind	−0. 03733*** (−2. 91)	−0. 05085*** (−5. 30)	−0. 05087*** (−5. 30)
Gov	−0. 09386*** (−9. 83)	−0. 06829*** (−9. 55)	−0. 06930*** (−9. 52)
GDP	0. 00003 (0. 43)	0. 00001** (2. 19)	0. 00001** (2. 21)
FDI	0. 05758 (1. 65)	0. 01049 (0. 40)	0. 01124 (0. 43)
R&D funds	0. 82139*** (4. 79)	0. 24447* (1. 85)	0. 24691* (1. 86)
R&D personnel	−1. 08967* (−1. 67)	0. 44935 (0. 91)	0. 48315 (0. 97)
常数项	4. 02542*** (6. 54)	−0. 86375 (−1. 59)	−0. 84648 (−1. 56)
地区固定效应	控制	控制	控制
时间固定效应	控制	控制	控制
样本数	377	377	377
R^2	0. 7893	0. 8826	0. 8828

注：*、**、***分别表示在 10%、5%、1%的显著性水平下，括号中数字为对应的 *t* 值。

在成品创新能力维度方面，如表 3.12 所示，在使用固定效应模型后，三个模型的拟合优度相比于 OLS 回归均有了一定程度的提升，R^2 值大于 0.7，其中模型三的拟合优度为 0.8828，好于模型一和模型二，对国际人才流入与成品创新能力的估计更准确。

在模型三中，变量 ln *student* 的系数为 0.03398，虽然系数值大于 0，但并未在 10%水平下呈现出显著的结果；变量 ln *expert* 的系数为 0.90866，在 1%的水平下显著，说明在控制了某些不可观测遗漏变量的情况下，外籍来华专家仍然会对成品创新能力产生显著的正向影响。

整体而言，固定效应模型回归的结果与 OLS 回归结果大体相似。外籍来华专家仍然对区域创新能力及其中所包含的理论创新、技术创新和成品创新三个维度具有显著的积极影响；外籍来华留学生的显著性水平发生了一些变化，但对理论创新能力和技术创新能力两个维度的影响与 OLS 回归保持了一致。

3.2.5.3 两阶段最小二乘法回归分析

魏浩（2018）等学者在研究中指出，国际人才流动是国际间知识转移的重要渠道之一，国际人才的流入通常会充实本地区的知识库，并带动资本、技术、文化的交流。然而，发达的经济、多元的文化、先进的技术也会对国际人才产生极强的吸引力，如东部地区拥有的外籍专家数量远高于中部地区和西部地区，这使我们不得不去考虑国际人才流入与区域创新能力之间可能存在的双向因果问题。

基于上述原因，本章将借鉴 Card（2001）等学者的方法，采用“偏离—份额 IV”的思想，构建工具变量以缓解 OLS 回归中可能存在的内生性问题。“偏离—份额 IV”的计算方法为：

$$Ta_{k,t} = (Ta_{k,2003} \div Ta_{2003}) \times Ta_t$$

其中，$Ta_{k,2003}$ 表示第 K 个省份 2003 年的外籍专家数量，Ta_{2003} 表示全国 2003 年的外籍专家数量，Ta_t 表示第 t 年全国外籍专家数量。

该方法的大体原则是，根据基年外籍专家在我国各区域的分布情况，对以后各年外籍专家总数进行拆解。在某种程度上，依照初始年份各区域外籍专家的比例对此后时段进行分配，与各年实际外籍人数具有较大的关联，但不会被各区域特殊的发展情况所影响，基本符合工具变量的选取标准。两阶段最小二乘法回归结果如表 3.17 至表 3.20 所示。

表3.17　全国国际人才流入对区域创新能力影响的2SLS回归结果

	模型一	模型二	模型三
ln *student*	0.40667*** (8.68)	/	-0.01791 (-0.38)
ln *expert*	/	0.83712*** (21.79)	0.85041*** (15.44)
Ind	-0.03121*** (-3.32)	-0.04337*** (-6.51)	-0.04342*** (-6.49)
Gov	-0.05069*** (-6.99)	-0.02971*** (-5.81)	-0.03014*** (-5.81)
GDP	0.00002 (0.37)	0.00001*** (2.69)	0.00001*** (2.70)
FDI	0.02539 (0.99)	-0.01537 (-0.84)	-0.01511 (-0.82)
R&D funds	0.96610*** (7.60)	0.45370*** (4.83)	0.45340*** (4.81)
R&D personnel	-1.03660** (-2.17)	0.40792 (1.19)	0.42880 (1.22)
常数项	2.87661*** (6.01)	-1.47233*** (-3.55)	-1.47660*** (-3.54)
地区固定效应	控制	控制	控制
时间固定效应	控制	控制	控制
Kleibergen-Paaprk LM 1	305.90	/	509.10
Kleibergen-Paaprk LM 2	/	333.78	163.12
*Kleibergen-Paaprk Wald*1	1622.13	/	4491.60
*Kleibergen-Paaprk Wald*2	/	2911.45	287.54
样本数	377	377	377
R^2	0.8389	0.9199	0.9194

注：*、**、***分别表示在10%、5%、1%的显著性水平下，括号中数字为对应的 *t* 值。

在使用两阶段最小二乘法和固定效应模型回归后，很大程度上解决了因某些不可观测遗漏变量和双向因果而造成的内生性问题。在表3.17中，三个模型的拟合优度均好于OLS回归，其中模型二的拟合优度为0.9199，好于模型一和模型三，对国际人才流入与区域创新能力的估计更准确。

模型一中，变量ln *student* 的系数为0.40667，在1%的水平下显著；模型二中，变量ln *expert* 的系数为0.83712，同样在1%的水平下显著，说明外籍来华留学生和外籍来华专家仍然会对区域创新能力产生显著的正向影响，并且外籍来华专家的影响效果明显好于外籍来华留学生。

表 3.18 全国国际人才流入对理论创新能力影响的 2SLS 回归结果

	模型一	模型二	模型三
ln *student*	0.42027*** (8.38)	/	0.02042 (0.36)
ln *expert*	/	0.81603*** (17.34)	0.80088*** (11.94)
Ind	-0.02075** (-2.06)	-0.03230*** (-3.95)	-0.03224*** (-3.96)
Gov	-0.06255*** (-8.06)	-0.04369*** (-6.97)	-0.04320*** (-6.83)
GDP	0.00007 (1.25)	0.00002*** (3.24)	0.00002*** (3.22)
FDI	-0.03532 (-1.28)	-0.07317*** (-3.27)	-0.07346*** (-3.29)
R&D funds	0.87934*** (6.47)	0.39615*** (3.44)	0.39650*** (3.45)
R&D personnel	-1.04489** (-2.04)	0.35894 (0.85)	0.33515 (0.78)
常数项	2.88969*** (5.64)	-1.21483** (-2.39)	-1.20995** (-2.38)
地区固定效应	控制	控制	控制
时间固定效应	控制	控制	控制
Kleibergen-Paaprk LM 1	305.90	/	509.10
Kleibergen-Paaprk LM 2	/	333.78	163.12
*Kleibergen-Paaprk Wald*1	1622.13	/	4491.60
*Kleibergen-Paaprk Wald*2	/	2911.45	287.54
样本数	377	377	377
R^2	0.8311	0.8899	0.8906

注：*、**、***分别表示在10%、5%、1%的显著性水平下，括号中数字为对应的 t 值。

在理论创新能力维度，两阶段最小二乘法回归结果与 OLS 回归结果较为相似，国际人才流入仍然对理论创新能力具有显著的正向影响，数据结果如表 3.18 所示。三个模型的拟合优度均大于 0.8，其中模型三的拟合优度为 0.8906，好于模型一和模型二，对国际人才流入与理论创新能力的估计更准确。

在模型三中，变量 ln *student* 的系数为 0.02042，虽然系数值大于 0，但并未在 10%的水平下显著；变量 ln *expert* 的系数为 0.80088，在 1%的水平下显著，说明外籍来华专家对理论创新能力会产生显著的正向影响。

表 3.19　全国国际人才流入对技术创新能力影响的 2SLS 回归结果

	模型一	模型二	模型三
ln *student*	0.45191*** (7.05)	/	0.17136** (2.07)
ln *expert*	/	0.68911*** (9.93)	0.56192*** (5.77)
Ind	−0.04132*** (−3.21)	−0.04984*** (−4.14)	−0.04938*** (−4.17)
Gov	−0.00250 (−0.25)	0.00695 (0.75)	0.01108 (1.21)
GDP	0.00002*** (2.73)	0.00001** (1.98)	0.00002** (2.15)
FDI	0.05830* (1.65)	0.03395 (1.03)	0.03154 (0.97)
R&D funds	1.43802*** (8.26)	1.09632*** (6.45)	1.09924*** (6.59)
R&D personnel	−1.77403*** (−2.71)	−0.60607 (−0.97)	−0.80575 (−1.30)
常数项	0.84488 (1.29)	−2.07247*** (−2.76)	−2.03156*** (−2.75)
地区固定效应	控制	控制	控制
时间固定效应	控制	控制	控制
Kleibergen-Paaprk LM 1	305.90	/	509.10
Kleibergen-Paaprk LM 2	/	333.78	163.12
*Kleibergen-Paaprk Wald*1	1622.13	/	4491.60
*Kleibergen-Paaprk Wald*2	/	2911.45	287.54
样本数	377	377	377
R^2	0.7380	0.7730	0.7812

注：*、**、*** 分别表示在 10%、5%、1%的显著性水平下，括号中数字为对应的 *t* 值。

在技术创新能力维度，估计结果与 OLS 回归结果保持一致，具体数据结果如表 3.19 所示。在模型三中，变量 ln *student* 的系数为 0.17136，在 5%的水平下显著，说明外籍来华留学生对理论创新能力具有积极作用；变量 ln *expert* 的系数为 0.56192，在 1%的水平下显著，说明外籍来华专家对理论创新能力也会产生显著的正向影响，并且影响效果明显大于外籍来华留学生。

表 3.20　全国国际人才流入对成品创新能力影响的 2SLS 回归结果

	模型一	模型二	模型三
ln *student*	0.40040*** (6.46)	/	0.23529*** (3.38)
ln *expert*	/	1.09860*** (19.82)	1.27324*** (15.58)
Ind	-0.03758*** (-3.02)	-0.05524*** (-5.74)	-0.05586*** (-5.63)
Gov	-0.09255*** (-9.64)	-0.05611*** (-7.60)	-0.06178*** (-8.02)
GDP	0.00003 (0.45)	0.00002*** (2.62)	0.00002*** (2.76)
FDI	0.05604 (1.64)	-0.00792 (-0.30)	-0.00461 (-0.17)
R&D funds	0.80793*** (4.80)	0.04432 (0.33)	0.04030 (0.29)
R&D personnel	-1.08611* (-1.72)	0.83371* (1.68)	1.10788** (2.13)
常数项	3.91407*** (6.18)	-2.54740*** (-4.25)	-2.60358*** (-4.20)
地区固定效应	控制	控制	控制
时间固定效应	控制	控制	控制
Kleibergen-Paaprk LM 1	305.90	/	509.10
Kleibergen-Paaprk LM 2	/	333.78	163.12
*Kleibergen-Paaprk Wald*1	1622.13	/	4491.60
*Kleibergen-Paaprk Wald*2	/	2911.45	287.54
样本数	377	377	377
R^2	0.7892	0.8654	0.8675

注：*、**、***分别表示在 10%、5%、1%的显著性水平下，括号中数字为对应的 *t* 值。

在成品创新能力维度，两阶段最小二乘法回归结果与 OLS 回归一致，且三个模型的拟合优度与 OLS 回归相比均有了一定程度的提升，R^2 值大于 0.7，其中模型三的拟合优度为 0.8675，好于模型一和模型二，对国际人才流入与成品创新能力的估计更准确。

在模型三中，变量 ln *student* 的系数为 0.23529，在 1%的水平下显著；变量 ln *expert* 的系数为 0.90866，在 1%的水平下显著，说明在尽量控制了某些不可观测遗漏变量和双向因果干扰的情况下，国际人才仍然会对成品创新能力产生显著的正向影响，并且外籍来华专家的影响效果明显好于外籍来华留学生。

整体而言，两阶段最小二乘法回归的结果与 OLS 回归结果大体相似。外籍来华专家仍然对区域创新能力及其中所包含的理论创新、技术创新和成品创新三个维度具有显著的积极影响；外籍来华留学生的显著性水平发生了一些变化，但对技术创新能力和成品创新能力两个维度的影响与 OLS 回归保持了一致。

综上所述，通过固定效应模型、两阶段最小二乘法等计量方法，在一定程度上规避了因不可观测变量及双向因果等问题带来的估计偏误，上述两种方法的估计结果与 OLS 回归结果基本相同，确保了实证检验的稳健性，较明确地证明了国际人才流入会对区域创新能力产生显著的正向作用，并且在大多数情况下，外籍来华专家的影响作用会明显好于外籍来华留学生。

3.3　结论与讨论

3.3.1　各省、自治区、直辖市国际人才吸引力逐年提升

根据本书中的相关数据可知，自 2003 年至 2015 年，我国各省、自治区、直辖市年均来华留学生数从 1375 人增加至 4252 人，提升 209%；各省、自治区、直辖市年均外籍来华工作专家数从 13168 人增加至 21189 人，累计增加 61%。以上数据均可说明，随着我国综合国力的不断提升，区域影响力及对国际人才的吸引力也在同步增强。

依照国际人才类别进行分类探究可知，外籍来华工作专家数总量较大，来华留学生数增速更快，这一情况与我国国情较符合。虽经过改革开放后数十年的飞速发展，但我国仍与发达国家在某些方面存在明显差距，对以外籍来华工作专家为重要载体的先进理论、先进技术和先进经验仍有较大需求；与此同时，中国市场规模庞大、前景广阔，这也为外籍专家提供了更佳的个人发展机遇，个人发展推力和我国需求拉力的有机结合使得外籍来华工作专家成为我国国际人才队伍中的主要力量。回顾发达国家的发展脉络可知，教育吸引力的提升往往滞后于国家整体发展水平的增长，这也是目前我国外籍来华留学生总量相对较少的主要原因之一，但随着我国综合实力的不断增强，教育资源日趋丰富，这就使得外籍来华留学生增

速长期保持较高水平。

分区域进行探究时可知，东部地区的国际人才吸引力明显高于中部地区和西部地区，国际人才吸引力的相对优势逐渐由北方向南方转移。这一结论与我国经济发展情况高度吻合，东部沿海各省经济发达，产业先进，对国际人才的吸引力也相对较高，其区域内所蕴含的发展机遇更能满足国际人才这类高端要素的自我实现需要，相较而言，中部地区和西部地区的综合实力仍有待提高，现有的产业水平及其潜在的发展机会并不能对国际人才产生较为明显的拉力。近几年来，经济重心和发展重心的南移成了明显的趋势。2003 年，以北京、天津和辽宁为代表的北方区域成为吸引国际人才的优势区域，但随着时间的推移，至 2015 年，仅首都北京仍保持了国际人才吸引力的相对优势，而地处我国东南部和南部的江苏、浙江、上海和广东等区域对国际人才的吸引力则稳步提升或长期维持在较高水准。

3.3.2　各省、自治区、直辖市区域创新能力逐年提升

根据本书相关数据可知，自 2003 年至 2015 年，我国各省、自治区、直辖市以发明专利数为代表的理论创新能力从 1726 增加至 32901，大幅提升 1806%；各省、自治区、直辖市以技术市场成交额为代表的技术创新能力从 369874 增加至 6510721，大幅增加 773%；各省、自治区、直辖市以高技术企业销售收入为代表的成品创新能力从 704 增加至 4821，累计增加 585%；各省、自治区、直辖市区域创新能力从 140.24 增加至 1142.35，累计增长 1159%。以上数据说明，自加入世界贸易组织以来，我国在理论、技术、成品等各方面的创新能力均有明显提高，区域创新能力不断增强。

依照创新能力类别进行分类探究可知，我国理论、技术、成品等三方面创新能力的提高速度均维持在较高水平，其中，理论创新能力提升速度最快，技术创新能力次之，成品创新能力提升速度相对较慢。结合我国发展情况，自 20 世纪 80 年代开始，对外开放成为国家战略和发展思路，引入发达国家先进的理论知识和科学技术成为推动经济增长的主要手段，这也使得基于发达国家先进的理论知识和科学技术的成品创新最先兴起，而研发周期较长、结果产出较慢、资金投入较高的技术创新和理论创新则进展缓慢。截至 2003 年，我国综合实力已比改革开放初期有明显提升，成品创新能力初具规模，国家也开始大力推动创新能力向纵深发展，加大对

关键理论和关键技术研究与创新的支持，使得我国理论创新能力和技术创新能力的提升速度开始加快。

分区域进行探究可知，东部、中部、西部区域创新能力呈现依次递减态势，三大经济圈所属部分省、直辖市区域创新能力尤为突出。在我国，经济发展水平“东高西低”是客观存在的现实情况。东部地区产业完备、行业健全，蕴含着较为丰富的发展机遇，这也使得众多科研院所、高科技企业长期扎根于东部地区，这也是其区域创新能力长期维持在较高水平主要原因之一。此外，位于环渤海经济圈的北京、山东等地，位于长三角经济圈的上海、江苏、浙江等地，位于珠三角经济圈的广东等地的区域创新能力长期处于优势地位，三大经济圈具备良好的区位条件，在一定程度上代表着我国经济水平和综合实力的最高水准，在国家政策的引导下承担着率先实现更高水平现代化的重任。三大经济圈内产业协同的意识和水平相对较高，更为先进的教育、医疗和基础设施环境均是确保区域创新能力持续增长的有利条件。

3.3.3　国际人才流入对区域创新能力具有显著的积极影响

根据本书相关数据可知，国际人才流入对区域创新能力具有显著的积极影响。依照创新能力类别进行分类探究时，外籍来华专家对理论、技术、成品创新能力均会产生明显的积极作用，而外籍来华留学生仅对技术创新能力和成品创新能力产生明显的积极影响，与理论创新能力的关系并不显著。

分区域进行探究时可知，在东部和西部地区，国际人才流入会对区域创新能力产生显著的正向影响，而中部地区的国际人才与区域创新能力之间并未表现出显著的量化关系。当前中国的发展并不十分均衡，改革开放以来，东部区域保持了较长时间的高速发展，经济水平、基础设施完备程度、创新环境基本达到了发达国家水准，为国际人才作用的发挥提供了坚实的基础；而西部地区虽仍处于欠发达阶段，但我国政府有意识地对西部区域进行重点帮扶，也为国际人才创造了一定的施展才能的空间；中部地区位于东部与西部地区之间，尚不能如东部地区一样，自主形成使国际人才充分发挥作用的创新环境，也未得到国家政策的倾向性帮扶，导致国际人才作用发挥的效果不够明显。

依照国际人才类别进行分类探究可知，外籍来华工作专家对区域创新能力的影响程度明显大于外籍来华留学生。结合两类国际人才的特点进行分析，我国所引入的外籍专家多为在某一领域内具备较强能力素质、较高名誉威望、较多相关资源的优质人才，其自身所拥有的能力、经验和资源在与我国实际情况充分融合后，可以较为快速地产生创新性成果。而外籍来华留学生仍处于被教育阶段，其所带来的不同的文化、信仰和思维方式在与我国师生的碰撞中，也会产生一些创新观点和思考，但其转化为理论、技术和成品创新成果，或推动区域创新能力的提升仍需相对较长的过程。

第4章

改革开放以来来华留学人员概况

引　言

来华留学生教育是我国教育事业的重要组成部分，是对外文化教育交流工作的一项基本内容，对于我国经济社会发展、增进与世界其他国家的友好合作关系、提高国家的全球影响力，具有重要的战略意义。2018 年，中国接受的来华留学人员达到 49.21 万名，来自 196 个国家和地区。中国成为亚洲最大，世界主要的留学目的地国。本章将对改革开放以来我国来华留学人员概况进行梳理和分析。

4.1　改革开放以来的来华留学工作

改革开放之初，随着对外交往的扩大，我国逐步加强规范来华留学生的管理，同时开始允许有资格接受政府奖学金留学生的高等院校招收自费来华留学生。1985 年，国务院批转了原国家教育委员会、外交部、文化部、公安部、财政部共同制定的《外国留学生管理办法》，为各高校和相关政府主管部门培养和管理外国留学生提供了法律保障。1986 年，原国家教委发布《外国留学生来华学习的有关规定》，扩大了留学生的招生类别和层次，并明确了自费来华留学生的录取条件和费用标准。随着上述政策法规的实施，我国自费留学生规模迅速扩大，数量逐渐接近政府奖学金留学生。1989 年，来华留学自费生的数量达到 2508 人，是 1978 年的近 87 倍。这一阶段，自费生不仅在规模上增长较快，而且占来华留学生总数的比例也迅速提高，从 1978 年的 2.4%增长到 1989 年的 39.3%①。

1990 年至 1999 年，国家下放自费留学生招生审批权，允许学校根据国家的相关政策，自主招收和录取留学生。在这一政策下，来华留学生的规模持续增长，1999 年，数量达到 39500 人，是 1990 年的 10.4 倍。自费来华留学生的比例也从 1990 年的 69.7%进一步提高到 1999 年的 89.7%，成为来华留学生的主体。在此期间，原国家教委出台了《关于普通高校授予来华留学生我国学位试行办法》等文件，规范了来华留学生的学位授予

① 刘扬，王怡伟．我国来华留学教育政策与实践［J］高教发展与评估，2011，27（6）：73-75.

程序和标准，保障了学位授予质量。

进入21世纪，随着改革开放的不断深化，来华留学生的规模和结构都在不断发生变化，来华留学工作也在不断做出适应性的调整，形成了相对完善的来华留学政策管理体系。2000年，教育部、外交部和公安部联合发布《高等学校接收外国留学生管理规定》，进一步下放留学生招生自主权，开始重视留学生的学历层次和培养质量。同年，教育部发布《关于实施中国政府奖学金年度评审制度的通知》，加强规范政府奖学金的评审工作，以提高使用效益。此后，教育部相继出台《关于改革外国留学生学历证书管理办法的通知》和《关于试行普通高等学校外国留学生新生学籍和外国留学生学历证书电子注册的通知》，以进一步维护国家学历制度和学历证书的严肃性，保证留学生教育的质量。2008年，我国政府提升政府奖学金招生规模，自2008至2010年，每年增加3000名来华政府奖学金生名额，以鼓励高等院校接受高层次来华留学生。

2010年，为落实《国家中长期教育改革和发展规划纲要（2010—2020年）》，加强中外教育交流与合作，推动来华留学事业持续健康发展，教育部出台了《留学中国计划》。《留学中国计划》实施以来，来华留学工作坚持“扩大规模，优化结构，规范管理，保障质量”的方针，来华留学教育的规模和质量都得到了迅速提升。中国经济社会的快速发展也极大地助推了来华留学教育。中国的留学教育已经有能力直接参与国际留学市场的竞争，这一点从留学目的国排名的变化可以得到验证。在2011年数据统计的430万跨国学生中，留学目的国前六名依次为美国17%、英国13%、澳大利亚6%、德国6%、法国6%、加拿大5%。到2019年，排在前六位的留学目的国依次为美国、英国、中国、加拿大、澳大利亚、法国。表4.1中的数据为2018年各国接收的国际学生人数。

表4.1　2019年留学教育目的国排名①

排名	国别	人数	占比	排名	国别	人数	占比
1	美国	1095299	21%	2	英国	496570	9%

① 数据来源：Project Atlas. https：//www.iie.org/Research-and-Insights/Project-Atlas/Explore-Data/2017-Project-Atlas-Infographics.

续表

排名	国别	人数	占比	排名	国别	人数	占比
3	中国	492185	9%	7	俄罗斯	334497	6%
4	加拿大	435415	8%	8	德国	282002	5%
5	澳大利亚	420501	8%	9	日本	208901	4%
6	法国	343400	7%	10	西班牙	120991	2%

总体来看，《留学中国计划》实施以后，我国来华留学工作取得的成就主要表现在以下四个方面：

第一，发展规模快速增长，结构不断优化。2018 年，共有 196 个国家和地区的 49.21 万名留学生在华学习，比 2010 年的 26.5 万人增长了 85.69%。同时，学历生，尤其是攻读硕士、博士学位的学生占来华留学总人数的比例逐年增长。2018 年，学历生占总人数的比例已达到 52.44%，其中硕、博研究生占学历生的比例达到 32.95%，两项数据比 2010 年都有较大幅度的提高。

第二，中国政府奖学金规模持续扩大，引领作用明显。2010 年以来，在财政部的大力支持下，国家对中国政府奖学金投入年增幅保持在 11%以上，增强了中国高等教育对世界各国，尤其是“一带一路”国家学生的吸引力，有力促进了来华留学事业的发展。

第三，政策法规不断完善，来华留学教育质量日益提升。为促进学校加强国际学生管理工作的规范化建设，推动学校进一步提高国际学生服务水平，完善法治保障，教育部于 2017 年出台《学校招收和培养国际学生管理办法》。此外，教育部于 2018 年印发了《来华留学高等教育质量规范（试行）》，以有效改进各高校来华留学教育工作，提高国际学生培养质量和管理服务水平。

第四，各省市高校努力推进来华留学工作发展，取得了积极成效。地方不断增加财政投入，对推动本地区来华留学工作发展提供专项支持；部分高校建立了一批高层次、主要针对国际优秀留学生的项目；部分高校从国家战略高度出发，主动服务“一带一路”重大倡议，设计专门的人才培养项目。

4.2 近20年来华留学人员变化趋势

为了对我国来华留学人员的基本特征和情况有更进一步的认识，我们整理了1999—2016年的来华留学生简明统计数据①，从中可以了解近20年的来华留学人员的变化发展趋势，为我们继续推进来华留学教育事业进步以及全面深化教育国际化改革提供有益的参考。

4.2.1 总体情况

1999—2016年，我国来华留学总人数处于一个增长较为迅速的阶段。从图4.1和图4.2可以看出，除2003年负增长外，近二十年来，来华留学生总体数量呈较大幅度的上涨趋势，尤其是2000—2008年，增长率几乎都在15%以上，2004年的增长率甚至达到了42.63%。2016年，来华留学生总量达442773人，是1999年44711人的9.9倍。

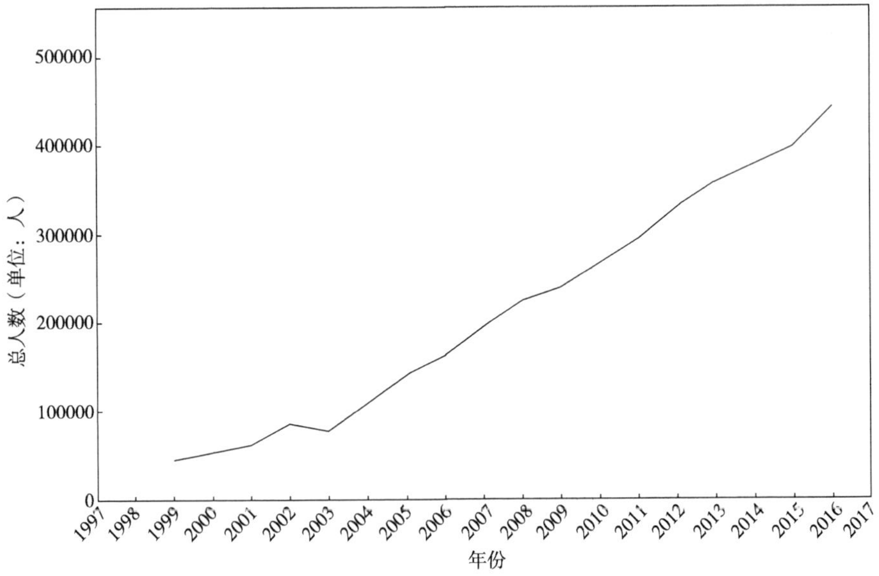

图4.1 1999—2016年来华留学生总人数变化

① 数据来源于教育部国际合作与交流司相关文件。

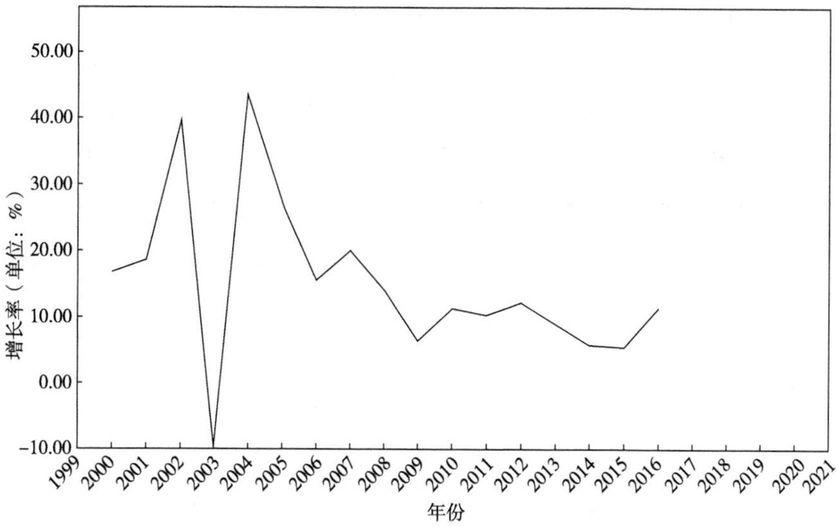

图 4.2　2000—2016 年来华留学生总人数增长率变化

留学生来源地数量增长较为明显。除来华留学生总体数量增长较快以外，留学生来源地覆盖面也有较大的扩张。截至 2016 年，共有 205 个国家和地区向我国输送了留学生。由图 4.3 可见，这种趋势是稳步增长的。

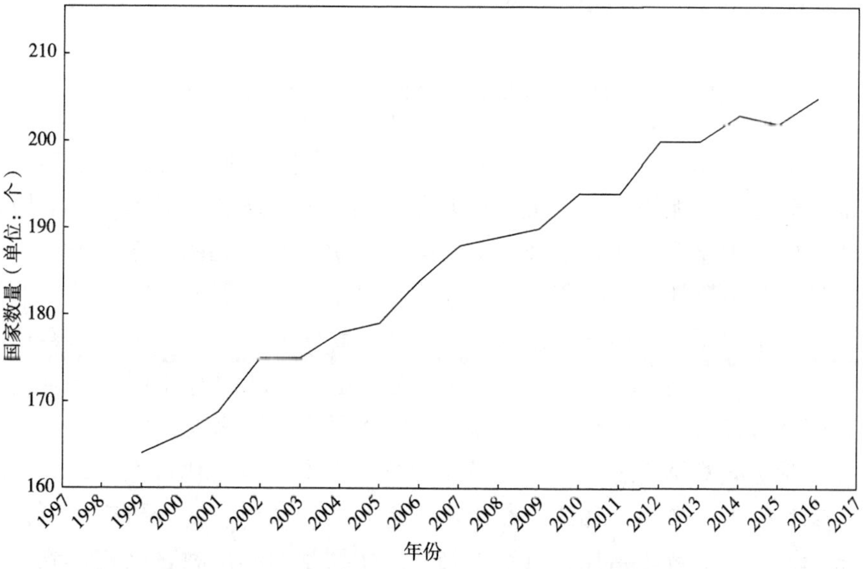

图 4.3　1999—2016 年来华留学生来源国家和地区数量变化

接收来华留学生的高等教育机构数量增长明显。由图 4.4 可知，我国接收来华留学生的高等教育机构数量及规模都有较大增长。2016 年，我国可接收留学生的高等教育机构数较 1999 年增长约 2.33 倍。截至 2016 年，我国可接收留学生的高等教育机构数为 829 所，约占我国高等教育机构总数（2016 年普通高等教育机构数量为 2596 所）的 32%。

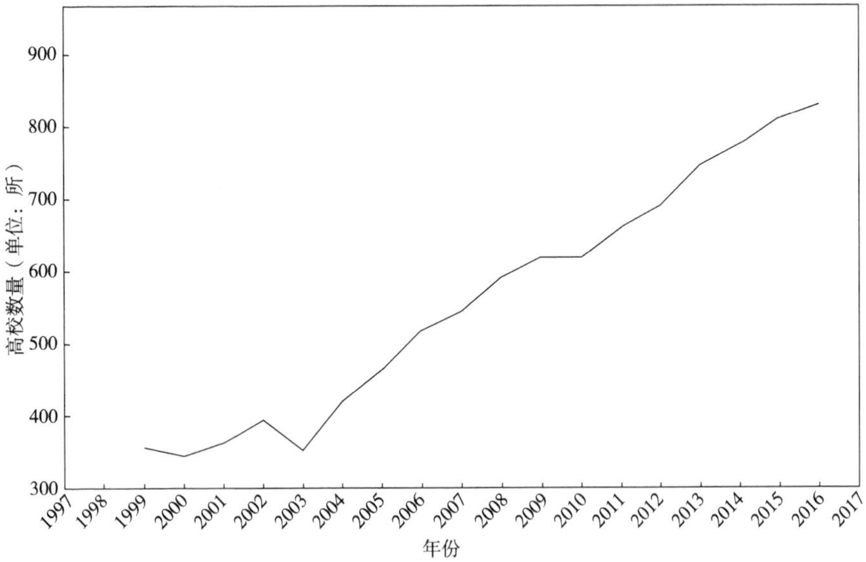

图 4.4　1999—2016 年国内接收来华留学生高校数量变化

在学历和非学历教育方面，近 20 年来，学历和非学历教育来华留学生都呈现逐年上涨趋势。在所占总人数比例方面，图 4.5 显示，非学历教育留学生所占比例有明显下降，学历教育留学生所占比例呈逐年上涨的趋势。虽然非学历教育学生仍占主体地位，但差距已经不大。2016 年，非学历教育留学生所占比例为 52.58%，而学历教育留学生所占比例已经达到了 47.42%，两者仅差 5 个百分点。显而易见，学历教育比例的显著提高是我国高等教育走向国际化、教学和学术水平稳步快速提高的结果。

在学历教育结构方面，学历教育留学生中本科生占比最大，研究生次之，专科生占比最小，如图 4.6 所示。近几年，硕士、博士研究生所占比例持续增长，本科生占比则有所下降。来华留学生学历教育结构得到了一定改善。

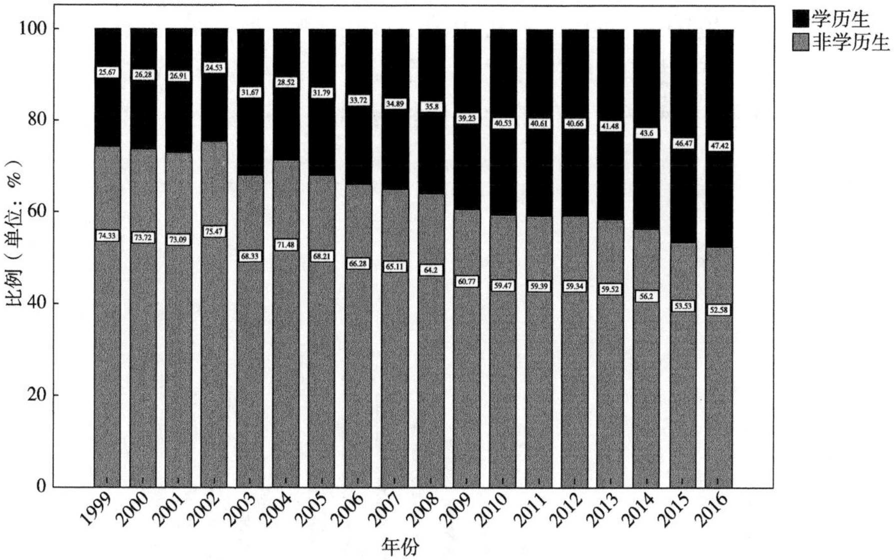

图 4.5　1999—2016 年学历来华留学生比例变化

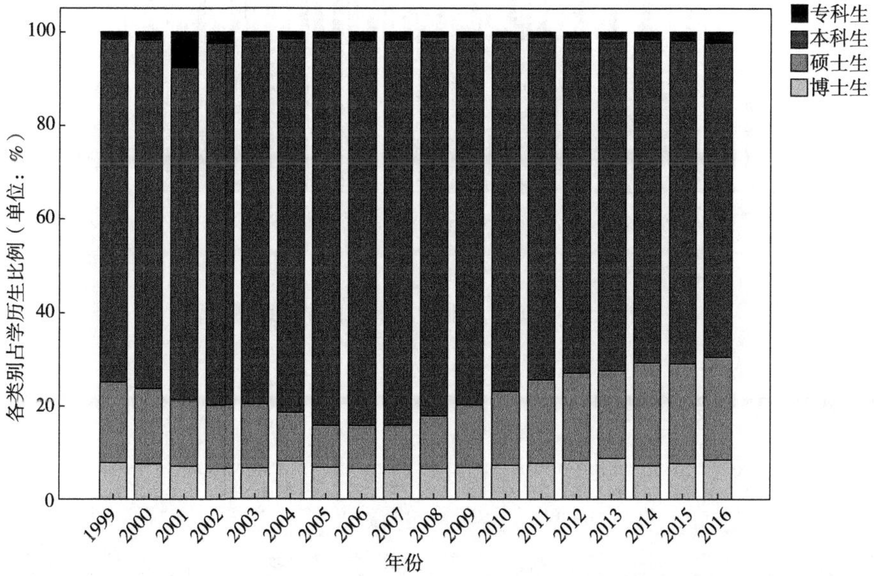

图 4.6　1999—2016 年各类别学历来华留学生比例变化

在非学历教育结构方面，非学历教育以普通进修生和短期留学生为主。高级进修生的人数虽然有所上涨，但始终占据非常小的比例，如图4.7所示。研究生和高级进修生在一定程度上代表了来华留学教育中的较高层次，但其占来华留学生的比例仍相对偏低。

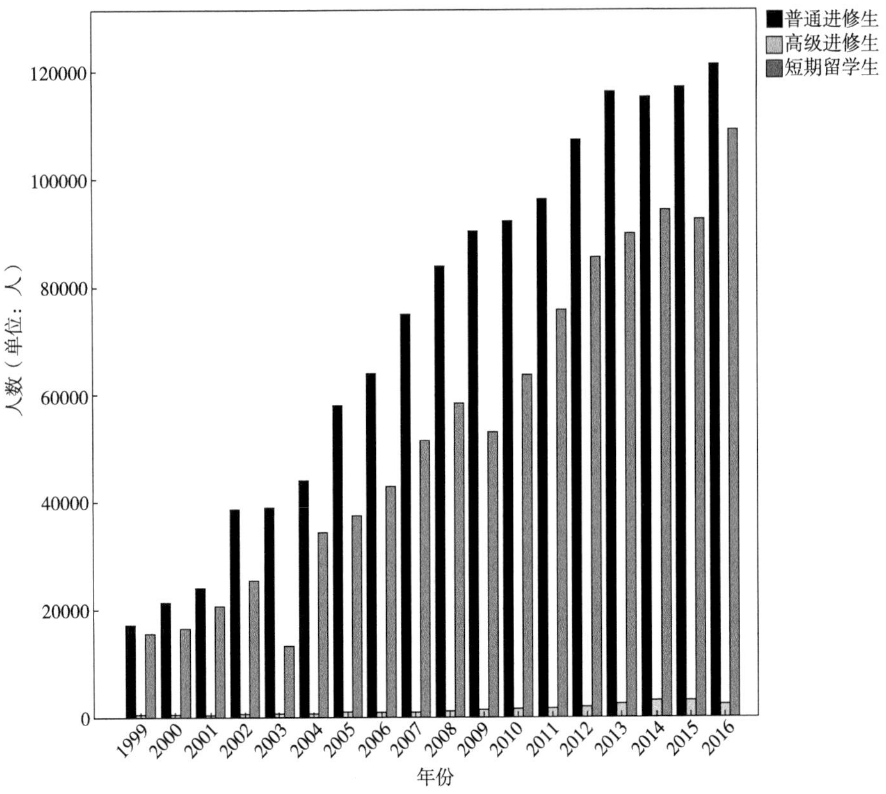

图4.7　1999—2016年非学历来华留学生数量变化

4.2.2　专业情况

由图4.8可见，来华留学生学习专业以汉语言专业所占比例最大，但总体呈下降趋势。在来华留学生所学的汉语言、文学、中医、西医、经济、工科、管理、法学、艺术、历史、体育、哲学、理科、农科、教育十五个专业中，汉语言一直是来华留学教育的绝对优势专业，这可能与汉语言文化圈的独特性和汉语学习的难度有关。汉语言专业留学生所占比例在

2007 年之前一直都在 60%以上（1999 年统计口径问题，汉语言与文学混同统计），但近十年下降趋势较为明显，尤其是 2016 年，汉语言专业留学生所占比例仅有 38%。

同时，学习西医专业的来华留学生占比逐年增长，由最低时 2001 年的 2.6%，增加到了 2015 年最高的 11.4%；而与之相反的是，中医专业留学生占比逐年缩水，由最高时 1999 年的 7.98%，降到了 2016 年最低的 3.0%。

近 20 年来增长趋势较明显的是工科和经济类专业。尤其是近年来，工科所占的比例迅速增长，从十年前的 2%～3%，到 2016 年突破了两位数，达到了 10.9%；同样的趋势也体现在经济专业上，由 2%～3%增长到了 2016 年的 8.4%。这与中国成为制造业强国和中国经济的崛起相关的。

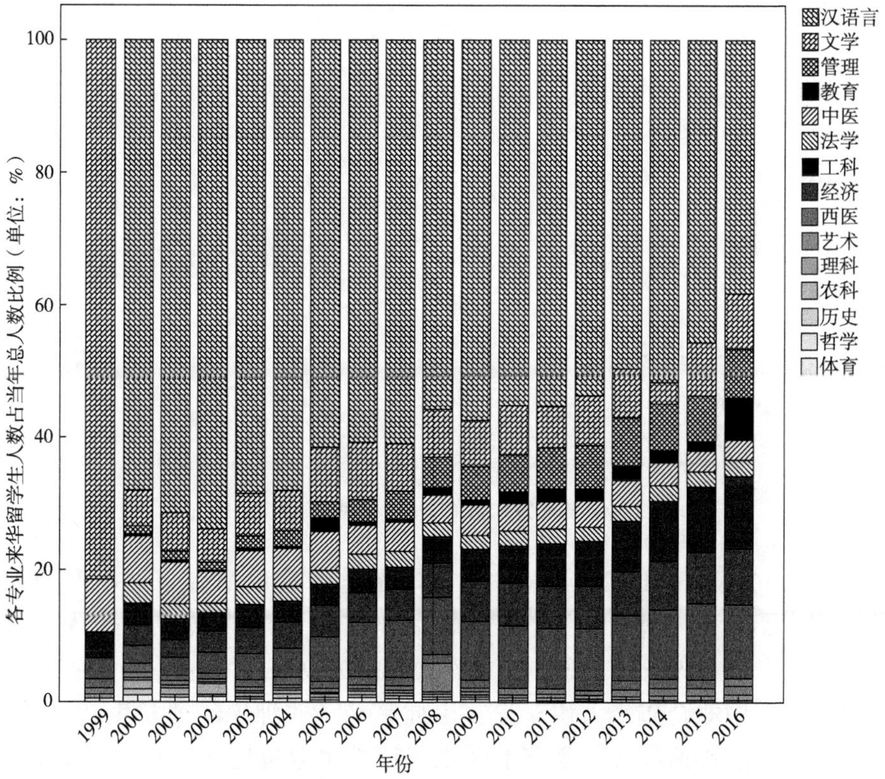

图 4.8　1999—2016 年各专业来华留学生人数占总人数比例

4.2.3 洲别分布

由图 4.9 可见，各洲来华生源均有较大增长。亚洲生源始终占据主体地位。世界不同地区来华留学生数量与该地区的人口总数、经济水平、教育状况、地理位置、民族构成、风俗习惯、留学政策等因素密切相关。在各种因素的综合作用下，亚洲生源始终在来华留学生中占据主体地位。

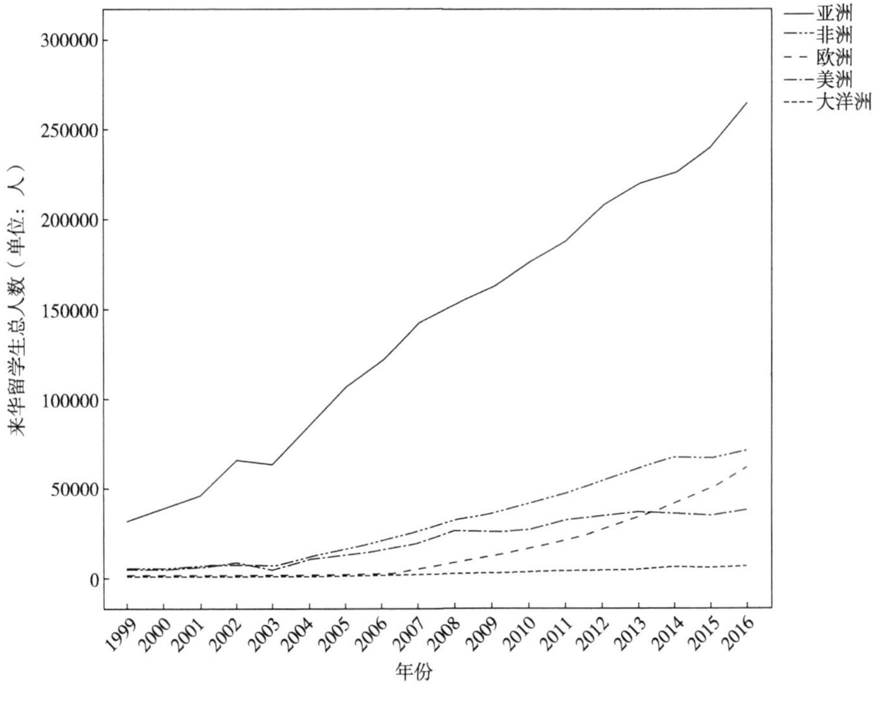

图 4.9　各洲历年来华留学生总人数（1999—2016 年）

图 4.10 显示，近 20 年来各洲来华留学生数量都有较大幅度增长。增长幅度最大的是非洲，近 15 年，其来华留学生规模增长了 43.5 倍（从 1999 年的 1384 人增长到 2016 年的 61594 人），体现了“一带一路”倡议带动下中非合作步入快车道，由此带来了非洲来华留学生在增长率和总占比上的快速提升。欧洲地区来华留学生数量也增长较快，除 2003 年外，2001—2013 年的 13 年间都保持了两位数的增长率，总体增长了 11.69 倍。

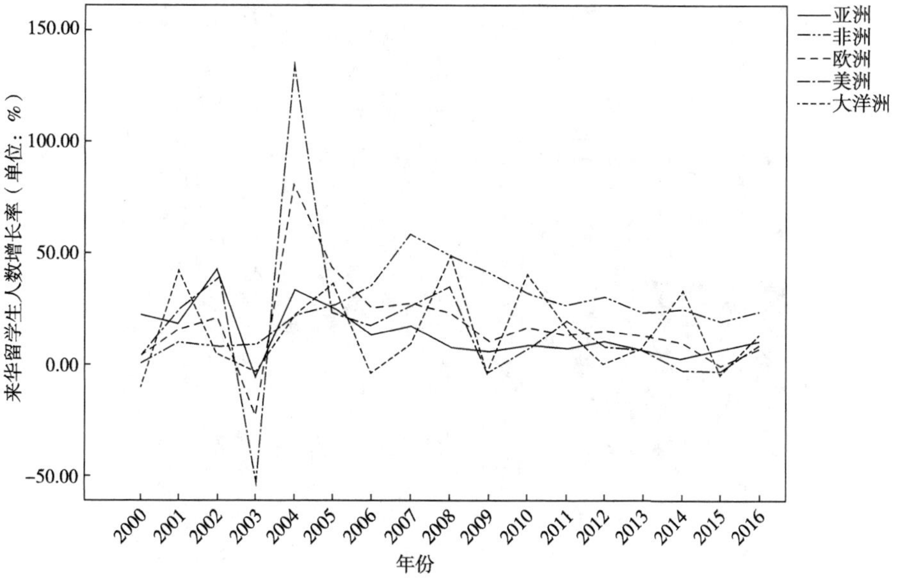

图 4.10　各洲历年来华留学生人数增长率（1999—2016 年）

从绝对数量上看，亚洲一直是来华留学生的主要生源地。但从图 4.11 不难发现，近 20 年来，亚洲生源占来华留学生总数的比例有较明显的下降趋势，从 2003 年最高的 81.93%降到了近三年的 60%左右。与此同时，非洲生源占来华留学生总数的比例有较明显的上升趋势，由最低时 2002 年的 1.92%上升到了 2016 年的 13.91%。此外，欧洲生源占来华留学生总数的比例也有较快的增长，该比例近年来已经超过 16%。

图 4.12 显示，亚洲和非洲历年来华学历生占当年该洲留学生总人数的比例都比较高，特别是非洲，基本保持在一半左右的水平。下面借助图表分析各洲的学历和非学历教育情况。

如图 4.13 所示，亚洲本科学历生占当年亚洲留学生总人数的比例一直都是较高的，但近 10 年来，该比例有所降低，而与之对应的是，硕士和博士的比例则有所提升，表明亚洲的来华学历教育有向高学历教育方向发展的趋势。图 4.14 显示，2011 年以来，亚洲非学历教育发展较为平稳，没有较高速度的增长或下降。

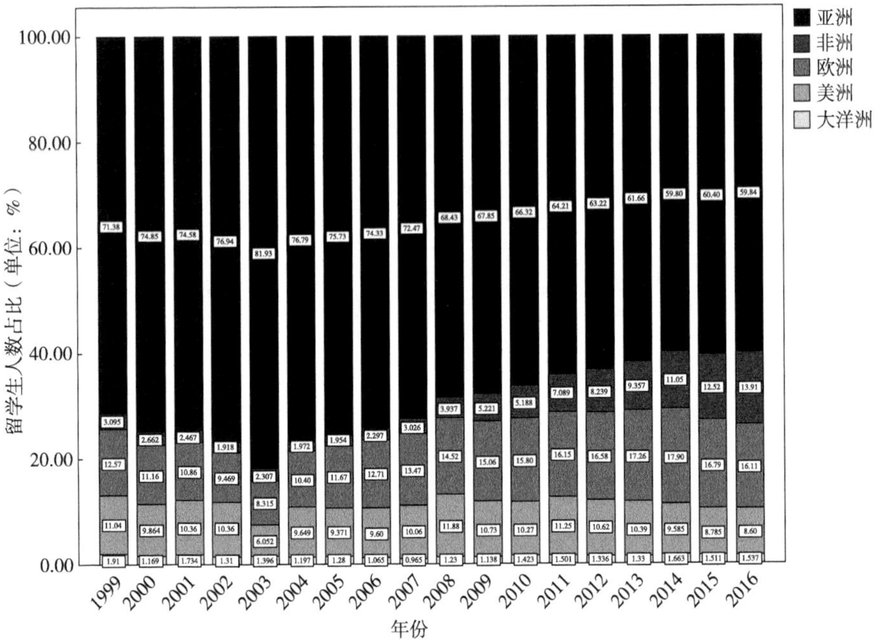

图 4.11　各洲历年来华留学生人数比例堆积图（1999—2016 年）

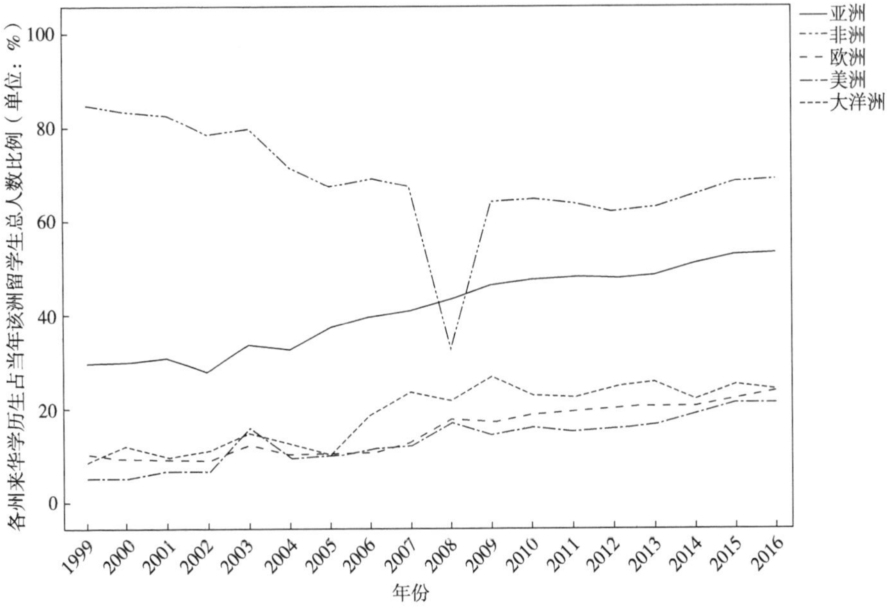

图 4.12　各洲历年来华学历生占当年该洲留学生总人数比例（1999—2016 年）

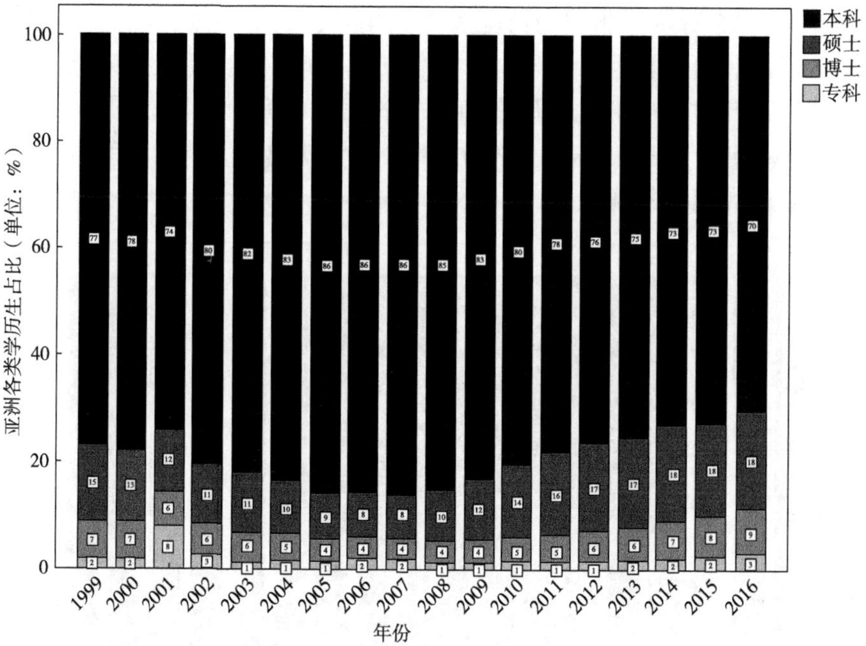

图 4.13　亚洲各类学历生占当年亚洲留学生总人数比例（1999—2016 年）

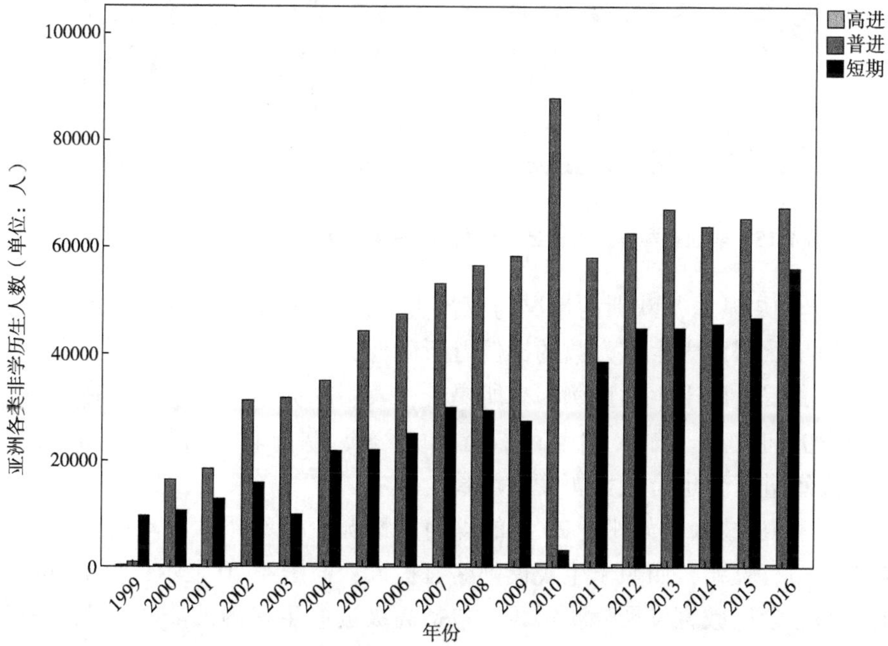

图 4.14　亚洲历年各类非学历生人数（1999—2016 年）

如图 4. 16 所示，非洲的情况和亚洲相反，近十年来，非洲的本科学历生占当年非洲留学生总人数比例有增长的趋势，该比例近年来已经突破了 60%；而与之对应的是，硕士和博士的比例则有所下降。图 4. 15 和图 4. 16 显示，近十年来，非洲非学历教育发展势头迅猛，同时高级进修生的比例也有较大幅度的增长。

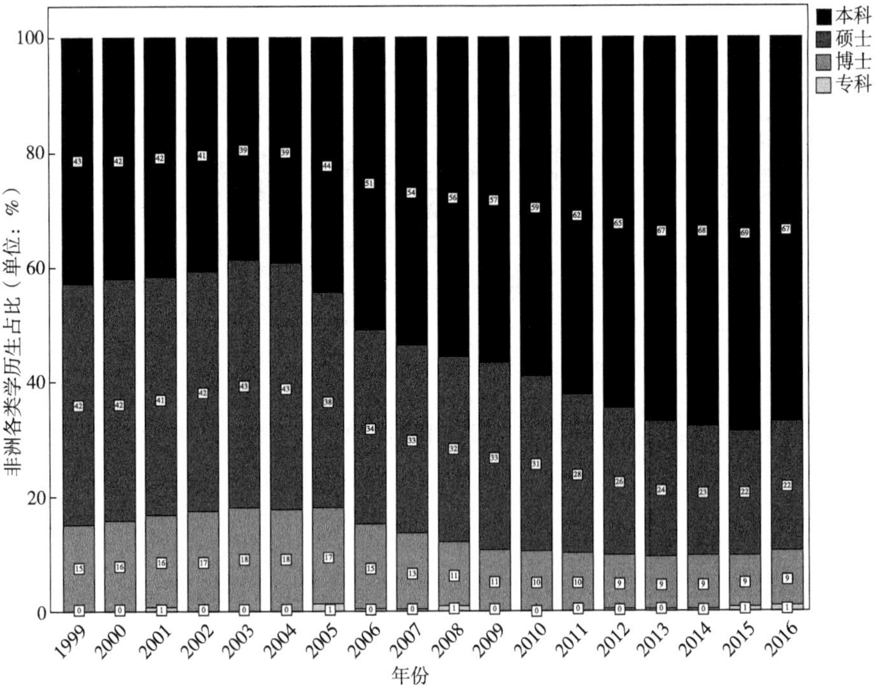

图 4. 15　非洲各类学历生占当年非洲留学生总人数的比例（1999—2016 年）

图 4. 17 显示，欧洲的情况与亚洲类似，近 10 年来，欧洲的本科学历生占当年欧洲留学生总人数的比例有所降低，与之对应的是，硕士生和博士生，尤其是硕士生的比例则有所提升，表明欧洲的学历教育也在向高学历教育方向发展。图 4. 18 显示，近 10 年来，欧洲非学历教育发展较快，同时高级进修生也有较大幅度的增长。

图 4. 19 显示，美洲近 20 年的学历生情况变化并不大，本科生和博士生教育略有收缩，而硕士生规模则略有扩大；而图 4. 20 显示，近 10 年来，美洲的非学历教育发展稳步增长，包括高级进修生在内的非学历生有一定幅度的增长。

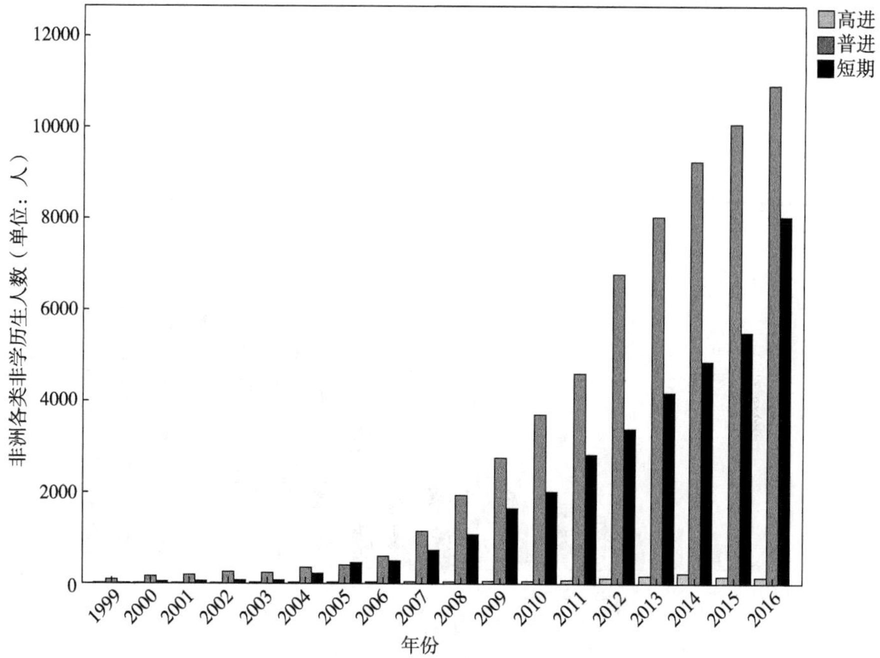

图 4.16　非洲历年各类非学历生人数（1999—2016 年）

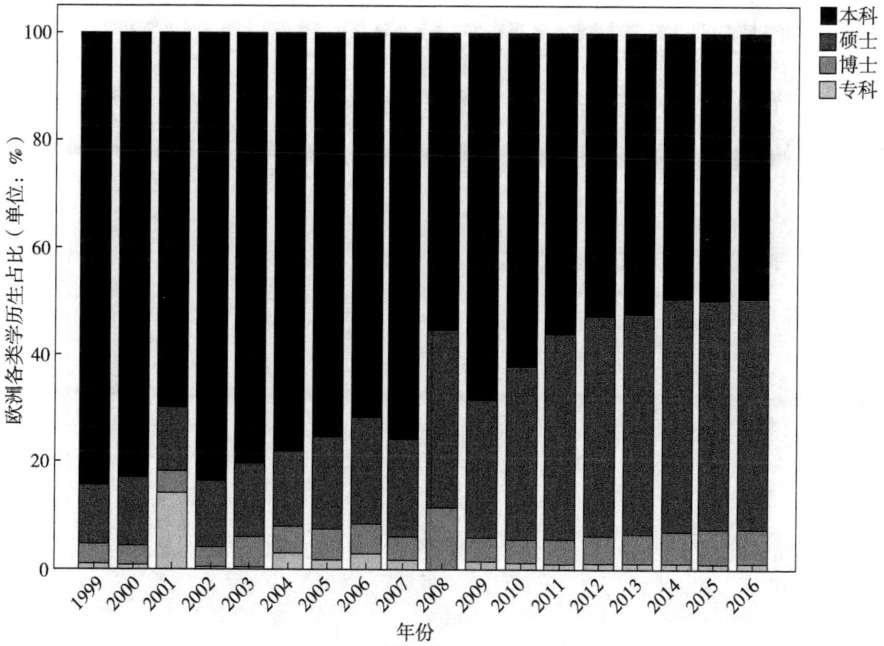

图 4.17　欧洲各类学历生占当年欧洲留学生总人数的比例（1999—2016 年）

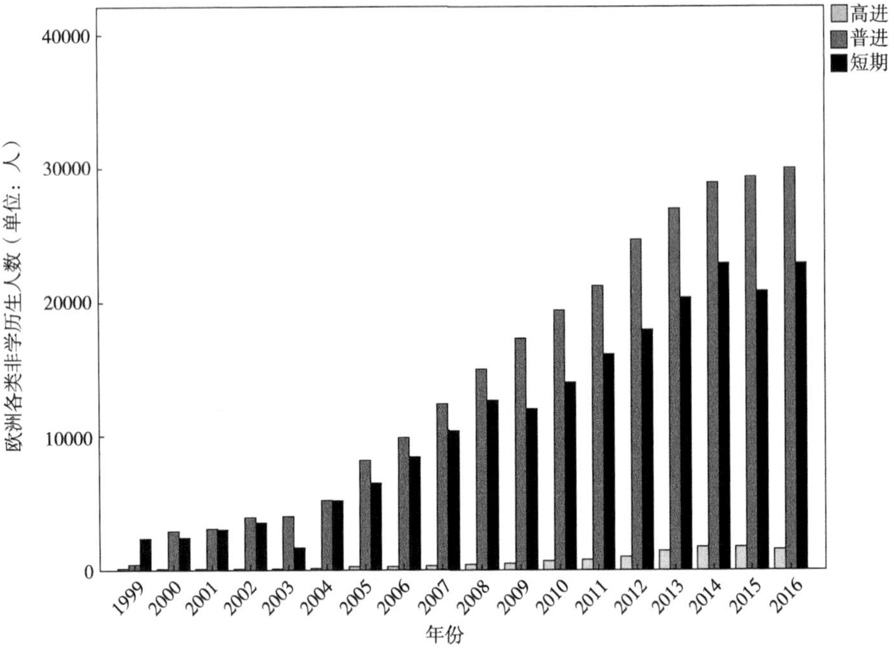

图 4.18 欧洲历年各类非学历生人数（1999—2016 年）

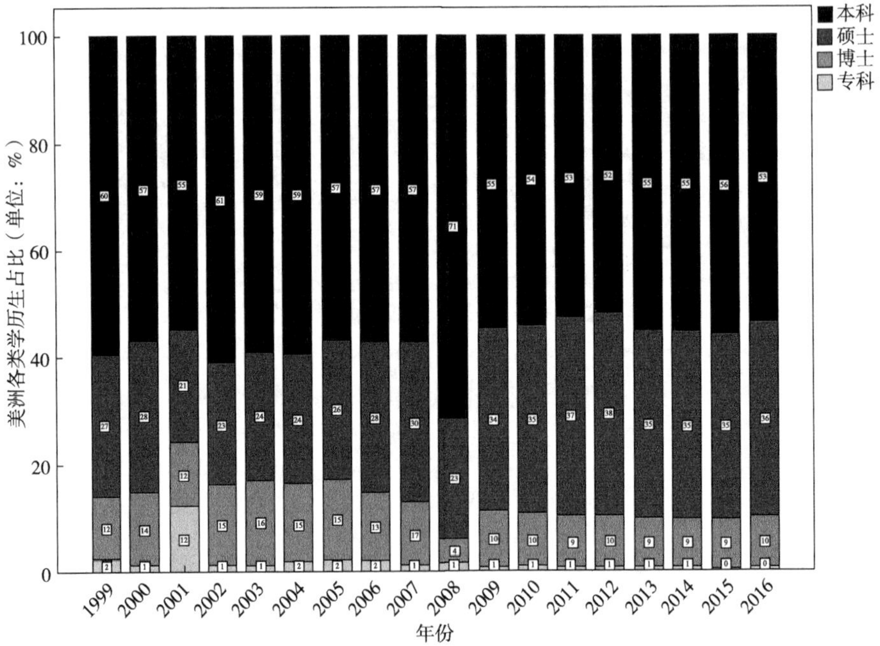

图 4.19 美洲各类学历生占当年美洲留学生总人数的比例（1999—2016 年）

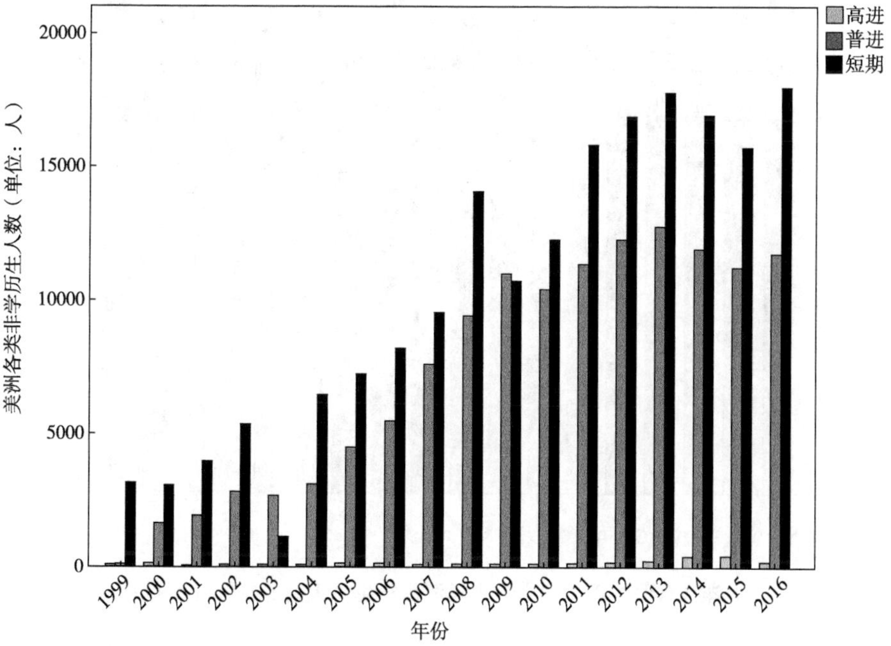

图 4. 20　美洲历年各类非学历生人数（1999—2016 年）

图 4. 21 显示，大洋洲近 20 年来的学历生情况变化并不剧烈，与早年相比，专科教育有明显收缩，而硕士生规模则略有扩大，但各类型学历生比例变化在 2001 年之后不明显。而图 4. 22 显示，近 10 年来，大洋洲非学历教育中的短期留学生迅速增加，尤其是在 2010 年后，其他类型的非学历生增长幅度趋于平缓。

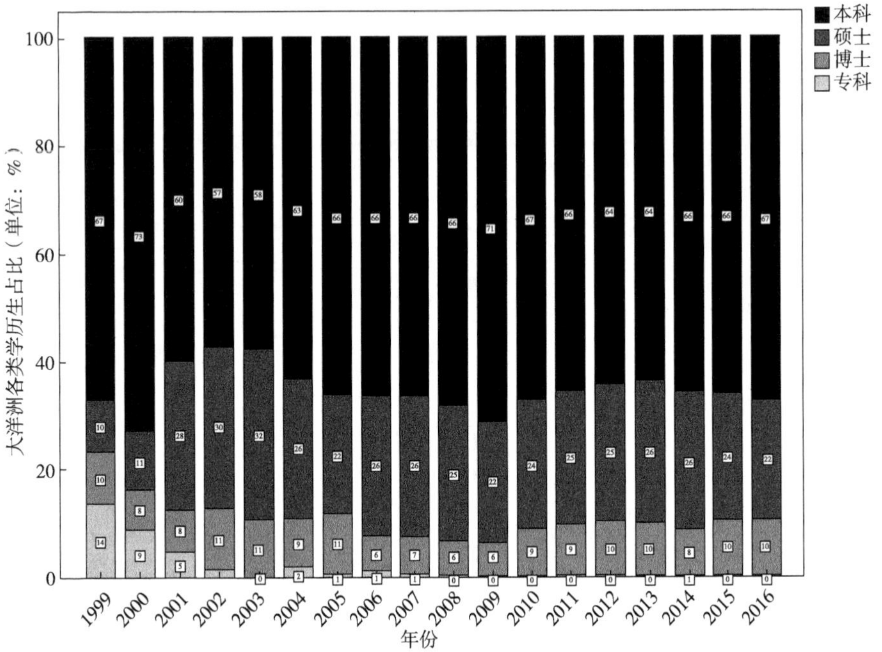

图 4.21　大洋洲各类学历生占当年大洋洲留学生总人数的比例（1999—2016 年）

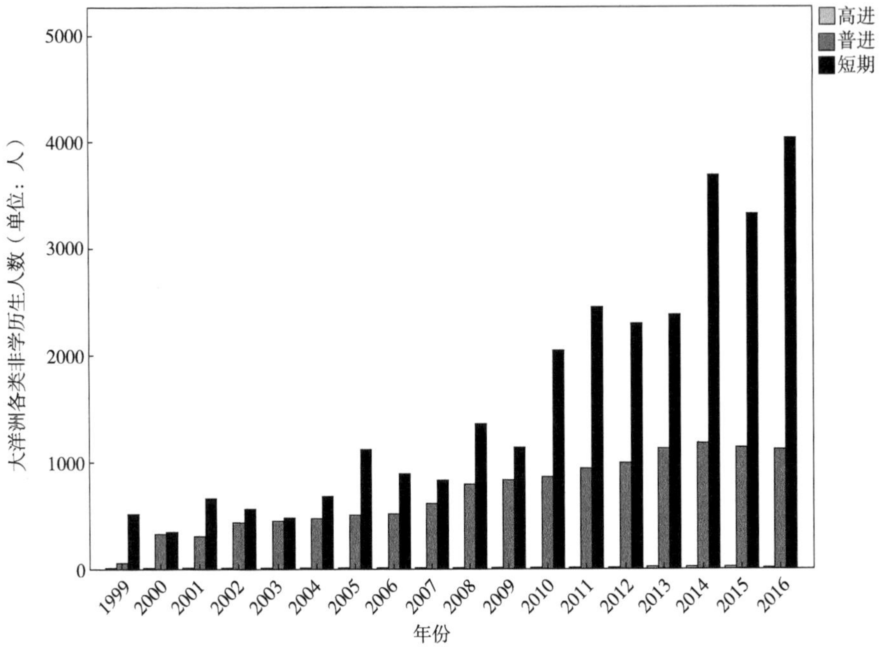

图 4.22　大洋洲历年各类非学历生人数（1999—2016 年）

第5章

来华留学人员留华意愿与就业意向分析

引　言

为了配合国家“一带一路”倡议和人才工作战略，满足企业的国际化人才需求，完善来华留学服务体系，同时让广大来华留学人员有更好的发展机会，2018 年，本课题组面向来华留学生，就来华留学人员的留学目的、留华意愿与就业意向开展了一次全国随机抽样调查，以深入了解来华留学人员当前的各项情况，为各方科学决策提供优质的信息支持。本章将展示上述数据分析情况，并通过归纳性推理，直观呈现来华留学生留学意愿和就业意向状况，为出海企业、教育机构、在华留学生及研究人员调整策略、制定政策、制定职业生涯规划提供具有指导意义的信息。

5.1　抽样调查简介及数据质量判定

5.1.1　抽样调查简介

本次随机抽样调查历时一个月（2018 年 5 月 3 日—6 月 2 日），共有来自 147 个国家和地区的 2920 名留学生接受了调查。本章数据分析即以此次调查集合为统计总体。

为了对调查数据进行更为有效的挖掘，本课题组在频数分析的基础上，利用主体问题间的交叉分析、相关性验证和比较分析等数据统计分析方法，对数据进行深入挖掘。其中，交叉分析的意义在于探寻数据之间的内在联系；相关性验证的目的在于探讨数据之间是否存在某种依存关系，以及依存方向和程度；比较分析的作用则在于，通过对同一主体问题不同受访人群答案的分布情况进行比较，描述数据间的对应关系，进而挖掘不同群体受访者主观感受间的异同。

5.1.2　数据质量判定

由于样本选择、统计手段及问卷设计等因素会对问卷研究数据的准确性及真实性产生重要影响，所以对调查问卷样本数据进行合理性证实，就成为判断该样本统计数据是否具有研究、使用价值的重要依据。

根据本次调研的实际情况，课题组选择了以抽样情况检测的方式从抽样角度对调查回收的数据结果进行质量判定，进而获取符合逻辑的可用问卷数据。

本次数据挖掘针对的是《外籍留学生留华意愿和就业意向调查问卷》，问卷分为“个人信息”及“居留和就业意向”两部分题目，在问卷的个人信息题目中设有相关问题以确保收回有效问卷。课题组对回收的问卷中填写不合规范的数据进行了数据处理，并对外籍留学生问卷进行了数据清洁工作。

本次调查以微信客户端为主要调查平台，平台的先进性保证了数据质量，但也有填写错误和漏填之处，例如，第 A2 题“您的出生年月”是留学生年龄的数据来源，但回收数据中有填写 2017、2018 甚至 2088 的，也有未填写的，我们统一对此类明显错漏之处标记为“遗漏”。为了最大限度地留存宝贵的数据，课题组对含错漏数据字段的记录予以保留，最终共收到完整的外籍留学生问卷记录 2920 条。

5.2 来华留学生抽样基本情况

根据来华留学生问卷的内容，涉及来华留学生的个人基本情况、来华留学生的居留和就业意向两部分内容。下面首先对个人基本情况进行描述性分析。

5.2.1 来华留学生性别状况

男性比例大于女性。从参与调研人员的性别来看，56.06% 为男性，43.94%为女性，男性比例大于女性，性别比例大约在 1.28∶1（见图 5.1）。

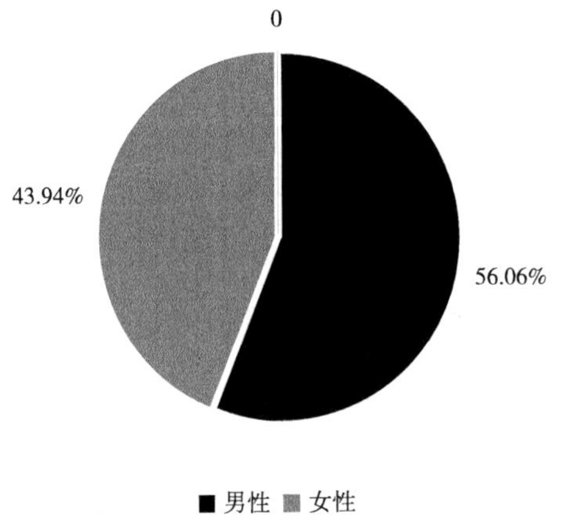

图 5.1 2018 年来华留学生抽样性别比例

5.2.2　来华留学生年龄状况

来华留学生年龄分布多集中在 20~30 岁之间。参与调研的外籍留学生年龄大多数是学龄人口，20~30 岁的留学生大约占 82.4%（见图 5.2）。

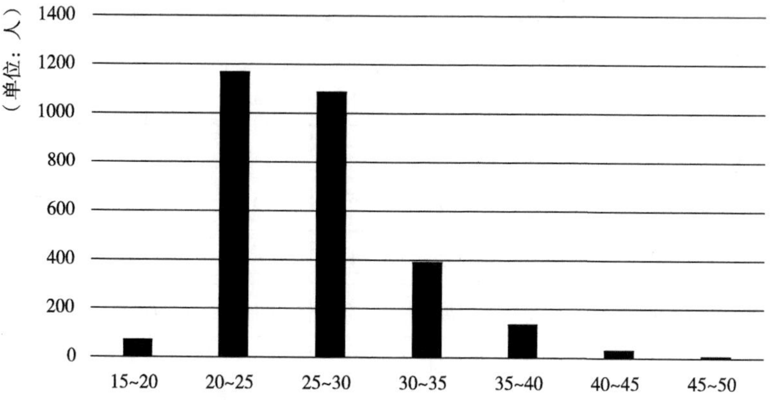

图 5.2　2018 年来华留学生年龄分布图

5.2.3　来华留学生国籍状况

来自巴基斯坦的人数最多，其次是泰国、印度尼西亚。参与调研的外籍留学生来自全球 147 个国家，共有 2920 人，其中超过 50 人的国家有（人,%）：巴基斯坦（387，13.3）、泰国（352，12.1）、印度尼西亚（147，5）、俄罗斯（98，3.4）、哈萨克斯坦（98，3.4）、孟加拉（94，3.2）、越南（93，3.2）、韩国（92，3.2）、印度（83，2.8）、蒙古（58，2）、尼泊尔（53，1.8），来自这 11 个国家的留学生人数占本次调查总人数的 55.1%（见表 5.1）。

表 5.1　2018 年来华留学生国籍

国籍	人数（人）	百分比（%）	国籍	人数（人）	百分比（%）	国籍	人数（人）	百分比（%）
未填写	8	0.3	阿根廷	6	0.2	埃及	23	0.8
阿尔及利亚	15	0.5	阿联酋	1	0.0	埃塞俄比亚	36	1.2
阿富汗	14	0.5	阿塞拜疆	5	0.2	爱沙尼亚	1	0.0

续表

国籍	人数（人）	百分比（%）	国籍	人数（人）	百分比（%）	国籍	人数（人）	百分比（%）
安哥拉	4	0.1	多哥	7	0.2	加纳	44	1.5
安提瓜和巴布达	2	0.1	多米尼加共和国	3	0.1	加蓬	4	0.1
奥地利	2	0.1	俄罗斯	98	3.4	柬埔寨	13	0.4
澳大利亚	9	0.3	厄瓜多尔	10	0.3	捷克	2	0.1
巴巴多斯	3	0.1	厄立特里亚	2	0.1	津巴布韦	15	0.5
巴布亚新几内亚	3	0.1	法国	25	0.9	喀麦隆	17	0.6
巴哈马	3	0.1	菲律宾	11	0.4	科摩罗	1	0.0
巴基斯坦	387	13.3	斐济	2	0.1	科特迪瓦	7	0.2
巴勒斯坦	4	0.1	佛得角	3	0.1	科威特	1	0.0
巴林	7	0.2	刚果（布）	3	0.1	肯尼亚	32	1.1
巴拿马	4	0.1	刚果（金）	3	0.1	拉脱维亚	1	0.0
巴西	9	0.3	哥伦比亚	3	0.1	莱索托	2	0.1
白俄罗斯	5	0.2	哥斯达黎加	5	0.2	老挝	16	0.5
保加利亚	3	0.1	格林纳达	1	0.0	立陶宛	5	0.2
贝宁	10	0.3	圭亚那	3	0.1	利比里亚	8	0.3
比利时	4	0.1	哈萨克斯坦	98	3.4	利比亚	1	0.0
波兰	19	0.7	海地	2	0.1	卢森堡	2	0.1
玻利维亚	2	0.1	韩国	92	3.2	卢旺达	34	1.2
伯利兹	1	0.0	荷兰	8	0.3	罗马尼亚	9	0.3
博茨瓦纳	5	0.2	吉布提	19	0.7	马达加斯加	21	0.7
布隆迪	6	0.2	吉尔吉斯斯坦	23	0.8	马尔代夫	5	0.2
赤道几内亚	5	0.2	几内亚	12	0.4	马拉维	4	0.1
德国	19	0.7	几内亚比绍	6	0.2	马来西亚	46	1.6
东帝汶	2	0.1	加拿大	19	0.7	马里	3	0.1

续表

国籍	人数（人）	百分比（%）	国籍	人数（人）	百分比（%）	国籍	人数（人）	百分比（%）
毛里求斯	7	0.2	塞舌尔	1	0.0	新西兰	3	0.1
毛里塔尼亚	3	0.1	沙特阿拉伯	4	0.1	匈牙利	5	0.2
美国	39	1.3	斯里兰卡	16	0.5	叙利亚	6	0.2
蒙古国	58	2.0	斯洛伐克	1	0.0	也门	28	1.0
孟加拉国	94	3.2	苏丹	29	1.0	伊拉克	4	0.1
秘鲁	6	0.2	苏里南	3	0.1	伊朗	24	0.8
缅甸	14	0.5	索马里	9	0.3	以色列	1	0.0
摩洛哥	13	0.4	塔吉克斯坦	9	0.3	意大利	50	1.7
莫桑比克	5	0.2	泰国	352	12.1	印度	83	2.8
墨西哥	17	0.6	坦桑尼亚	40	1.4	印度尼西亚	147	5.0
纳米比亚	3	0.1	汤加	2	0.1	英国	15	0.5
南非	6	0.2	突尼斯	4	0.1	约旦	7	0.2
南苏丹	8	0.3	土耳其	17	0.6	越南	93	3.2
尼泊尔	53	1.8	土库曼斯坦	11	0.4	赞比亚	5	0.2
尼日尔	10	0.3	瓦努阿图	1	0.0	智利	3	0.1
尼日利亚	30	1.0	危地马拉	1	0.0	其他地区	27	0.9
葡萄牙	5	0.2	委内瑞拉	5	0.2	总计	2920	100.0
日本	34	1.2	文莱	1	0.0			
瑞典	1	0.0	乌干达	21	0.7			
瑞士	1	0.0	乌克兰	17	0.6			
萨摩亚	2	0.1	乌兹别克斯坦	44	1.5			
塞尔维亚	2	0.1	希腊	1	0.0			
塞拉利昂	5	0.2	西班牙	22	0.8			
塞内加尔	7	0.2	新加坡	7	0.2			

5.2.4 来华留学生婚姻状况

来华留学生绝大多数处于未婚状态。在所调查的来华留学生中，有85%的人未婚，已婚的占14%、其他（离异/丧偶）的仅占1%（见图5.3）。

5.2.5 来华留学生生育状况

在占来华留学生总数15%的已婚及其他（离异/丧偶）的学生中，已生育孩子的人数超6成。本次调查的来华留学生中90.9%未育有子女，这与85%的留学生是未婚状态的情况是吻合的。在仅占15%的已婚及其他（离异/丧偶）的学生中，有38.9%的人还没有生育孩子，有33.67%的人生育了一个孩子，有18.45%的人生育了两个孩子，生育三个及三个以上的人占8.98%（见图5.4）。

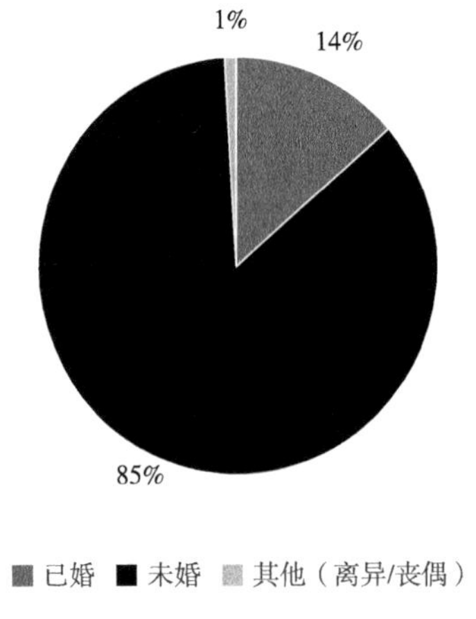

图5.3 2018年来华留学生婚姻状况

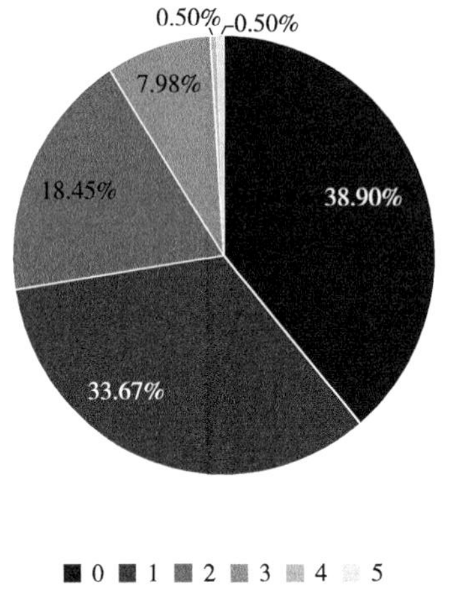

图5.4 2018年来华留学生生育状况

5.2.6 配偶现居地状况

在参与调查的397名已婚来华留学生中，配偶也在中国居住的有154人，占38.79%。配偶现居地最多的国家是巴基斯坦、孟加拉国、坦桑尼亚等国，而其他国籍的人数相对较少（见表5.2）。

表5.2 来华已婚留学生配偶现居地

配偶现居地	人数（人）	百分比（%）	累积百分比（%）	配偶现居地	人数（人）	百分比（%）	累积百分比（%）
未婚	2550	87.3	87.3	毛里塔尼亚	1	0.0	91.4
阿尔及利亚	1	0.0	87.4	蒙古国	3	0.1	91.5
阿富汗	4	0.1	87.5	孟加拉国	14	0.5	92.0
埃及	7	0.2	87.7	南非	2	0.1	92.0
埃塞俄比亚	7	0.2	88.0	南苏丹	5	0.2	92.2
澳大利亚	2	0.1	88.0	尼泊尔	5	0.2	92.4
巴基斯坦	57	2.0	90.0	尼日尔	1	0.0	92.4
巴勒斯坦	1	0.0	90.0	尼日利亚	8	0.3	92.7
巴林	1	0.0	90.1	塞内加尔	1	0.0	92.7
贝宁	1	0.0	90.1	斯里兰卡	3	0.1	92.8
布隆迪	1	0.0	90.1	苏丹	9	0.3	93.1
德国	1	0.0	90.2	索马里	2	0.1	93.2
俄罗斯	2	0.1	90.2	塔吉克斯坦	3	0.1	93.3
厄立特里亚	1	0.0	90.3	坦桑尼亚	17	0.6	93.9
佛得角	1	0.0	90.3	土库曼斯坦	1	0.0	93.9
刚果（金）	1	0.0	90.3	乌干达	1	0.0	94.0
哈萨克斯坦	3	0.1	90.4	乌克兰	1	0.0	94.0
韩国	3	0.1	90.5	乌兹别克斯坦	2	0.1	94.1
加纳	6	0.2	90.8	也门	3	0.1	94.2
柬埔寨	1	0.0	90.8	伊拉克	1	0.0	94.2
喀麦隆	2	0.1	90.9	伊朗	1	0.0	94.2
肯尼亚	5	0.2	91.0	印度	4	0.1	94.4
莱索托	1	0.0	91.1	印度尼西亚	2	0.1	94.5
老挝	1	0.0	91.1	英国	3	0.1	94.6
卢旺达	1	0.0	91.1	约旦	1	0.0	94.6
马达加斯加	3	0.1	91.2	越南	4	0.1	94.7
马尔代夫	2	0.1	91.3	中国	154	5.3	100
马拉维	2	0.1	91.3	总计	2920	100	

5.2.7 配偶的就业状况

外籍留学生的配偶近四成还在上学。有配偶的留学生中，其配偶目前最多的是在上学，占39.79%；其次是在工作，占34.01%；在家劳务的占26.20%（见图5.5）。

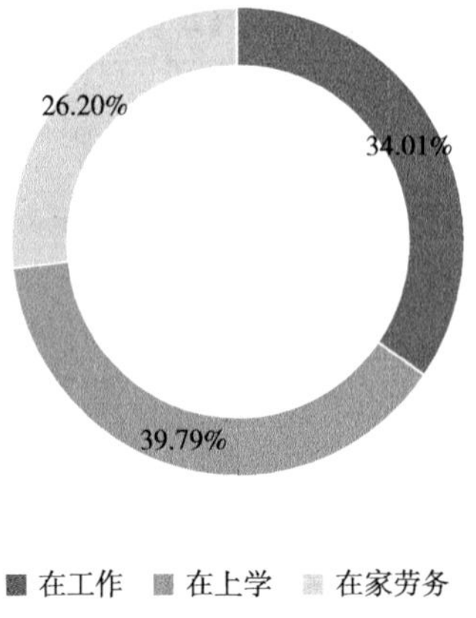

图 5.5　2018 年来华留学生配偶的工作情况

5.2.8　来华留学生在华时间状况

近三年，来华的外籍留学生人数较多，占留学生总人数的七成以上。从调研结果可以看出，在华时间为 1 年、2 年、3 年的占比分别为 39.11%、22.34%、13.20%，总计 74.65%。此外，有 12.71%的外籍留学生来中国已经 4~5 年，还有大约 12.64%的留学生在中国的时间超过 5 年。数据显示，时间最长的于 1991 年来中国，已经在中国居住 27 年了（见图 5.6）。

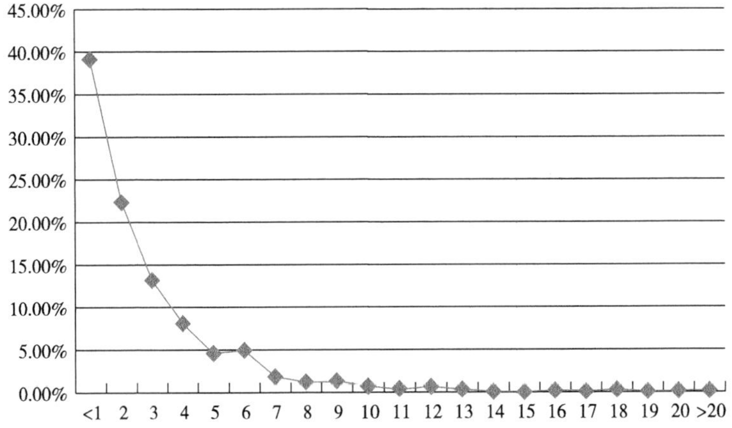

图 5.6　2018 年在华留学生来华时间

5.2.9　来华留学生距离毕业时间状况

近期毕业人数超六成。调查结果如图 5.7 所示，来华留学生距离毕业时间少于 1 年、1 年、2 年和 3 年的占比分别为 35.48%、30.79%、16.54% 和 10.99%，1 年和少于 1 年的占比总计 66.27%，由此可见，参加本次调查的大部分是即将毕业的留学生，由于本次调查涉及毕业去向，可见，大部分留学生在毕业 1 年内都会考虑毕业去向问题。

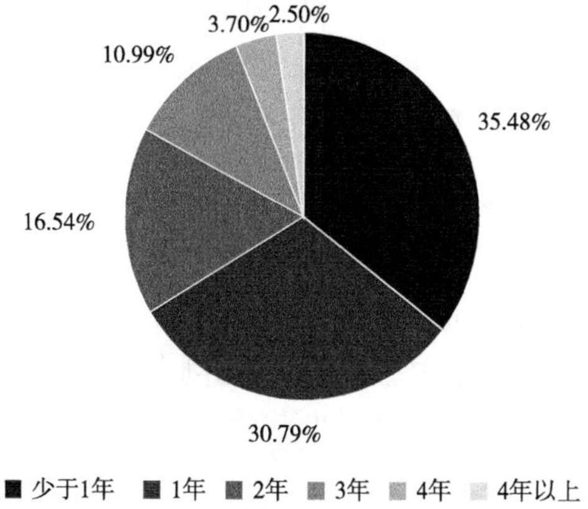

图 5.7　2018 年来华留学生距离毕业时间

5.3　来华留学生自我评价

这部分问题是对来华留学生留学期间学习生活和个人能力主观感知的调查。值得注意的是，调查结果具有主观性。由于是就业调查中的个人能力主观感知，故有可能存在此特定调查场景下能力被高估的问题。

5.3.1　汉语水平状况

从对来华留学生汉语水平的调查结果中可以看出，大部分留学生的汉语处于基本交流或以上水平，占比 65.2%，其中，基本交流占比 36%，和母语没有区别的占比 11.4%，能够较流利交流的占比 17.8%，另外还有 19.7%可以简单交流，有 15.1%的留学人员对汉语不能理解（见图 5.8）。

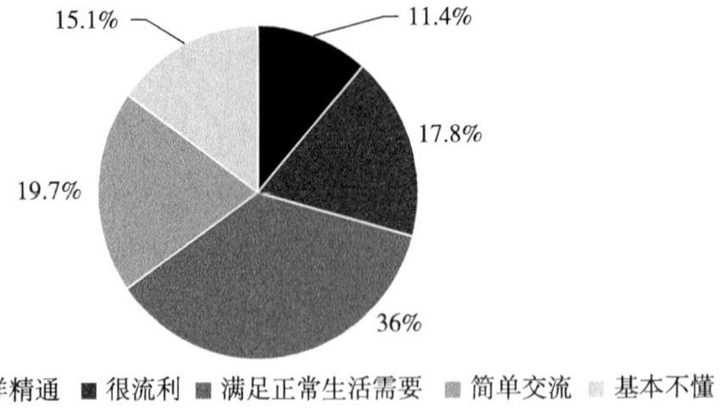

图 5.8　汉语水平评价

5.3.2　社交圈中华人所占比例状况

有近四成的来华留学生社交圈中中国人比例很少。调查数据显示，在外籍留学生的社交圈中，中国人占的比例不尽相同。有 14.21%的来华留学生社交圈中一半以上都是中国人，但是有 37.95%的留学生的社交圈中仅有少于 15%的中国朋友。中国人所占比例在 15%～30%的占比 29.11%，30%～50%的占比 37.95%（见图 5.9）。

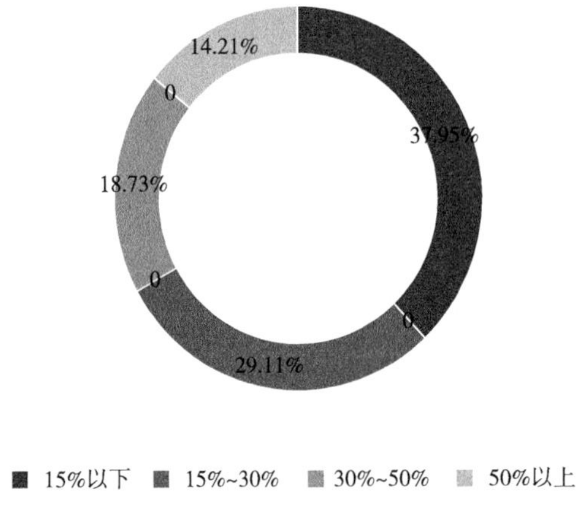

图 5.9　社交圈中中国人所占比例

5.3.3　总体满意程度状况

外籍留学生对在华留学生活的满意程度比较高。从调研结果可以看出，有 25. 92%的外籍留学生对在华留学期间的生活非常满意，觉得比较满意的占 44. 05%，觉得一般和不满意的占 30. 03%（见图 5. 10）。

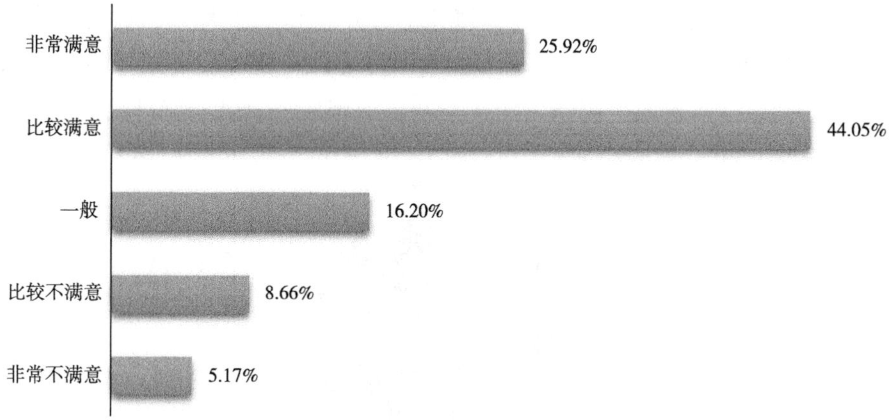

图 5. 10　在华留学生活期间总体满意程度

5. 3. 4　实习或兼职状况

留学生在中国学习期间没有进行过实习或兼职的人数是实习或兼职过人数的近三倍。调研结果显示，大部分留学生在华留学生活期间没有实习或兼职（占比 74. 76%），而 25. 24%的留学生在华留学期间有实习或兼职（见图 5. 11）。

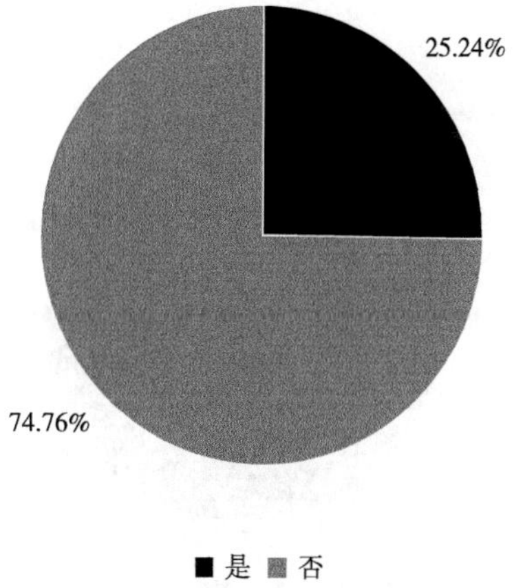

图 5. 11　在华留学生活期间的实习或兼职

5.3.5 在校成绩状况

数据显示，留学生平均在校成绩处于较好水平的人最多，占留学生总人数的48.39%，其次是处于非常好水平的，占37.26%，一般及以下的仅占14.35%。总体来说，留学生的平均在校成绩较好（见图5.12）。

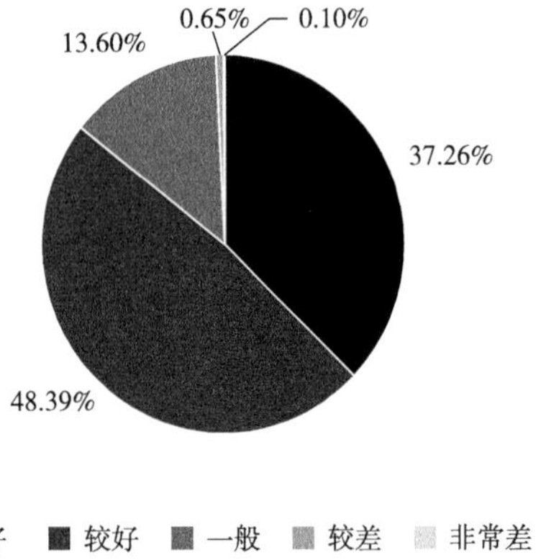

图5.12 在华留学期间平均在校成绩

5.3.6 能力水平自评状况

数据显示，有92.9%的来华留学生认为个人能力在一般以上，认为个人能力“非常好”和“较好”的占比65.8%（见图5.13）。

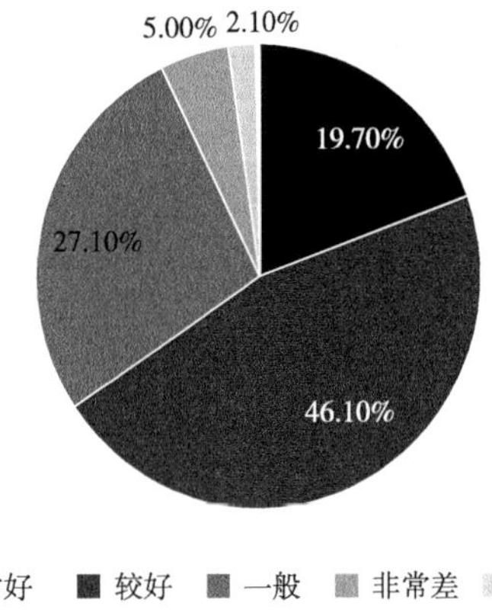

图5.13 能力水平自我评价

具体能力方面，“沟通能力”的自我评价结果如图 5. 14 所示。来华留学生中认为自己此方面能力较好的人数最多，占 45. 2%；其次是认为自己非常好的，占 26. 9%，认为自己沟通能力一般的占 21. 7%，认为自己沟通能力非常差及较差的人数较少，仅占 4. 5%和 1. 7%。

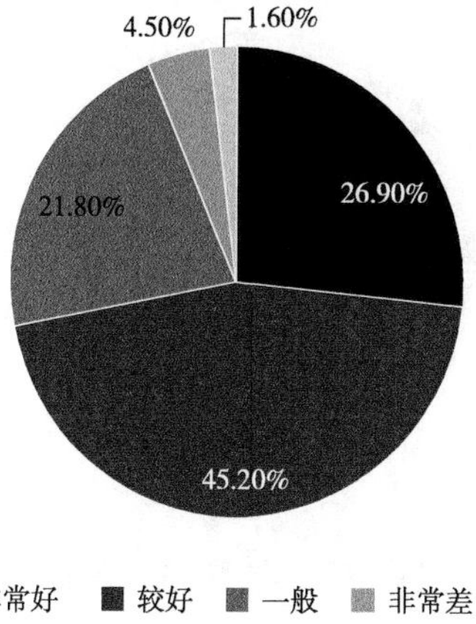

图 5. 14　沟通能力自我评价

本次调查的来华留学生“学习能力”的自我评价结果如图 5. 15 所示。来华留学生中认为自己此方面能力较好的人数最多，占 45. 7%，其次是非常好的，占 32. 9%，认为自己学习能力一般的占 17. 2%，认为自己学习能力非常差及较差的人数较少，仅占 2. 6%和 1. 6%。

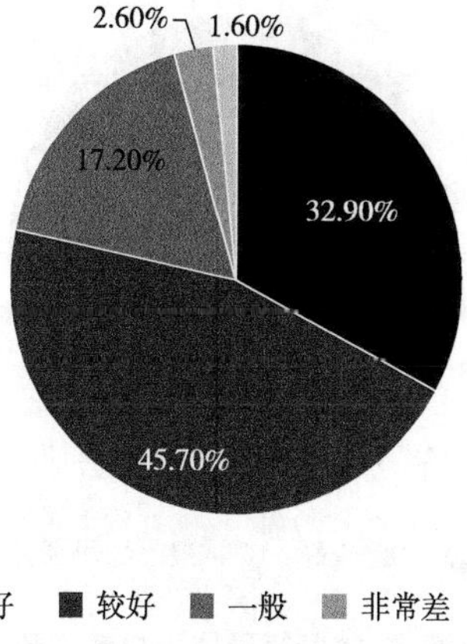

图 5. 15　学习能力自我评价

本次调查的来华留学生“团队协作能力”的自我评价结果如图 5.16 所示，其中，认为自己此方面能力较好的人最多，数量占 42.6%，其次是非常好的，占 35.6%，认为自己团队协作能力一般的占 17.5%，认为自己团队协作能力非常差及较差的人数较少，仅占 2.6%和 1.7%。

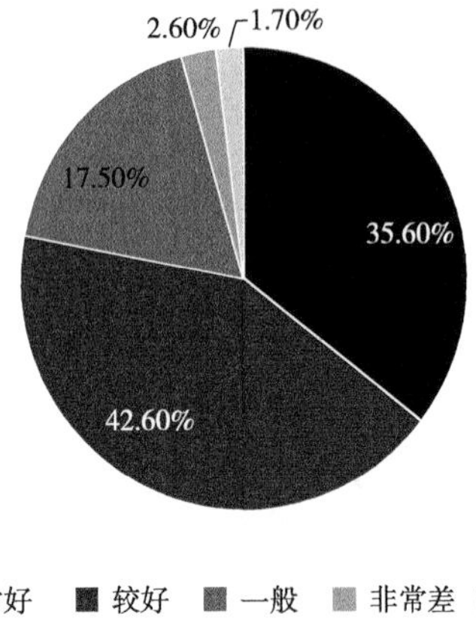

图 5.16　团队协作能力自我评价

本次调查的来华留学生“领导能力”的自我评价结果如图 5.17 所示，其中，认为自己此方面能力较好的人最多，占 44.1%，其次是非常好的，占 26.9%，认为自己领导能力一般的占 23.5%，认为自己领导能力非常差及较差的人数较少，仅占 3.9%和 1.6%。

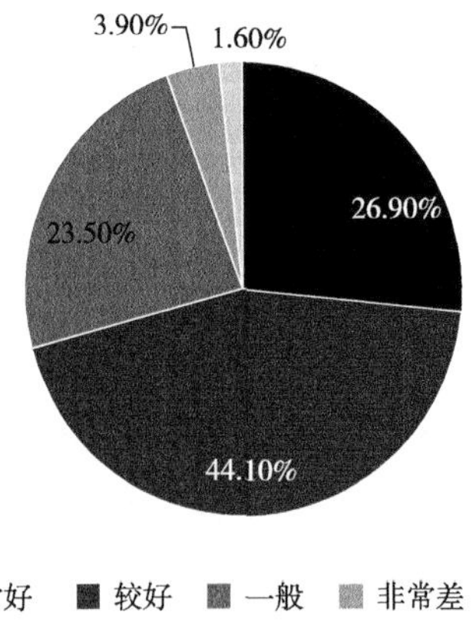

图 5.17　领导能力自我评价

本次调查的来华留学生“想象力”的自我评价结果如图 5. 18 所示，其中认为自己此方面能力较好的人最多，占 43. 8%，其次是非常好的，占 32. 4%，认为自己想象力一般的占 19. 4%，认为自己想象力非常差及较差的人数较少，仅占 2. 8%和 1. 5%。

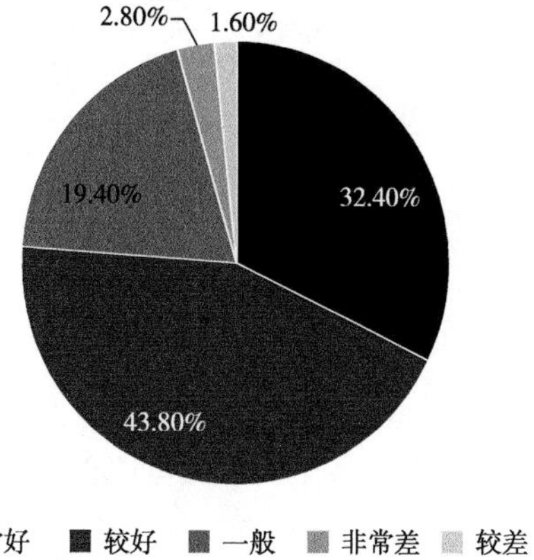

图 5. 18　想象力自我评价

本次调查的来华留学生“创造力”的自我评价结果如图 5. 19 所示，其中认为自己此方面能力较好的人最多，占 43. 5%，其次是非常好的，占 31. 2%，认为自己创造力一般的占 20. 8%，认为自己创造力非常差及较差的人数较少，仅占 3. 1%和 1. 4%。

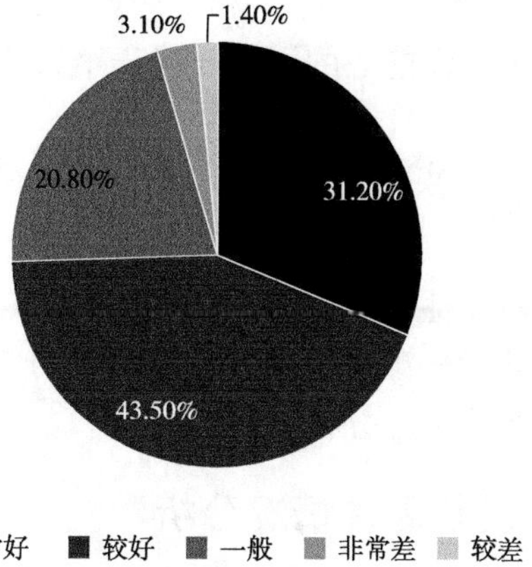

图 5. 19　创造力自我评价

本次调查的来华留学生“适应力”的自我评价结果如图 5.20 所示，其中，认为自己此方面能力非常好的人最多，数量占 42.8%，其次是较好的，占 40.7%，认为自己适应力一般的占 13%，认为自己适应力非常差及较差的人数较少，仅占 1.8%和 1.6%。

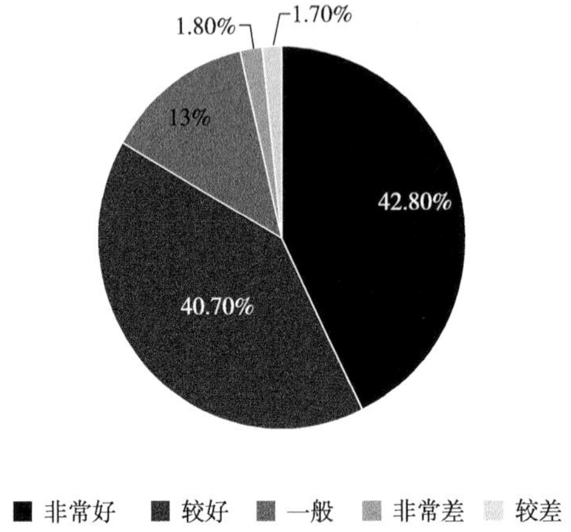

图 5.20　适应力自我评价

比较来华留学生对以上七种能力的自我评价，按“非常好”和“较好”的比例由高到低分别是：适应力（83.6%），学习能力（78.6%），团队协作能力（78.2%），想象力（76.3%），创造力（74.7%），沟通能力（72.1%），领导能力（71%）；同时将这些单方面能力评价结果比照对抽象的“个人能力”评价“非常好”和“较好”的占比（65.8%），不难发现，来华留学生对单方面能力的评价要优于个人能力的综合评价。

5.4　来华留学生留学动机分析

本节是对来华留学生留学动机的调查，其中，学习类型、所学专业、来华前最高学位、学费来源、每年需自己承担的年费用等问题与留学动机相关性较强，故在此节一并分析。

5.4.1　留学动机基本情况分析

5.4.1.1　学习类型状况

如图 5.21 所示，硕士研究生占比 39.7%，全日制本科生占比 22.5%，博士研究生占比 14. 3%，短期项目交流留学人员占比 13. 7%，普通进修生占比 5. 4%，长期项目交流留学人员占比 4. 4%。学位项目占比 76. 5%。

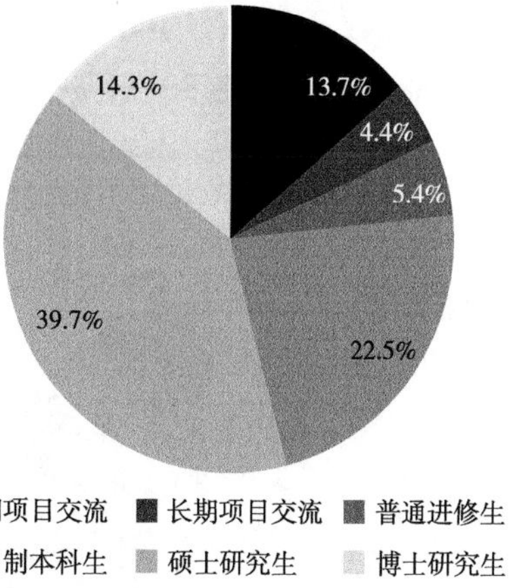

图 5. 21　2018 年来华留学生学习类型

5. 4. 1. 2　专业状况

在外籍留学生所学专业中，选择经济管理的人数最多。本次参加调查的来华留学生中，经济与管理专业的人数最多，占比 25%；其次是工程技术专业，占比 24%；再次是汉语语言专业，占比 10%；医学又次之，占比 8%；占比最少的是艺术学，仅占 1%（见图 5. 22）。

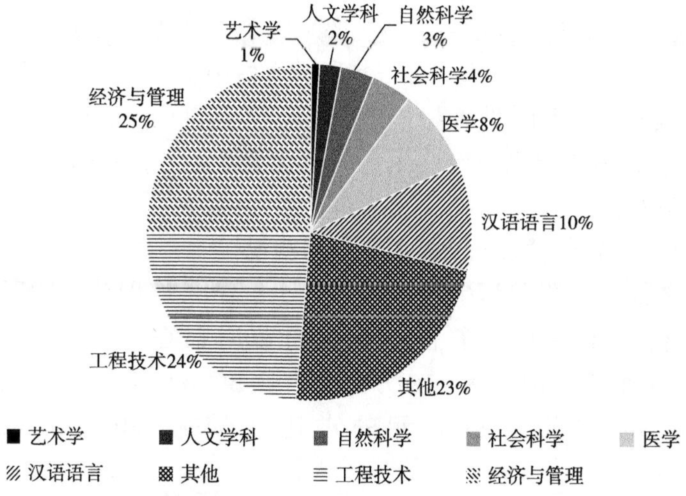

图 5. 22　2018 年在华留学生专业

5.4.1.3 来华前最高学位状况

外籍留学生中高学历层次学生较多。调研结果如图 5.23 所示，其中，来华前已具有本科学历的人数最多，有 1406 人，占比 48.15%；其次是具有本科以下学历的，有 880 人，占比 30.14%；已具有硕士学历的有 522 人，占比 17.85%。

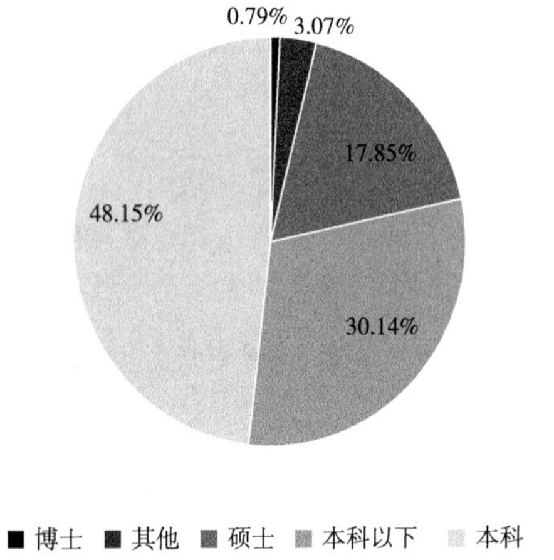

图 5.23 2018 年来华留学生来华前最高学位

5.4.1.4 学费来源状况

有半数以上的外籍留学生学费主要来源于中国政府奖学金，结果如图 5.24 所示。从结果来看，大部分来华留学生由中国政府奖学金资助，占比 53.46%；其次是自费的留学生，占比 26.68%；再次是学校的奖学金，占比 13.42%；而获得母国政府奖学金的占比为 5.41%，获得企业奖学金的占比为 1.03%。

5.4.1.5 每年需自己承担的年费用状况

总体来说，在华留学生花费相对较少。结果如图 5.25 所示，大部分留学生留学期间每年需自己承担的费用都在 5 万元以内，占比 54.62%，年承担费用 5 万~10 万元的占比 32.64%，10 万~15 万元的占比 8.32%，14 万~20 万元的占比 2.64%，20 万元以上的占比 1.78%。

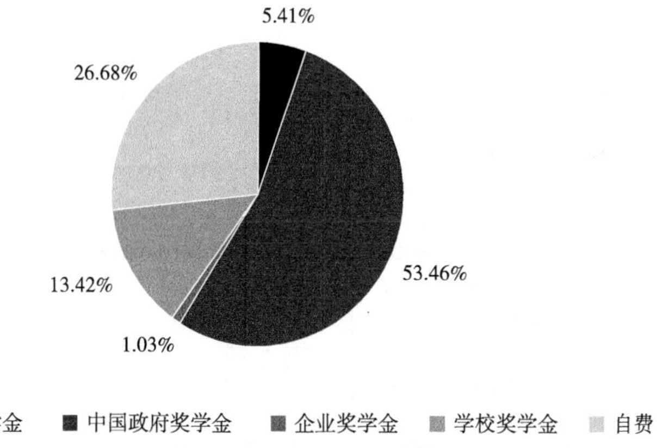

图 5.24　2018 年来华留学生留学学费来源

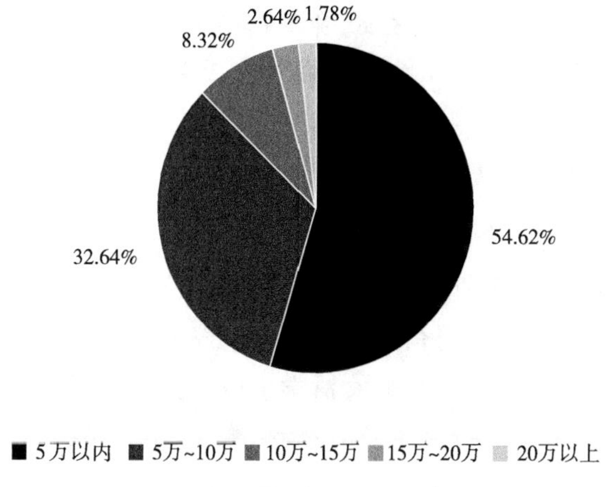

图 5.25　2018 年在华留学每年需自己承担的费用

5.4.1.6　来华留学原因状况

经调研，外籍留学生来华留学最主要的原因是喜爱中国文化，希望亲身体验，也想学习汉语。调研结果如图 5.26 所示，在留学原因中，有 29.5%的留学生将“我喜爱中国文化，想亲身接触”作为第一选项，有 20.2%的留学生将“我想学习汉语”作为第一选项，由此可见，中国文化已经成为吸引国际人才的重要名片。

此外，我们看到有 13.2%的留学生将“政府、学校提供奖学金”作为第一选项，可见，对于某些国家的留学生而言，对留学费用的资助也是吸引国外优秀人才的重要因素。

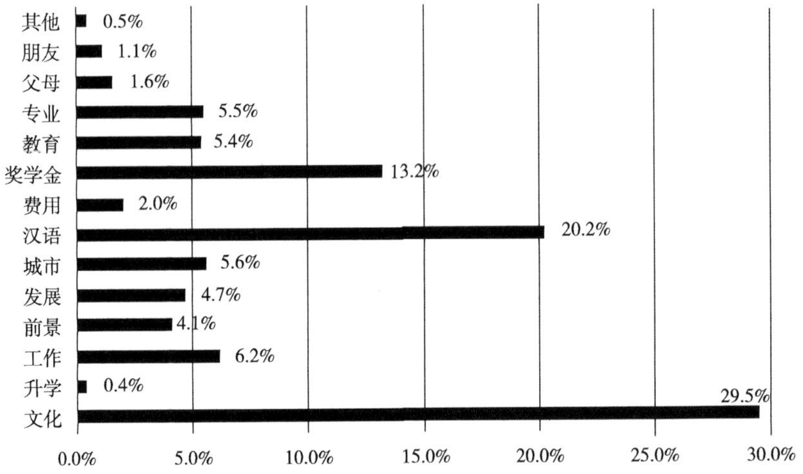

图 5.26　来华留学原因

（注：由于留学原因表述较长，图中采用缩略表述，图 5.27 至图 5.31 及图 5.48 同。）

5.4.2　留学动机分析

5.4.2.1　从性别角度分析

调研结果如图 5.27 所示，图中标示了男女选择差异最大的留学动机。数据显示，只有 13.9%的男留学生以“我想学习双语”作为最重要的留学动机，相比较而言，有 28.2%的女留学生以此为最重要的留学动机。

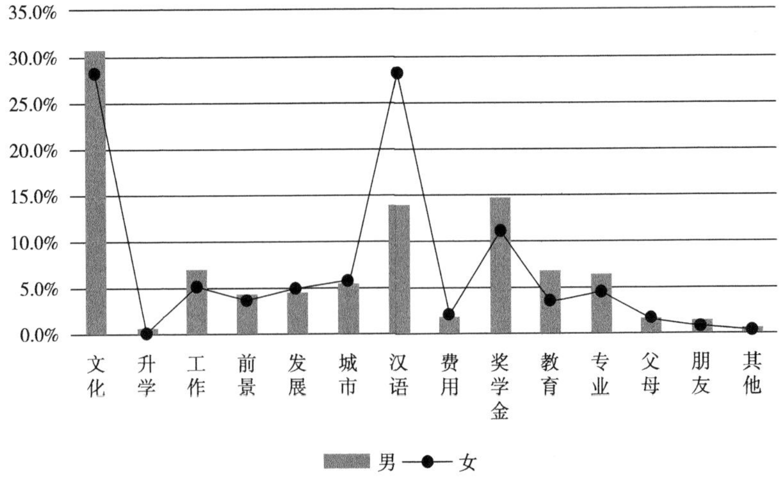

图 5.27　留学动机的性别分析

5.4.2.2　从在校成绩角度分析

从在校成绩角度分析来华留学生的留学动机，结果如图 5.28 所示，由于在校成绩“非常差”和“较差”的留学生数量较少，故不考虑。图中标示了各留学动机中在校成绩差异组选择差异化最大的单元。数据显示，在校成绩“较好”和“非常好的”留学生选择“为以后留在中国工作做准备”动机的比例明显高于在校成绩“一般”的留学生，因为希望留华工作，所以留学生倾向于更加努力地提高学习成绩；在校成绩“较好”和“一般”留学生选择“我想学习汉语”动机的比例明显高于在校成绩“非常好”的留学生，说明以语言为最重要的求学动机并不导致留学生的成绩“非常好”。另外，“政府、学校提供奖学金”的求学动机在学习“非常好”和“较好”学生中的选择比例明显偏高，说明奖学金对成绩好的学生的激励作用明显，拿奖学金的留学生通常也都会保持好的成绩，以维持其奖学金；最后，以“听从父母的意见来华留学”为最重要的求学动机的留学生成绩“非常好”的比例明显低于留学生成绩“较好”和“一般”的。

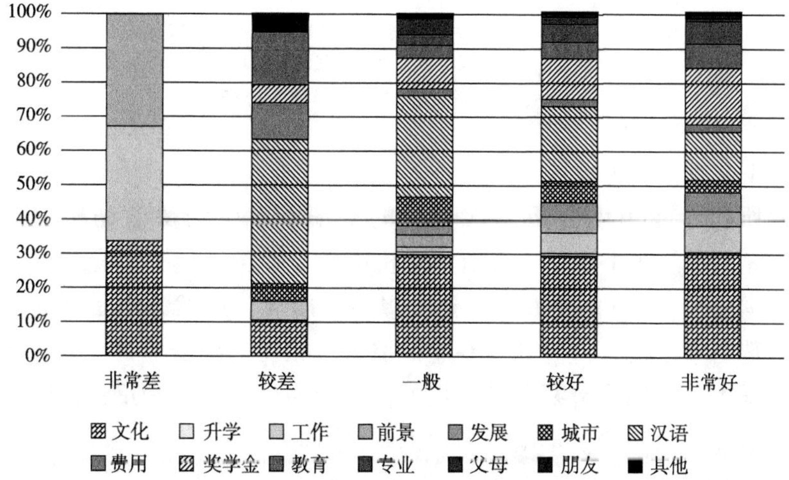

图 5.28　留学动机的在校成绩分析

5.4.2.3　从学习类型角度分析

从学习类型角度分析本次调查的来华留学生的留学动机，结果如图 5.29 所示。图中标示了某些留学动机中学习类型差异组选择差异化最大的单元。数据显示，普通进修生以“我喜欢学校所在城市”为首选留学动机的比例明显高于其他类型留学生，可见普通进修生的留学动机中，学校所在城市是重要的参考因素；短期项目交流生和长期项目交流生以“我想学习汉语”为首选留学动机的比例明显高于其他类型留学生，可能是由于汉语言在短期和长期交流项目中的比重较大所致。另外，与其他类型留学生相比，“中国生活费、学费比其他国家便宜”是全日制本科生较为重要的留学动机；而与其他类型留学生相比，能够更加明显地看到，“政府、学校提供奖学金”是硕士和博士研究生较为重要的留学动机。

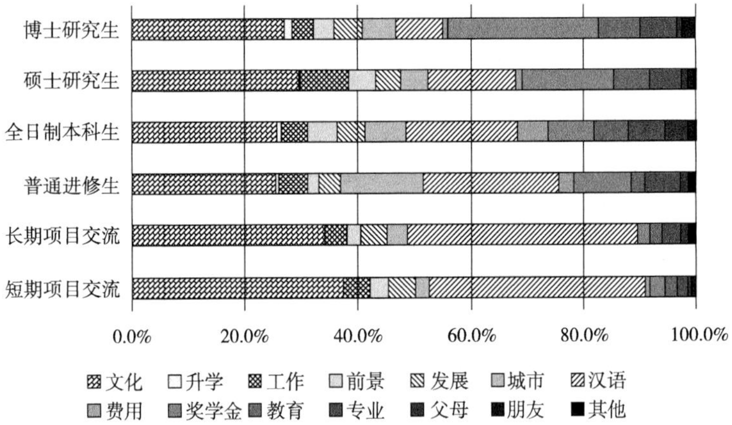

图 5.29　留学动机的学习类型分析

5.4.2.4　从所学专业角度分析

从所学专业角度分析本次调查的来华留学生的留学动机，结果如图 5.30a 所示，图中标示了各留学动机中各专业类别选择差异化最大的单元。数据显示，“我喜爱中国文化，想亲身接触”虽然几乎是所有专业类别的首选留学动机，但与其他专业的留学生相比，汉语语言、人文学科专业的留学生以此项为首要留学动机的比例要明显更高，相反，医学专业的留学生以此项为首要留学动机的比例明显更低。

“为以后留在中国工作做准备”这一动机，与其他专业的留学生相比，经济管理和社会科学专业的留学生以此项为首要留学动机的比例要明显更高，而且经济管理专业的留学生以“中国经济发展前景好”为首要留学动机的比例也明显更高。

“毕业回国后能有更好的发展”这一动机，与其他专业的留学生相比，自然科学专业的留学生以此项为首要留学动机的比例要明显更高，这从留学生教育角度证明了中国在自然科学与技术领域正在逐步追赶甚至超越该领域的传统优势国家，并形成了自己的发展特色，因此，自然科学专业的留学生以学成回国，更好的服务母国为首要留学动机的比例明显更高。

“我想学习汉语”这一动机，与其他专业的留学生相比，汉语语言专业的留学生以此项为首要留学动机的比例要明显更高；而自然科学专业的留学生以此项为首要留学动机的比例明显更低。

“中国生活费学费比他国便宜”这一动机，与其他专业的留学生相比，医学专业的留学生以此项为首要留学动机的比例要明显更高，这可能与世界上其他国家医学专业的高求学费用相关，我国医学专业的留学费用较合理，国际竞争力较强。

“政府、学校提供奖学金”这一动机，与其他专业的留学生相比，工程技术和自然科学专业的留学生以此项为首要留学动机的比例明显更高，这与国家和学校奖学金设置上的专业倾向相关，自然科学与工程技术专业是大学中为官方所肯定的关键发展学科，在奖学金发放上有所侧重。

“中国的教育水平高于我国”这一动机，与其他专业的留学生相比，工程技术和社会科学专业的留学生以此项为首要留学动机的比例明显更高，这里较可喜的是，社会科学专业以“中国的教育水平高于我国”为首要留学动机的比例明显较高，反映了近年来中国在科学技术和社会科学领域内有目共睹的研究进步；基于同样的理由，“我所学专业中国比我国领先”这一动机，与其他专业的留学生相比，工程技术和自然科学专业的留学生以此项为首要留学动机的比例要明显更高（见图 5-30b）。

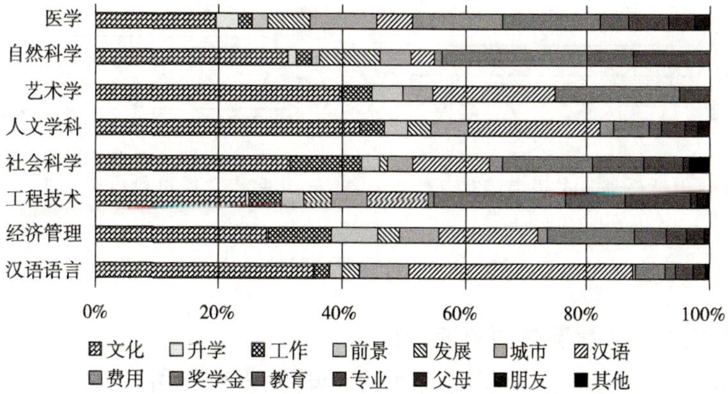

图 5.30a 留学动机的所学专业分析

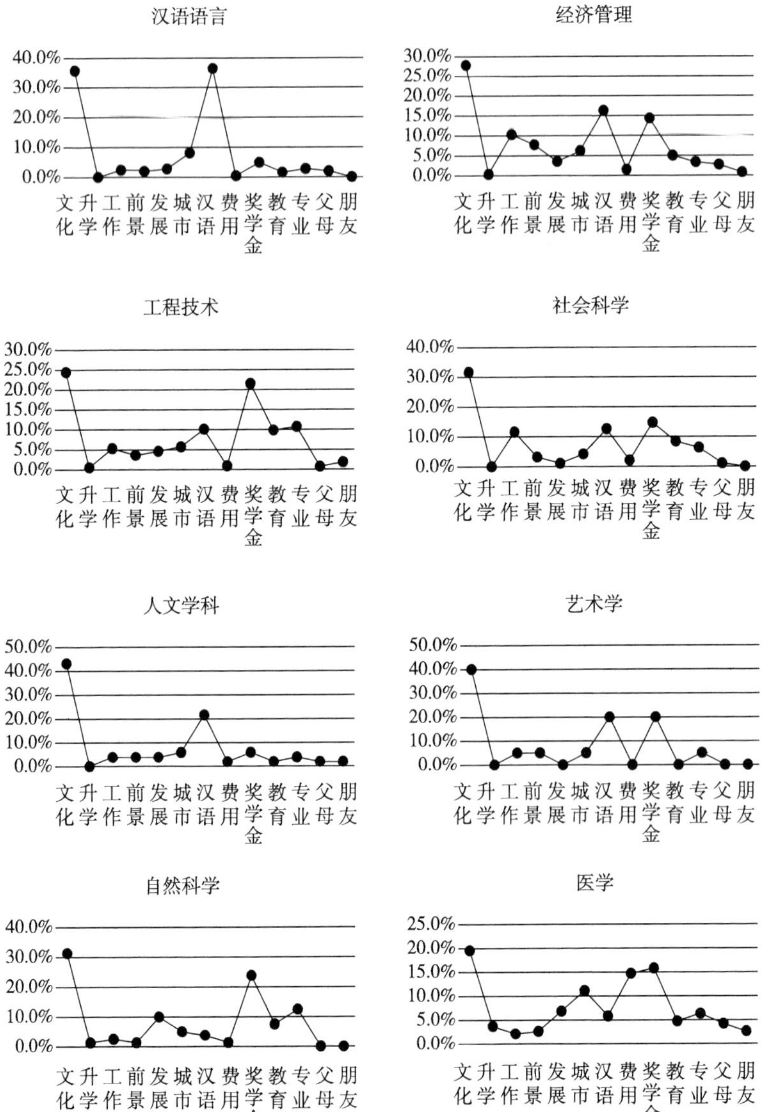

图 5.30b　分专业的留学动机

5.4.2.5　从学费来源角度分析

从学费来源角度分析本次调查的来华留学生的留学动机，结果如图 5.31 所示。图中标示了一些留学动机中不同学费来源选择差异化最大的单元。数据显示，“我喜爱中国文化，想亲身接触”这一动机，获得“母国政府奖学金”和“学校奖学金”的留学生选择此项动机的比例明显高于其他学费来源的留学生，可见，在母国和学校的奖学金资助设置上强调中国文化的吸引力；“我想学习汉语”这一动机，受母国政府奖学金资助和自费的留学生选择此项动机的比例明显高于其他学费来源的留学生，说明汉语语言是留学生的母国急需人才的技能，为掌握汉语这一与其他语言差异明显的语言技能，留学生母国在奖学金设置上有所侧重，留学生本人也愿意自费学习汉语语言技能。

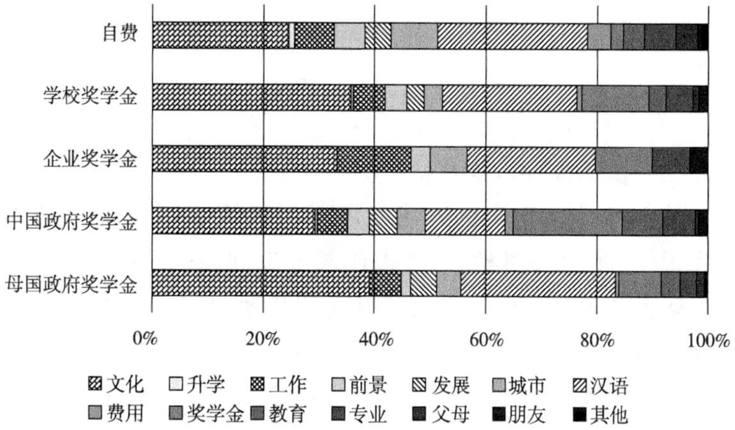

图 5.31　留学动机的学费来源分析

5.5　来华留学生居留和就业意向分析

根据问卷内在逻辑与数据分析目的，本节将在对来华留学生问卷基本分析的基础上，进一步对来华留学生的留华意愿、求职渠道以及留华期望等进行挖掘分析。

5.5.1　居留和就业意向基本分析

5.5.1.1　毕业后就业意向状况

毕业后想要直接就业的人数明显多于创业的人数。本次调查的来华留学生的毕业后就业意向结果如图 5.32 所示。毕业后打算就业的来华留学生所占比例为 83.22%，而毕业后打算创业的来华留学生所占比例为 16.78%。

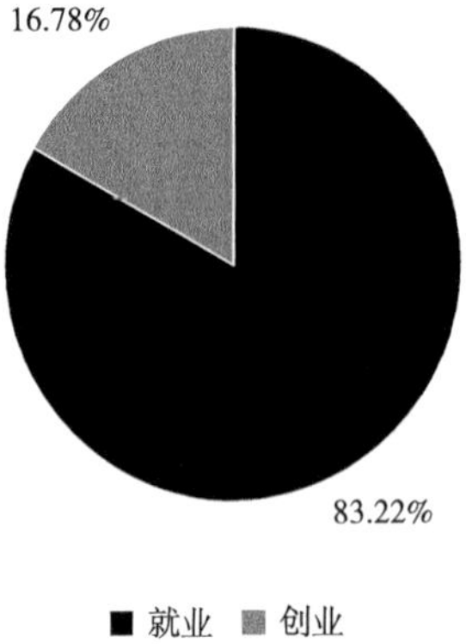

图 5.32 毕业后意向

5.5.1.2 留华发展难度评价

本次调查的来华留学生的留华发展难度评价结果如图 5.33 所示。认为毕业后留华发展“非常难”和“比较难”的来华留学生所占比例为 36.3%，而认为毕业后留华发展“比较容易”和“非常容易”的来华留学生所占比例为 24.9%（认为比较容易的占比 19.32%，认为非常容易的占比 5.58%）。可见本次调查的大多数来华留学生认为留在中国发展具有难度（认为非常难的占比 6.78%，认为比较难的占比 29.52%，认为一般的占比 38.8%）。

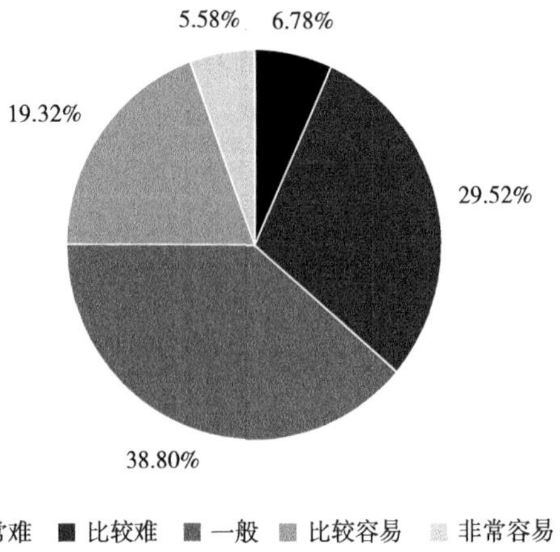

图 5.33 留华发展难度评价

5.5.1.3　毕业后留华意愿状况

本次调查的来华留学生的毕业后留华意愿结果如图 5.34 所示。毕业后打算留在中国工作的来华留学生占大多数（占比 71.27%），而毕业后不打算留在中国工作的来华留学生占比仅为 28.73%。对比留学生们对毕业后留华发展难度的评价，可知留华发展意愿和留华发展难度之间存在鸿沟，希望政府、学校和企业相关部门能够为有留华发展意愿的留学生提供方便的留华发展条件，减轻其留华发展负担，从而为接受过良好国内教育的优秀留学生人才留华工作提供保障。

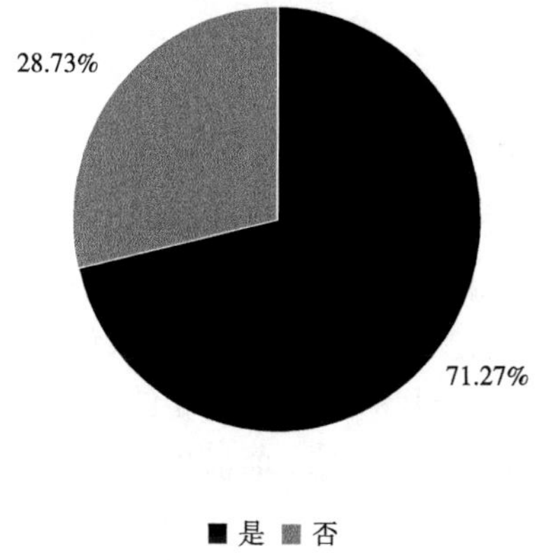

图 5.34　毕业后留华意愿

5.5.1.4　留华工作关切问题

本次调查的来华留学生的毕业后留华工作关切状况如图 5.35 所示，我们能够清楚地看到，毕业后打算留在中国工作的来华留学生最关切的问题是宏观经济平稳和个人发展机会（均占比 26.0%），可见差异化经济和文化背景的留学生如果留华发展的话，最关切的问题就是中国经济发展的稳定性和个人发展机会；而较少数留学生最关切的是社会安定和中国文化，这是对中国社会和文化融入方面的担心（分别占比 6.1%和 5.5%）；极少数留学生最关切的问题是自我实现、工作实际收入、受到尊重和认可、中国的人才政策或者配偶意愿，特别是工作实际收入这一选项，只有 1.8%的留学生认为此项内容最重要。可见，在吸引优秀来华留学人才留华发展方面，稳定持续的经济增长和公平公正的个人发展机会是很重要的。

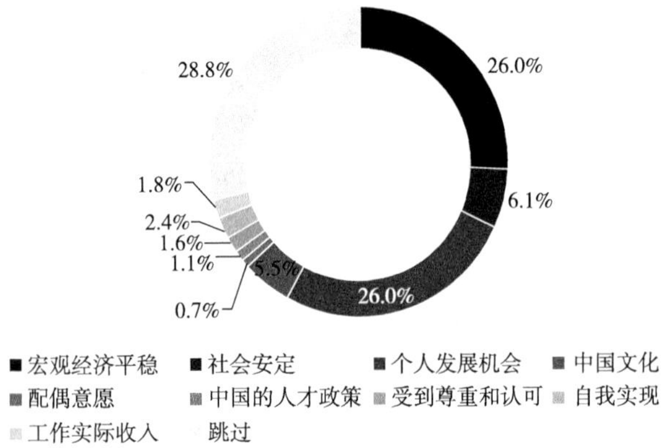

图 5.35　留华工作关切问题

5.5.1.5　留华工作信息获取渠道状况

本次调查的打算留华工作的来华留学生的留华工作信息获取渠道状况如图 5.36 所示。从中我们能够发现，对来华留学生而言，最重要的留华工作信息获取渠道是“亲友介绍”（认为此项最重要的占比 42.3%），其次是“学校或老师介绍”（认为此项最重要的占比 8.6%），以及社交网站（Facebook、微信、微博等）（认为此项最重要的占比 4.2%），由此验证了社交网络对工作信息获取的重要性。而且由于有效性的原因，选择企业网站、专业招聘网站（智联招聘、前程无忧等）、猎头公司、协会、政府网站、中国驻外相关组织等的留学生占比较少，这些渠道只能作为留华工作信息获取的补充。

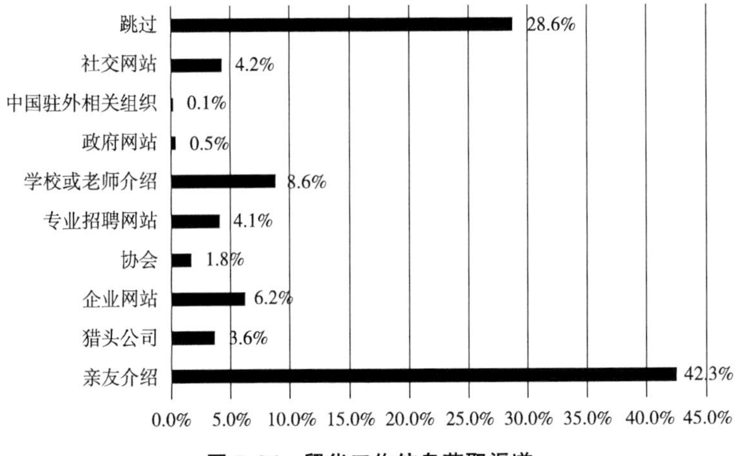

图 5.36　留华工作信息获取渠道

5.5.1.6 求职需求状况

本次调查的来华留学生的求职需求状况如图 5.37 所示。从中我们能够发现，对来华留学生而言，最急需的求职需求是学校开设求职技能培训课程、提供招聘信息、组织现场招聘会（认为该项目最重要的占比分别为22.9%、21.4%、12.8%），可见，由于留学生们的华人社交圈非常有限（大部分留学生社交圈中的中国人所占比例在30%以下），最有效的求职援助就是学校组织相关的就业培训和招聘活动，并及时发布相关信息。另外，政府部门的官网及现场招聘，本国使馆网站提供的招聘信息等也可为留华工作的留学生提供参考服务。

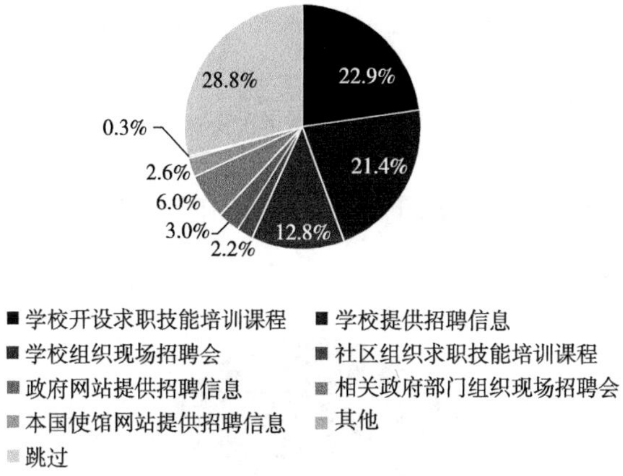

图 5.37 求职需求

5.5.1.7 期待工作地点状况

本次调查的来华留学生的期待工作地点状况如图 5.38 所示。从中我们能够发现，超过四分之三的来华留学生希望在中国一线城市工作（占比75.4%），可见中国一线城市在国际人才市场的竞争中还是有一定竞争力的。

5.5.1.8 期待工作性质状况

本次调查的来华留学生的期待工作性质状况如图 5.39 所示。从中我们能够发现，来华留学生更期待在国际组织任职（占比 26.4%），其次是外资企业，占比 17.7%；再次是中资企业，占比 14.4%，然后是非营利机构（高校、公立的研究机构、公立的新闻出版等），占比 10.1%。由此可

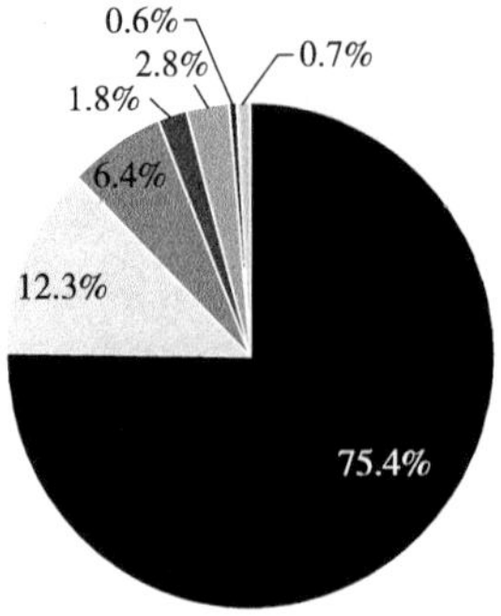

图 5.38　期待工作地点

见，来华留学生还是倾向于从事国际相关工作，这样能够更好地发挥其多元文化身份的优势。

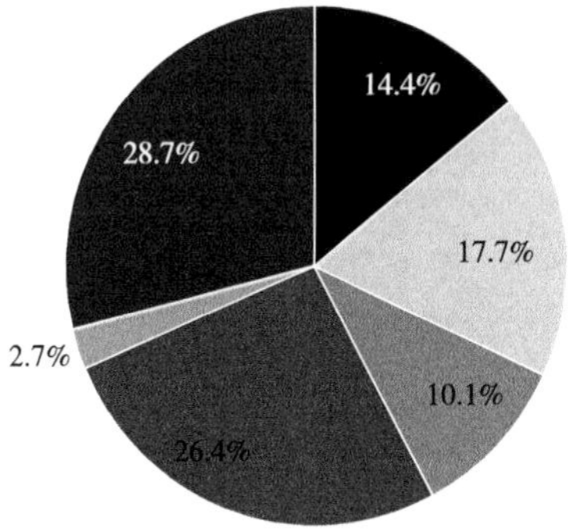

图 5.39　期待工作性质

5.5.1.9　期待工作岗位层级状况

本次调查的来华留学生的期待工作岗位层级状况如图 5.40 所示。从中我们能够发现，很多来华留学生期待能够从一般员工做起（占比 24.1%）；其次期待能够当上管理者的，期待成为中层、基层和高层管理者的留学生占比分别为 15. 3%、10. 1%和 9. 3%，值得注意的是，只有少数留学生期待成为技术人员，期待成为中级技术人员、高级技术人员、技术专家的留学生占比分别为 2. 2%、2. 3%和 3. 6%。总体来看，来华留学生期待的工作岗位层级较为理性。

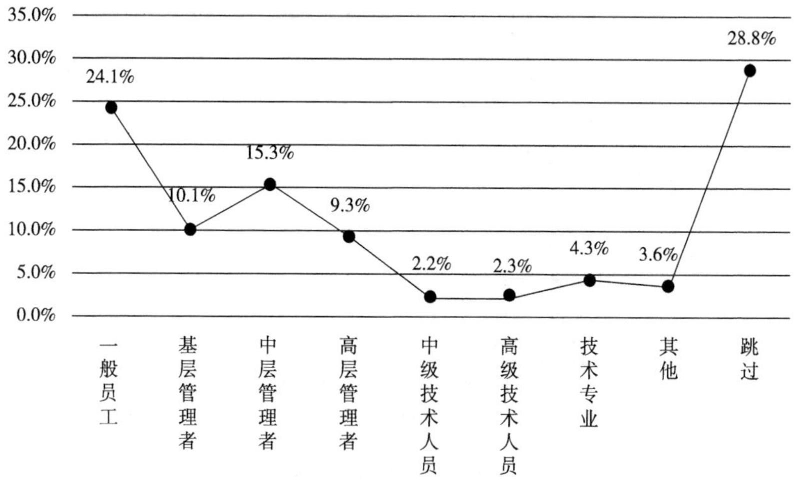

图 5. 40　期待工作岗位层级

5. 5. 1. 10　期待工作行业状况

本次调查的来华留学生的期待工作行业状况如图 5. 41 所示。从中我们能够发现，最受来华留学生青睐的是教育行业，以教育为第一选择的留学生占比 19. 1%。其次依次为互联网与信息技术业、金融保险业、物流与仓储业、建筑与交通运输业、电力、煤气及水的生产和供应等。由此可见，除了教育产业外，中国发展迅速的互联网和物流相关产业、基础设施产业也是广受留学生欢迎的行业。

5. 5. 1. 11　期待工作聘用方式状况

本次调查的来华留学生的期待工作聘用方式状况如图 5. 42 所示。从中我们能够发现，绝大多数来华留学生希望通过正式劳动合同成为正式员工，占比为 53. 3%。

5. 5. 1. 12　预期工资状况

本次调查的来华留学生的毕业后期待的工资状况如图 5. 43 所示。59. 4%的来华留学生的期待的工资在 20 万元以内（1 万到 9 万元的占比

23.4%，10 万到 19 万元的占比 36.0%)，期待工资在 20 万到 29 万元的来华留学生占比为 25.2%。结合中国一线城市的工资水平，可见大部分留学生的期待工资较高但基本合理；另有 15.4%的来华留学生期待工资能够达到 30 万元以上。

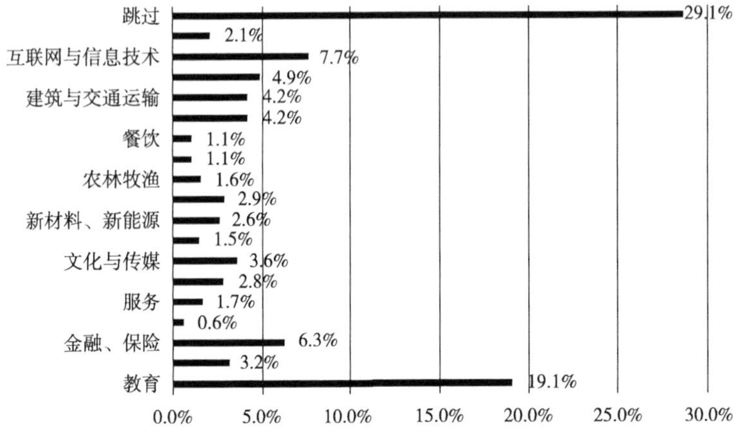

图 5.41　期待工作行业

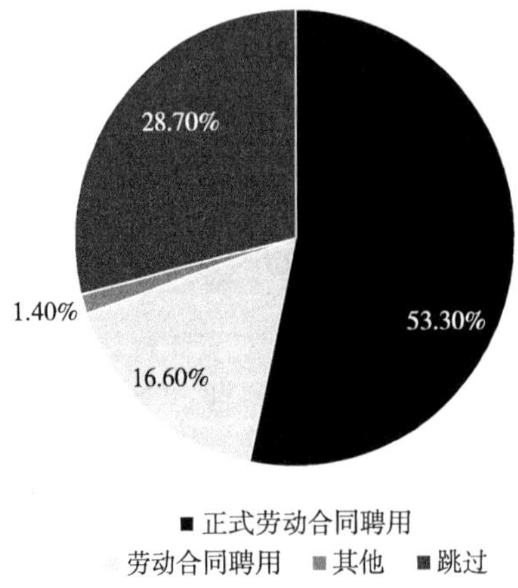

图 5.42　期待工作聘用方式

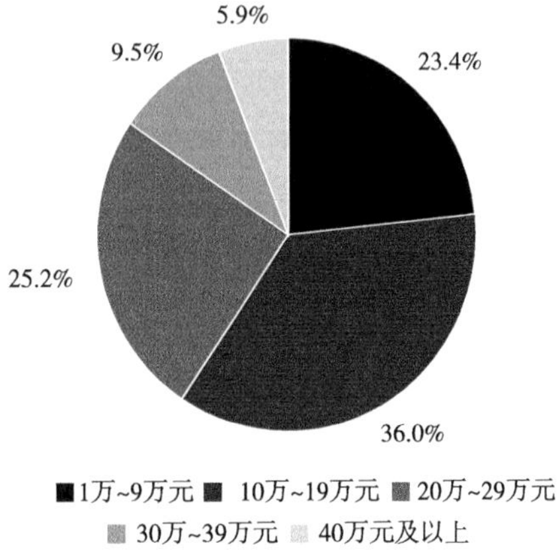

图 5.43　预期工资

5.5.1.13　工作搜寻原则状况

本次调查的来华留学生的工作搜寻原则状况如图 5.44 所示。22.9%的来华留学生的首要工作搜寻原则是薪资水平，20.5%的来华留学生的首要工作搜寻原则是职业生涯发展空间。可见，薪资与个人发展是来华留学生找工作时最看重的因素。此外，13.8%的来华留学生的首要工作搜寻原则是工作地点，分别有 9.8%和 3.7%的来华留学生的首要工作搜寻原则是企业所处行业和企业的影响力，由此可见，工作地点和企业因素与薪资和个人发展相比，在来华留学生找工作时处于次要参考地位。

5.5.1.14　离开中国去向状况

本次调查的来华留学生的离开中国去向状况如图 5.45 所示。毕业后打算回到母国发展的来华留学生占大多数（占比 57.0%），而毕业后打算到其他国家发展的来华留学生占比为 14.4%，另有 28.6%的来华留学生对此问题还没有想法。根据此结果，建议留学生母国的中资海外机构可通过一定的方式吸引毕业回国的优秀来华留学生，用好这一重要的智力资源。

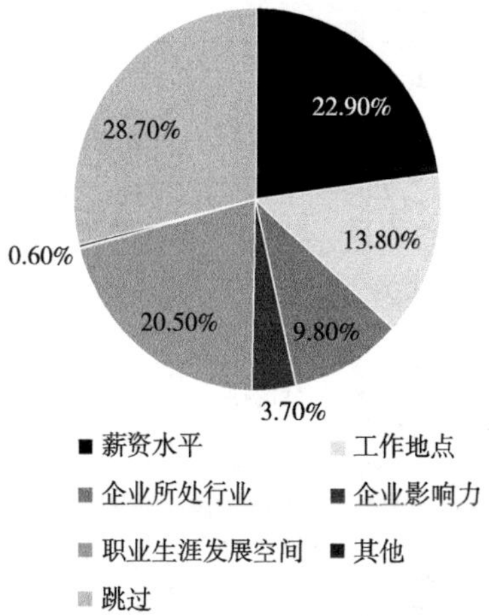

图 5.44　工作搜寻原则

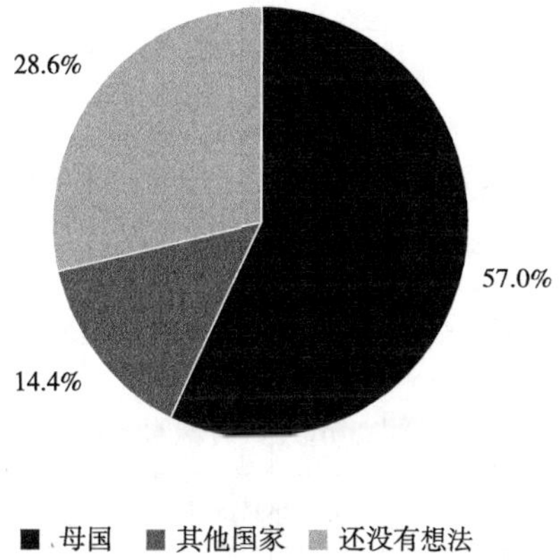

图 5.45　离开中国去向

5.5.2　留华意愿分析

5.5.2.1　从国籍角度分析

从本次调查的来华留学生的国籍角度分析留华意愿，结果如表 5.3 所示。从中可以看出，本次调查中，共有 73 个国家和地区的留学生有超过 80%以上的来华人员希望毕业后留在中国发展，其中巴基斯坦接受调查的 387 人中有 313 人希望毕业后留在中国发展，这与中巴友好关系密切相关，类似情况还有孟加拉（78/79）、波兰（19/19）、俄罗斯（85/98）、吉尔吉斯斯坦（20/23）、尼日利亚（24/30）、乌克兰（14/17）等。值得注意的是，发达国家（如美国）接受调查的39人中有33人希望毕业后留在中国发展，类似的国家还有法国（21/25），加拿大（18/19）、意大利（44/50）、英国（13/15）等，可见，中国深化改革开放以来，国际竞争力和吸引力不断提升，不仅传统友好国家的优秀人才希望来华发展，中国的发展潜力和开放气度也吸引了发达国家的有识之士来中国实现个人梦想。

表 5.3　来华留学生的留华意愿表（按国籍）

国籍	不留华	留华	国籍	不留华	留华	国籍	不留华	留华
—	4	4	安哥拉	0	4	巴林	4	3
	50.0	50.0		0.0	100.0		57.1	42.9
阿尔及利亚	6	9	安提瓜和巴布达	1	1	巴拿马	0	4
	40.0	60.0		50.0	50.0		0.0	100.0
阿富汗	4	10	奥地利	0	2	巴西	4	5
	28.6	71.4		0.0	100.0		44.4	55.6
阿根廷	0	6	澳大利亚	4	5	白俄罗斯	0	5
	0.0	100.0		44.4	55.6		0.0	100.0
阿联酋	0	1	巴巴多斯	0	2	保加利亚	0	3
	0.0	100.0		0.0	100.0		0.0	100.0
阿塞拜疆	1	4	巴布亚新几内亚	0	3	贝宁	4	6
	20.0	80.0		0.0	100.0		40.0	60.0
埃及	7	16	巴哈马	1	2	比利时	0	4
	30.4	69.6		33.3	66.7		0.0	100.0
埃塞俄比亚	13	23	巴基斯坦	74	313	波兰	0	19
	36.1	63.9		19.1	80.9		0.0	100.0
爱沙尼亚	0	1	巴勒斯坦	2	2	玻利维亚	0	2
	0.0	100.0		50.0	50.0		0.0	100.0

续表

国籍	不留华	留华	国籍	不留华	留华	国籍	不留华	留华
伯利兹	0	1	菲律宾	0	11	荷兰	1	7
	0.0	100.0		0.0	100.0		12.5	87.5
博茨瓦纳	2	3	斐济	1	1	吉布提	11	8
	40.0	60.0		50.0	50.0		57.9	42.1
布隆迪	0	6	佛得角	2	1	吉尔吉斯斯坦	3	20
	0.0	100.0		66.7	33.3		13.0	87.0
赤道几内亚	2	3	刚果（布）	3	0	几内亚	7	5
	40.0	60.0		100.0	0.0		58.3	41.7
德国	6	13	刚果（金）	1	2	几内亚比绍	4	2
	31.6	68.4		33.3	66.7		66.7	33.3
东帝汶	0	2	哥伦比亚	0	3	加拿大	1	18
	0.0	100.0		0.0	100.0		5.3	94.7
多哥	3	4	哥斯达黎加	0	5	加纳	12	32
	42.9	57.1		0.0	100.0		27.3	72.7
多米尼加共和国	0	3	格林纳达	1	0	加蓬	1	3
	0.0	100.0		100.0	0.0		25.0	75.0
俄罗斯	13	85	圭亚那	3	0	柬埔寨	2	11
	13.3	86.7		100.0	0.0		15.4	84.6
厄瓜多尔	2	8	哈萨克斯坦	24	74	捷克	1	1
	20.0	80.0		24.5	75.5		50.0	50.0
厄立特里亚	1	1	海地	0	2	津巴布韦	3	12
	50.0	50.0		0.0	100.0		20.0	80.0
法国	4	21	韩国	14	78	喀麦隆	3	14
	16.0	84.0		15.2	84.8		17.6	82.4

续表

国籍	不留华	留华	国籍	不留华	留华	国籍	不留华	留华
科摩罗	0	1	罗马尼亚	3	6	缅甸	6	8
	0.0	100.0		33.3	66.7		42.9	57.1
科特迪瓦	3	4	马达加斯加	4	17	摩洛哥	0	13
	42.9	57.1		19.0	81.0		0.0	100.0
科威特	1	0	马尔代夫	3	2	莫桑比克	1	4
	100.0	0.0		60.0	40.0		20.0	80.0
肯尼亚	14	18	马拉维	3	1	墨西哥	3	14
	43.8	56.3		75.0	25.0		17.6	82.4
拉脱维亚	1	0	马来西亚	7	39	纳米比亚	1	2
	100.0	0.0		15.2	84.8		33.3	66.7
莱索托	1	1	马里	1	2	南非	1	5
	50.0	50.0		33.3	66.7		16.7	83.3
老挝	9	7	毛里求斯	0	7	南苏丹	0	8
	56.3	43.8		0.0	100.0		0.0	100.0
立陶宛	1	4	毛里塔尼亚	2	1	尼泊尔	15	38
	20.0	80.0		66.7	33.3		28.3	71.7
利比里亚	3	5	美国	6	33	尼日尔	3	7
	37.5	62.5		15.4	84.6		30.0	70.0
利比亚	0	1	蒙古国	15	43	尼日利亚	6	24
	0.0	100.0		25.9	74.1		20.0	80.0
卢森堡	0	2	孟加拉国	16	78	葡萄牙	2	3
	0.0	100.0		17.0	83.0		40.0	60.0
卢旺达	12	22	秘鲁	2	4	日本	15	19
	35.3	64.7		33.3	66.7		44.1	55.9

续表

国籍	不留华	留华	国籍	不留华	留华	国籍	不留华	留华
瑞典	0	1	索马里	3	6	乌干达	9	12
	0.0	100.0		33.3	66.7		42.9	57.1
瑞士	1	0	塔吉克斯坦	0	9	乌克兰	3	14
	100.0	0.0		0.0	100.0		17.6	82.4
萨摩亚	1	1	泰国	188	164	乌兹别克斯坦	11	33
	50.0	50.0		53.4	46.6		25.0	75.0
塞尔维亚	0	2	坦桑尼亚	13	27	希腊	1	0
	0.0	100.0		32.5	67.5		100.0	0.0
塞拉利昂	2	3	汤加	2	0	西班牙	1	21
	40.0	60.0		100.0	0.0		4.5	95.5
塞内加尔	1	6	突尼斯	0	4	新加坡	2	5
	14.3	85.7		0.0	100.0		28.6	71.4
塞舌尔	0	1	土耳其	4	13	新西兰	0	3
	0.0	100.0		23.5	76.5		0.0	100.0
沙特阿拉伯	1	3	土库曼斯坦	2	9	匈牙利	2	3
	25.0	75.0		18.2	81.8		40.0	60.0
斯里兰卡	4	12	瓦努阿图	0	1	叙利亚	1	5
	25.0	75.0		0.0	100.0		16.7	83.3
斯洛伐克	0	1	危地马拉	0	1	也门	4	24
	0.0	100.0		0.0	100.0		14.3	85.7
苏丹	8	21	委内瑞拉	0	5	伊拉克	1	3
	27.6	72.4		0.0	100.0		25.0	75.0
苏里南	0	3	文莱	0	1	伊朗	4	20
	0.0	100.0		0.0	100.0		16.7	83.3

续表

国籍	不留华	留华	国籍	不留华	留华	国籍	不留华	留华
以色列	0	1	英国	2	13	智利	1	2
	0.0	100.0		13.3	86.7		33.3	66.7
意大利	6	44	约旦	2	5	其他地区	6	22
	12.0	88.0		28.6	71.4		21.4	78.6
印度	35	48	越南	46	47			
	42.2	57.8		49.5	50.5			
印度尼西亚	49	98	赞比亚	3	2	总计	839	2081
	33.3	66.7		60.0	40.0		28.7	71.3

5.5.2.2 从学习类型角度分析

从本次调查的来华留学生的学习类型角度分析其留华意愿，结果如图5.46所示。从中可以看出，本次调查中，硕士研究生的留华意愿较高，有76.5%的硕士研究生希望毕业后留在中国发展，其次，有70.7%的普通进修生希望毕业后留在中国发展，69.6%的博士研究生希望毕业后留在中国发展。相比较而言，专门项目研修班（长期项目交流）的来华留学生只有58.0%希望毕业后留在中国发展。

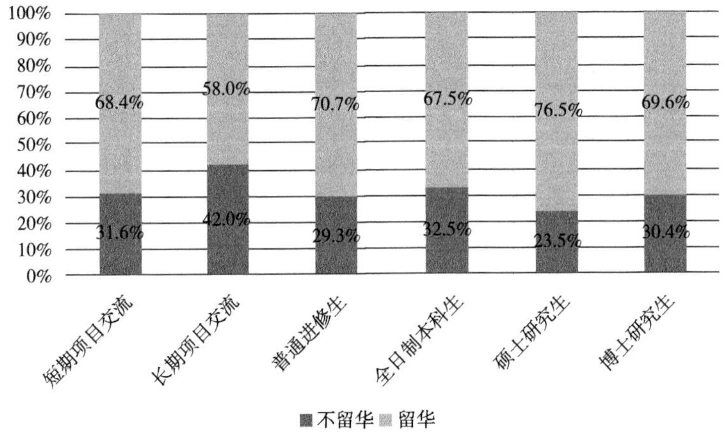

图5.46 按学习类型的留华意愿

5.5.2.3　从学习专业角度分析

从本次调查的来华留学生的学习专业角度分析其留华意愿，结果如图 5.47 所示。从中可以看出，本次调查中，社会科学专业的来华留学生留华意愿较高，占 80%，其次，79.5%的经济与管理专业，78.6%的工程技术专业，78.4%的人文学科专业的来华留学生希望毕业后留在中国发展，留华意愿最低的是医学专业的留学生。

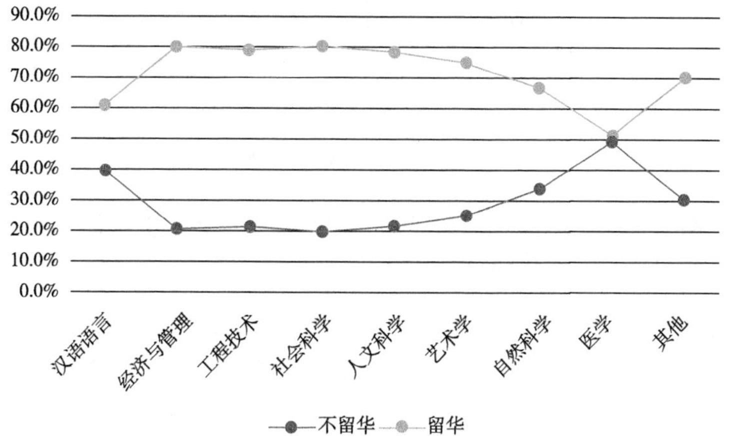

图 5.47　按学习专业的留华意愿

5.5.2.4　从首要留学原因角度分析

从本次调查的来华留学生的首要留学原因分析其留华意愿，结果如图 5.48 所示。从中可以看出，本次调查中，除有 97.8%的首要留学原因是“为以后留在中国工作做准备”的来华留学生希望留华发展外，首要留学原因是“中国经济发展前景好”的来华留学生有 85.8%希望留华发展，首要留学原因是“中国的教育水平高于我国”的来华留学生有 78.6%希望留华发展。值得注意的是，首要留学原因是“考中国的大学比国内的容易”的来华留学生只有 30.8%希望留华发展，首要留学原因是“中国生活费、学费比其他国家便宜”的来华留学生只有 45.6%希望留华发展等。

5.5.2.5　从汉语水平角度分析

从本次调查的来华留学生的汉语水平分析其留华意愿，结果如图 5.49 所示。从中可以看出，本次调查中，汉语水平越高，留华发展意愿也越高，汉语水平达到能够较流利交流以上的来华留学生，留华发展意愿都能

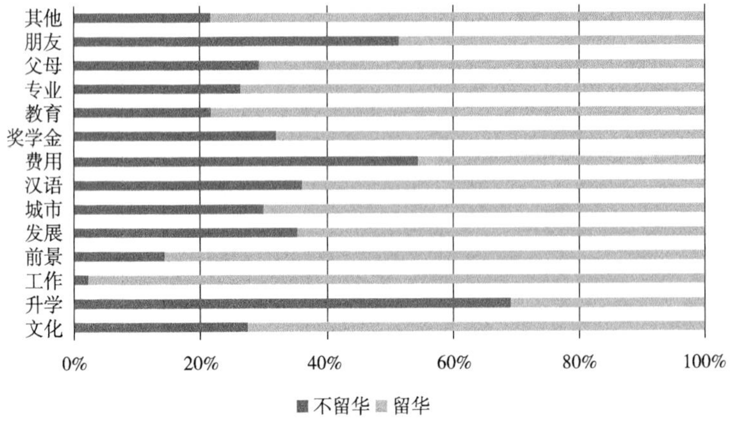

图 5.48 按留学原因的留华意愿

够达到 80%以上，这个特点告诉我们，加强来华留学生汉语水平培训，对吸引来华留学人才有较为重要的作用。

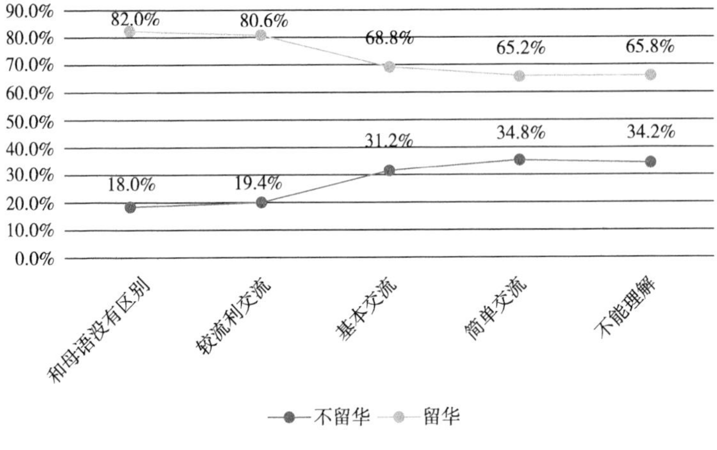

图 5.49 按汉语水平的留华意愿

5.5.2.6 从总体满意程度角度分析

从本次调查的来华留学生的总体满意程度分析其留华意愿，结果如图 5.50 所示。从中可以看出，本次调查中，对在华留学生活期间的总体满意程度评价“两级化”的来华留学生的留华发展意愿比较高，如认为在华留学生活“非常满意”的来华留学生有 80.1%希望留华发展，认为在华留学生活“非常不满意”的来华留学生也有 77.5%希望留华发展，而认为在华留学生活“一般”的来华留学生只有 59. 4%希望留华发展。

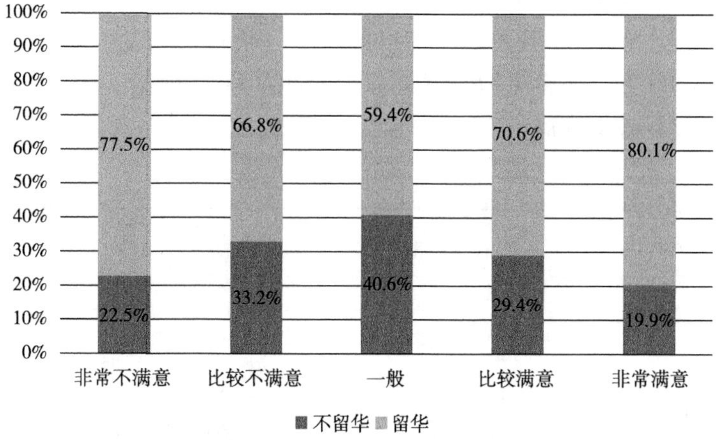

图 5. 50　按总体满意度的留华意愿

5. 5. 2. 7　从平均在校成绩角度分析

从本次调查的来华留学生的总体满意程度分析其留华意愿，结果如图 5. 51 所示。从中可以看出，本次调查中，平均在校成绩“非常好”的来华留学生有 77. 8%希望留华发展，平均在校成绩“较好”的来华留学生有 70. 8%希望留华发展，平均在校成绩“一般”的来华留学生有 55. 7%希望留华发展。可见，平均在校成绩越好的来华留学生越希望留华发展。平均在校成绩“非常差”和“较差”的由于样本量较小，参考作用不大。

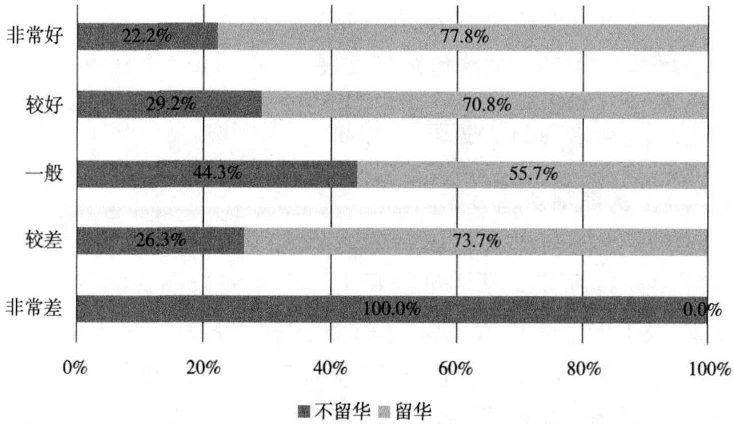

图 5. 51　按平均在校成绩的留华意愿

5.5.2.8 从毕业后创业意向角度分析

从本次调查的来华留学生的毕业后创业意向分析其留华意愿，结果如图5.52所示，从中可以看出，本次调查中，毕业后希望“就业”的来华留学生中，有72.4%希望留华发展，毕业后希望“创业”的来华留学生中有65.7%希望留华发展。

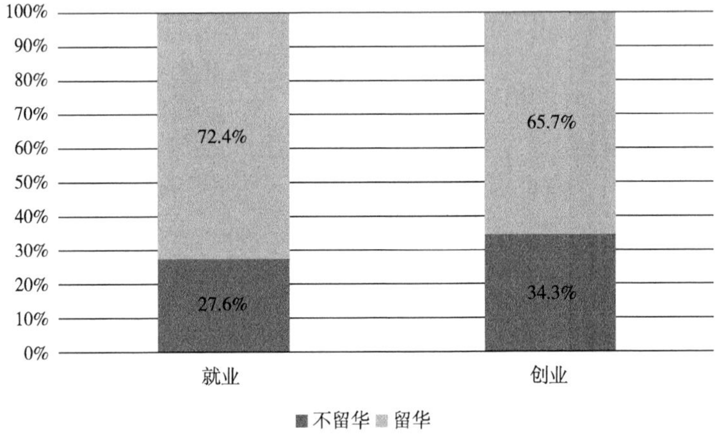

图5.52 按毕业后创业意向的留华意愿

5.5.2.9 从留华发展难度评价角度分析

从本次调查的来华留学生留华发展难度分析其留华意愿，结果如图5.53所示，从中可以看出，本次调查中，认为留在中国发展“非常容易”的来华留学生有83.4%希望留华发展，认为留在中国发展“比较容易”的来华留学生有77.8%希望留华发展。

5.5.3 留华就业行业意向分析

5.5.3.1 从性别角度分析

从性别角度分析本次调查的希望留华发展的来华留学生最期待的行业，结果如图5.54所示。从中可以看出，男性较为偏好的行业是新材料、新能源行业（80.0%）、电力、煤气及水的生产和供应（77.4%）、互联网与信息技术业（77.3%）、矿产采掘业（75.8%）、建筑与交通运输业（74.8%）；女性较为偏好的行业是餐饮业（75.8%）、社会工作（69.8%）、文化与传媒行业（67.0%）、服务业（64.0%）。从上述分析可

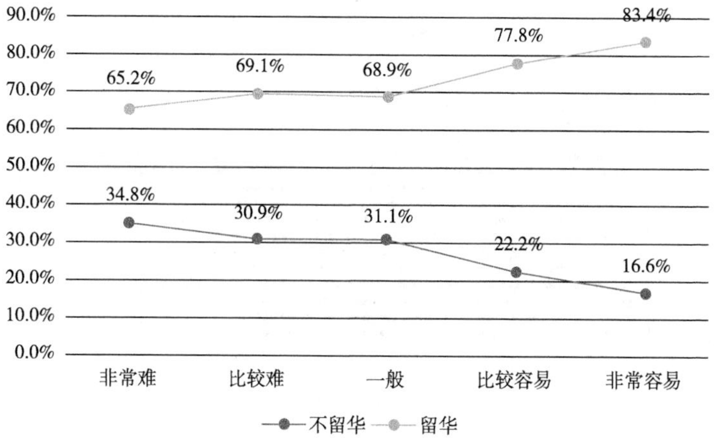

图 5.53　按留华发展难度评价的留华意愿

知，男性来华留学生最希望从事的行业是新材料、新能源、IT 以及基础设施行业，女性来华留学生则较为青睐餐饮、服务和传媒产业。

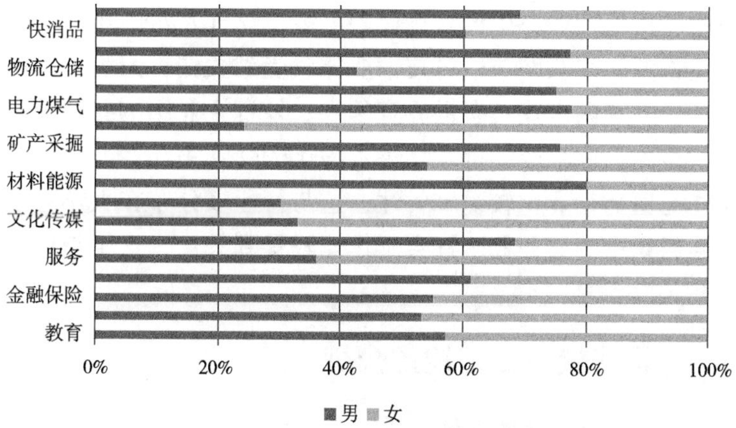

图 5.54　最期待行业的性别分析

（注：由于行业名称过长，图中采用缩略表述，图 5.55 及图 5.56 同。）

5.5.3.2　从预期工资角度分析

从预期工资角度分析，本次调查的希望留华发展的来华留学生最期待行业结果如图 5.55 所示，从中可以看出，预期工资明显较高的行业是房地产业、生物与医药行业、新材料、新能源行业，而预期工资较低的行业有服务业、农林牧渔业、社会工作。如果不考虑择业的先验收入倾向的话，最期待行业和预期工资的关系与现实还是非常接近的。

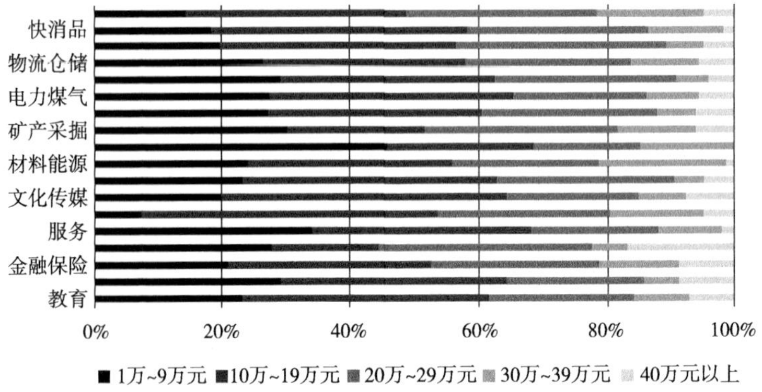

图 5.55 最期待行业的预期工资分析

5.5.2.3 从期待工作性质角度分析

从期待工作性质角度分析，本次调查的希望留华发展的来华留学生最期待的行业结果如图 5.56 所示。从中可以看出，最期待行业的性质，如中资企业中，房地产业、矿产采掘业、电力、煤气及水的生产和供应、建筑与交通运输业、互联网与信息技术业比较受到关注，因为中国的基础设施及房地产、互联网产业具有世界竞争性；外资企业中的餐饮业、快速消费品行业、金融、保险业、批发零售贸易比较受到关注；非营利机构中的教育、生物与医药行业比较受到关注，这与行业多分布在大学等研究机构相关；国际组织中的服务业、社会工作比较受到关注，这也与国际组织的行业性质相关。

5.5.4 留华就业工资期望分析

5.5.4.1 从学习类型角度分析

从学习类型角度分析，本次调查的希望留华发展的来华留学生就业期望工资结果如图 5.57 所示，图中标示了每个学习类型（纵行）中最高百分比人群的期望工资。从中可以看出，只有博士研究生的最大比例年薪期望是在 20 万~29 万元，占 33.7%，其次有 29.6%的博士研究生的期望年薪是 10 万~19 万元。其他学习类型的最大比例的年薪期望都是在 10 万~19 万元。可见，从学习类型的角度，只有博士研究生的期望年薪显著高于

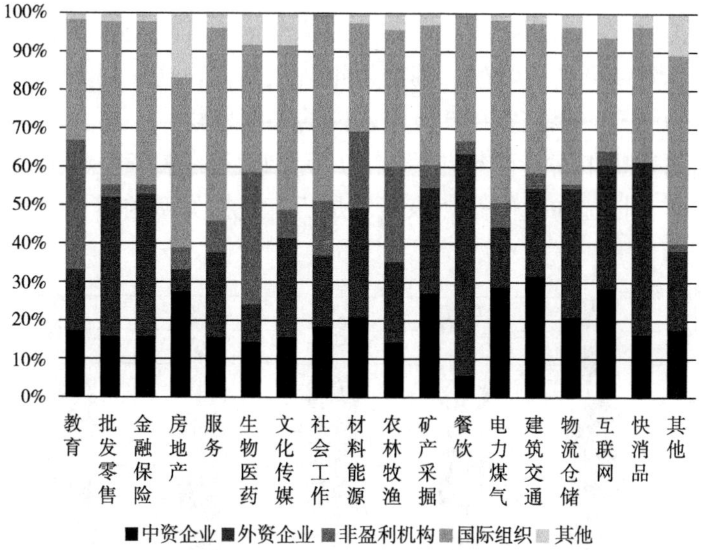

图 5.56　最期待行业的工作性质分析

其他学习类型的来华留学生。

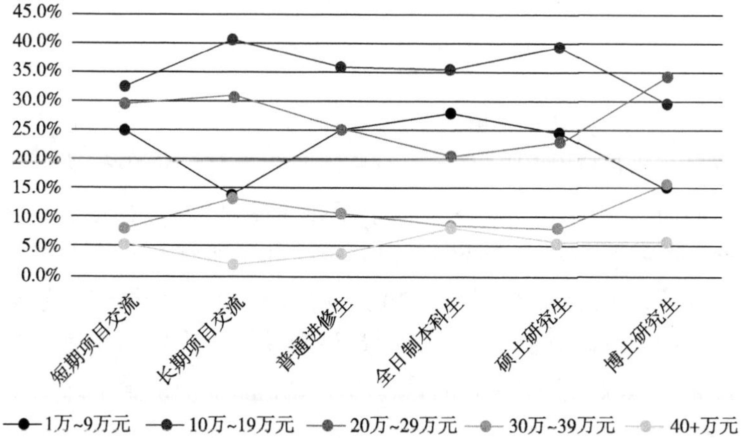

图 5.57　期望工资的学习类型分析

5.5.4.2　从留学负担角度分析

从留学负担（以“需自己承担的年费用”度量）角度分析本次调查的希望留华发展的来华留学生就业期望工资，结果如图 5.58 所示。图中标示了每个留学负担档次（纵行）中两个最高百分比人群的期望工资。从中可以看出，需自己承担的花费越多的留学生，其期望年薪也越高，需自己承担的花费越低的留学生，其期望年薪也越低，这种现象在两个极端消费档位尤为明显。年花费在5万元以内的来华留学生，更多人选择最低档和次低档的期望年薪；而年花费在20万元以上的来华留学生，更多人选择了最高两个档位和次低档（该档位是所有负担类型的留学生都倾向选择的）的期望年薪。

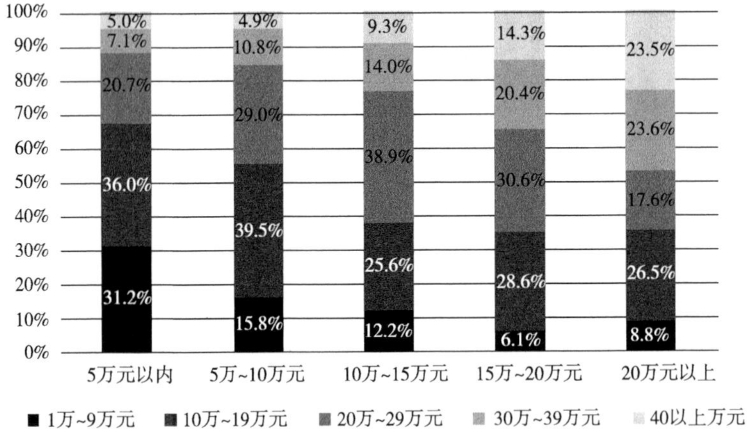

图 5.58　期望工资的留学负担分析

5.5.4.3　从学习专业角度分析

从学习专业角度分析本次调查的希望留华发展的来华留学生就业期望工资，结果如图5.59所示。图中标示了每个专业类别（纵行）中两个最高百分比人群的期望工资。从中可以看出，几乎所有专业的大部分留学生的期望工资都在10万~19万元和20万~29万元这两个档位，艺术学专业的期望工资档位有高有低，这一方面是该专业性质决定的，另一方面也有样本量较少的原因。值得注意的是，医学专业的来华留学生的期望工资集中在两个较低档位。

5.5.4.4　从在校成绩角度分析

从在校成绩角度分析本次调查的希望留华发展的来华留学生就业期望工资，结果如图5.60所示，图中标示了每个在校平均成绩组别（纵行）中两个最高百分比人群的期望工资。从人数较多的在校平均成绩为“较好”和“非常好”的组内数据可以看出，在校平均成绩为“非常好”的

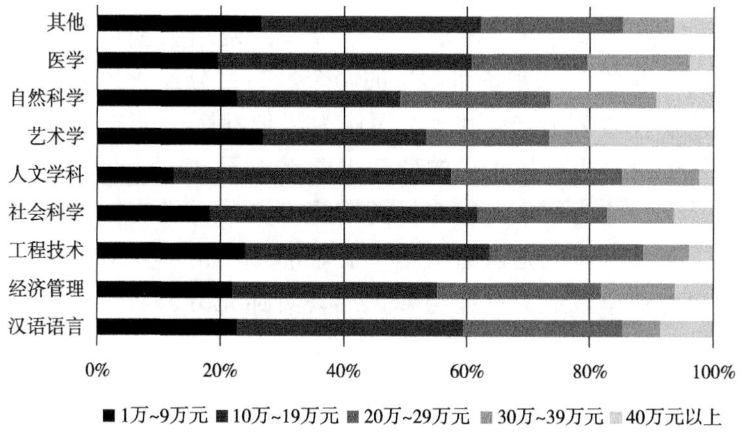

图 5.59　期望工资的学习专业分析

好成绩组的两个最高百分比人群的期望工资是 10 万~19 万元和 20 万~29 万元，而在校平均成绩为“较好”的较好成绩组的两个最高百分比人群的期望工资是 1 万~9 万元和 10 万~19 万元，成绩越好，期望工资越高。

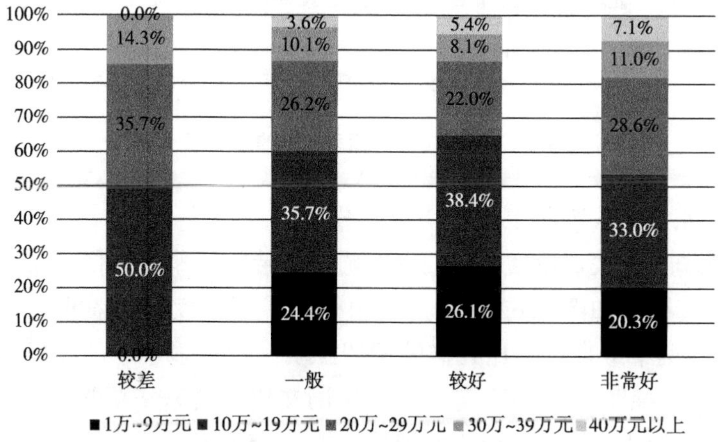

图 5.60　期望工资的在校成绩分析

5.5.4.5　从留华发展难度角度分析

从留华发展难度角度分析，本次调查的希望留华发展的来华留学生就业期望工资结果如图 5.61 所示。图中标示了每个留华发展难度评价组别

(纵行) 中两个最高百分比人群的期望工资。对比留华发展难度评价为“非常容易”和“非常难”的组内人数较多的两组数据可以看出，认为留华发展“非常难”的来华留学生的两个最高百分比人群的期望工资是10万~19万元和20万~29万元，而认为留华发展“非常容易”的来华留学生的两个最高百分比人群的期望工资是1万~9万元和10万~19万元。数据显示，认为留华发展容易的期望工资反而没有认为留华发展难的期望工资高，这可能是认为留华发展难的来华留学生对在华就业比较谨慎，进而对在华就业的技能与知识准备更加充分，从而有更高的期望工资。

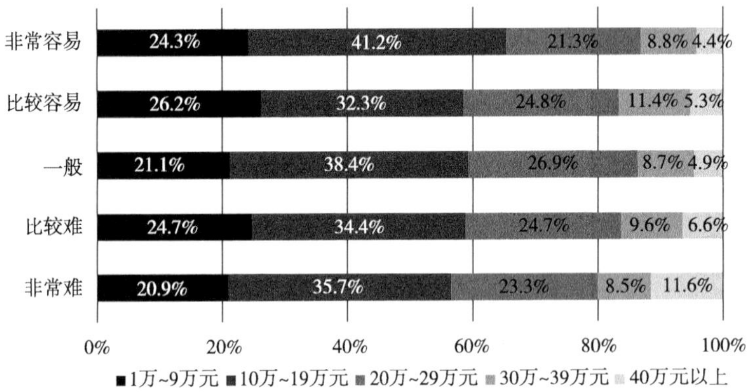

图 5.61 期望工资的留华发展难度评价分析

5.5.4.6 从留华工作关切角度分析

从留华工作关切角度分析，本次调查的希望留华发展的来华留学生就业期望工资结果如图 5.62 所示。图中标示了留华发展最看重的因素组别(纵行) 中两个最高百分比人群的期望工资。数据显示，留华发展最看重“宏观经济平稳”、“社会安定”和“中国文化”的来华留学生类别的期望工资较低，相比较而言，留华发展最看重“个人发展机会”、“自我实现”和“工作实际收入”的来华留学生类别的期望工资较高，可能是因为看重“宏观经济平稳”、“社会安定”和“中国文化”的来华留学生对留华工作期待较为保守，而看重“个人发展机会”、“自我实现”和“工作实际收入”的来华留学生对个人能力较为自信，对未来期望较高，从而有更高的期望工资。

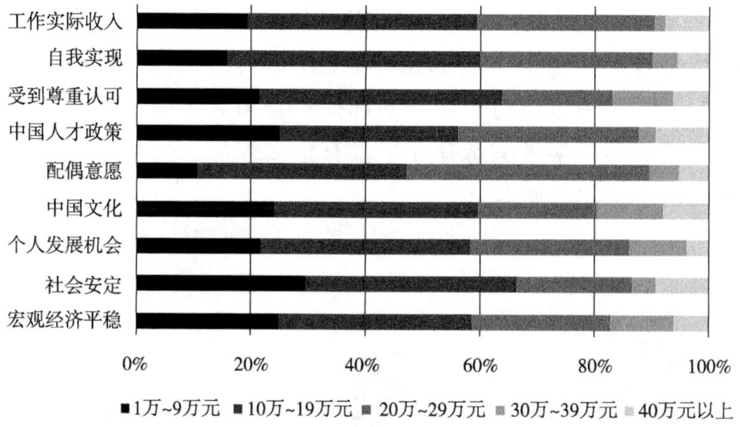

图 5.62 期望工资的留华工作关切分析

5.6 留华意愿和就业意向交叉分析

5.6.1 留华意愿交叉分析

5.6.1.1 性别与留华意愿的交叉分析

如图 5.63 所示，男性愿意留华的比例多于女性。显然，留华意愿存在性别差异，相较于女性而言，男性更愿意毕业之后留在中国工作。但就男性内部而言，留华与不留华之间差异较大，而女性内部则差异较小。

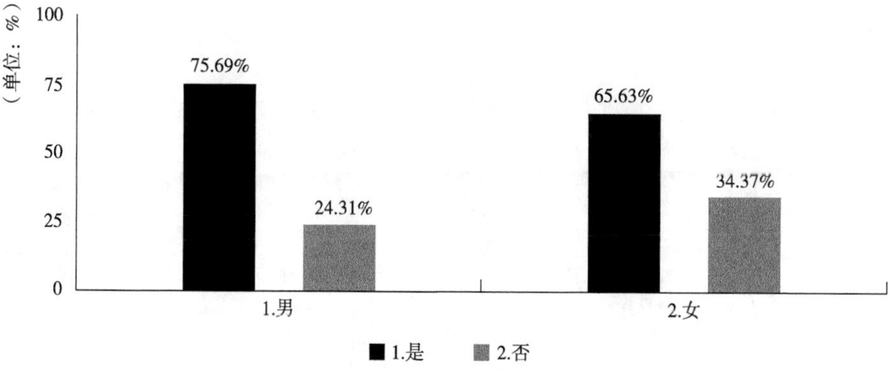

图 5.63 性别与留华意愿的交叉分析

5.6.1.2 婚姻状况与留华意愿的交叉分析

婚姻状况对于外籍留学生的留华意愿影响较大。从图 5.64 中可以发现，未婚的留学生中留华与不留华的选择差异最大，而已婚的留学生选择差异较小，其他的留学生的选择几乎没有什么差异，可见婚姻状况对于外籍留学生的留华意愿影响较大。

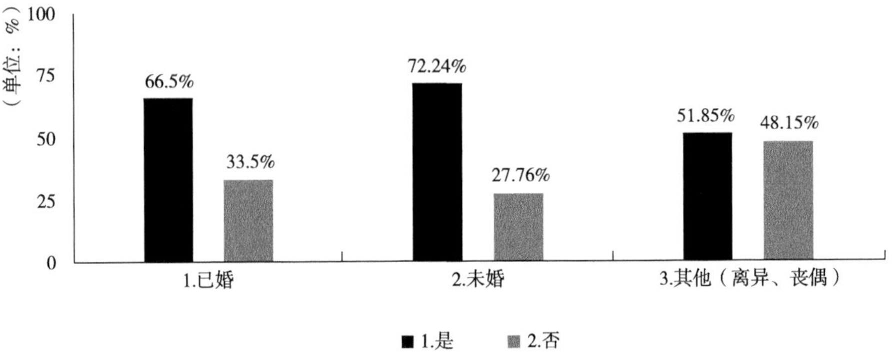

图 5.64 婚姻状况与留华意愿的交叉分析

5.6.1.3 学习类型与留华意愿的交叉分析

学习类型对于留华意愿没有显著影响。如图 5.65 所示，除了专门项目研修班的学生在选择留华与否时差异较小外，其他学习类型的留学生大多数都选择留华工作。总体来说，学习类型对于留华意愿的影响不是很大。

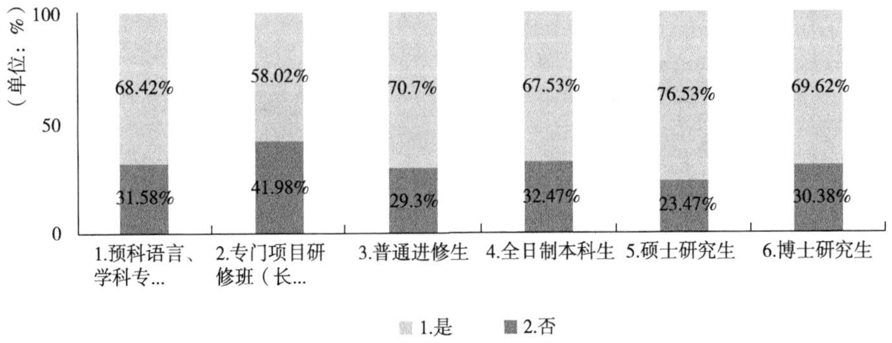

图 5.65 学习类型与留华意愿的交叉分析

5. 6. 1. 4　来中国前所获得的最高学位与留华意愿的交叉分析

来中国前所获得的最高学位对于留华意愿的影响不大。从图 5. 66 中可以看出，就来中国前所获得的最高学位来说，本科留学生想要留华的人数是最多的，本科以下的留学生中想要留华的人数所占的比例相对其他的留学生小，但不论是何种学位，想要留华工作的学生都多于不留华的，而且整体来说，来中国前所获得的最高学位对留华意愿的影响不大。

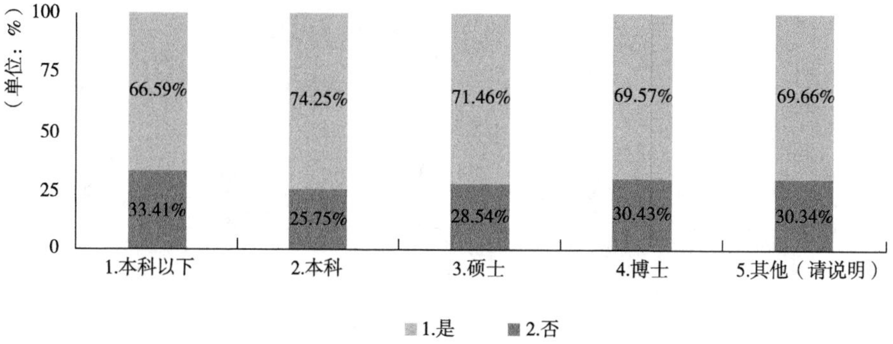

图 5. 66　来中国前所获得的最高学位与留华意愿的交叉分析

5. 6. 1. 5　在华留学学费的主要来源与留华意愿的交叉分析

留学学费主要来源对留华意愿的影响不大。图 5. 67 表明，在华留学学费主要来源是母国政府奖学金的学生中，愿意留华的人数所占的比例最大，而在华留学学费主要来源是学校奖学金的学生中，愿意留华的人数所占的比例最小。但是整体来说，不管留学学费的主要来源是什么，选择留华的人数所占的比例都在六成以上，留学学费主要来源对留华意愿的影响不大。

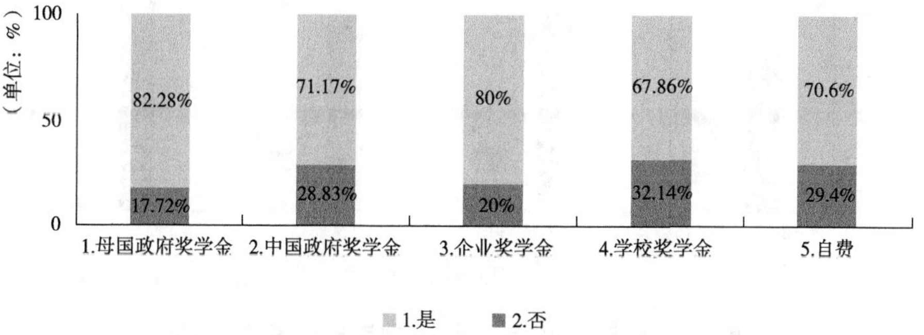

图 5. 67　在华留学学费的主要来源与留华意愿的交叉分析

5.6.1.6 汉语水平与留华意愿的交叉分析

汉语水平会正向影响学生的留华意愿。汉语水平分为5个等级，数字越大，表明汉语水平越差。汉语水平越好，留华与不留华的差异更大，也就是说，汉语水平越好的留学生更愿意选择留华，原因可能在于对那些汉语较差的学生而言，汉语是制约他们留华的一个因素，因此，汉语水平会正向影响学生的留华意愿。

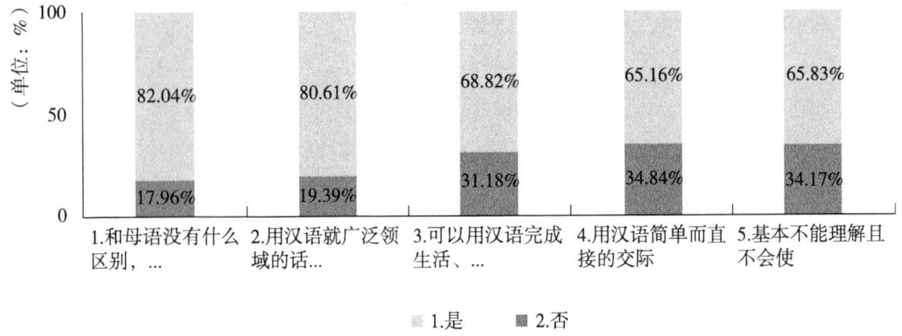

图 5.68 汉语水平与留华意愿的交叉分析

5.6.1.7 社交圈中中国人所占比例与留华意愿交叉分析

社交圈中中国人所占比例会正向影响留华意愿。从图5.69可以看出，留学生社交圈中中国人所占的比例越大，留华与不留华的差异越大，而且社交圈中中国人越多的，选择留华工作的比例越大。

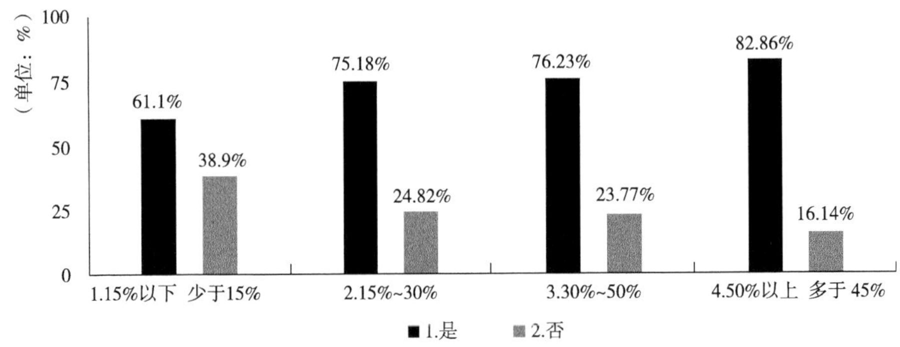

图 5.69 社交圈中中国人所占比例与留华意愿交叉分析

5.6.1.8　在华留学生活期间的总体满意程度与留华意愿交叉分析

如图 5.70 所示，满意程度处于一般以下水平时，满意程度对留华意愿有负向影响，满意程度处于一般以上时，满意程度对留华意愿有正向影响。满意程度在一般及以上时，愿意留华的比例随满意程度的提高逐渐上升，而在非常不满意和比较不满意的人群中，满意程度越低，留华意愿越强。但是不管留学生在华留学生活期间的总体满意程度如何，都有超过半数的人愿意留华，尤其是对在华留学生活非常满意的人群中，愿意留华的比例达到了 80.05%。

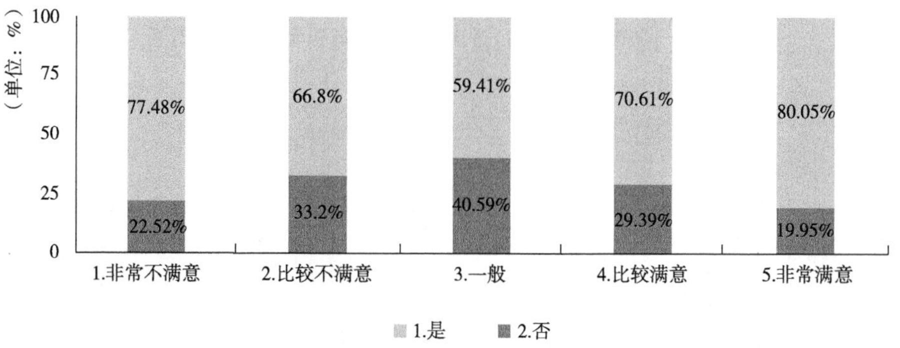

图 5.70　在华留学生活期间的总体满意程度与留华意愿交叉分析

5.6.1.9　是否在中国进行过实习或兼职与留华意愿交叉分析

在中国进行过实习或兼职的人比没有进行过实习或兼职的人留华意愿强。图 5.71 中的分析结果显示，实习过的人中选择留华的比例大于没有实习的人中选择留华的比例，原因可能在于实习过的人积累了在中国工作的经验，因此毕业后更愿意选择留在中国工作。

5.6.1.10　平均在校成绩与留华意愿交叉分析

成绩越好的留学生越倾向于选择留华工作。留学生的成绩大多数处于较好和非常好的水平，水平较差和非常差的人数极少，所以主要分析成绩处于一般及以上水平的留学生群体。从图 5.72 可以发现，成绩越好的留学生，选择留华工作与不留华工作的差异越大，总体来说，成绩越好的留学生越倾向于选择留华工作。

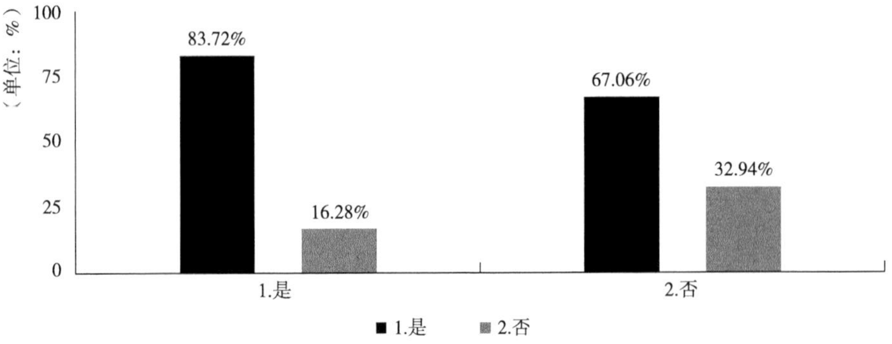

图 5.71 是否在中国进行过实习或兼职与留华意愿交叉分析

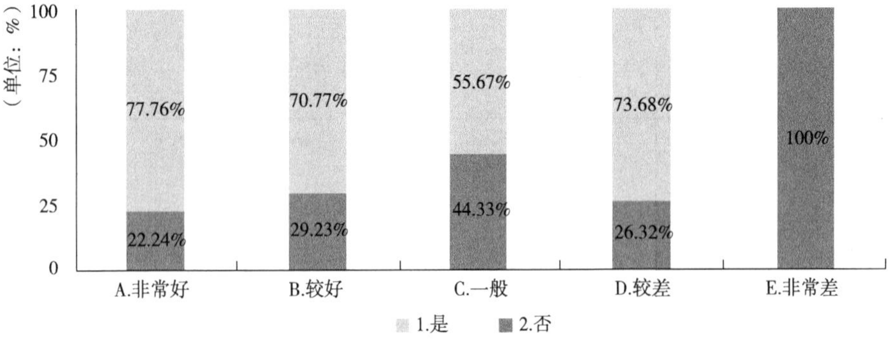

图 5.72 平均在校成绩与留华意愿交叉分析

5.6.2 就业意向交叉分析

根据对就业意向的深入分析和研究，将就业意向用期望薪资和期望就业单位性质两个指标来衡量。考虑到跳过性问题，在分析就业意向时，以筛选出的那些毕业后愿意留华工作的人群作为研究对象。

5.6.2.1 期望薪资

（1）性别与期望薪资交叉分析

性别对于期望薪资的影响不是很大。大多数男性或女性的期望薪资都集中在 10 万~19 万元，而且不管男性还是女性，各个期望薪资水平的人数占比都相差不大（见图 5.73）。

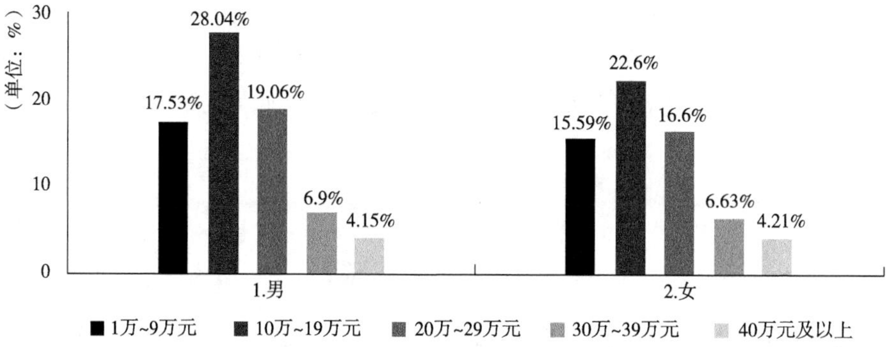

图 5.73 性别与期望薪资交叉分析

（2）婚姻状况与期望薪资交叉分析

期望薪资水平高低与婚姻状况有一定的关系。不论是已婚还是未婚的留学生，大多数期望薪资都在 10 万～19 万元，不同的是，已婚的留学生期望薪资在 20 万～29 万元的人所占的比例要明显多于 1 万～9 万元的人，而未婚的留学生期望薪资在 20 万～29 万元的人所占的比例与 1 万～9 万元的人差别不大。并且可以发现，其他（离异、丧偶）的留学生期望薪资水平普遍要高于已婚和未婚的群体的期望薪资水平（见图 5.74）。

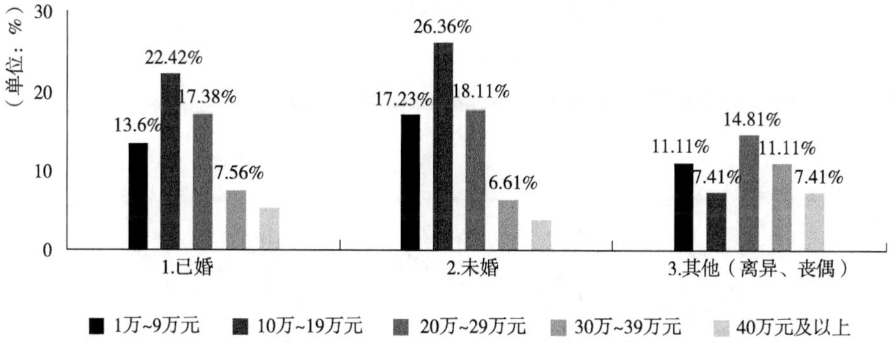

图 5.74 婚姻状况与期望薪资交叉分析

（3）学习类型与期望薪资交叉分析

随着学历的提升，期望薪资也会增加。除博士研究生外，在其他学习类型的留学生中，期望薪资在 10 万～19 万元的人数所占比重都是最大的，但是全日制本科生、硕士研究生和博士研究生中，随着学历水平的提升，期望薪资在20万~29万元的人数所占比重越来越大，甚至在博士研究生中，期望薪资在20万~29万元的人所占比重超过了期望薪资在10万~19万元的人所占的比重，说明随着学历的提升，期望薪资也会增加（见图5.75）。

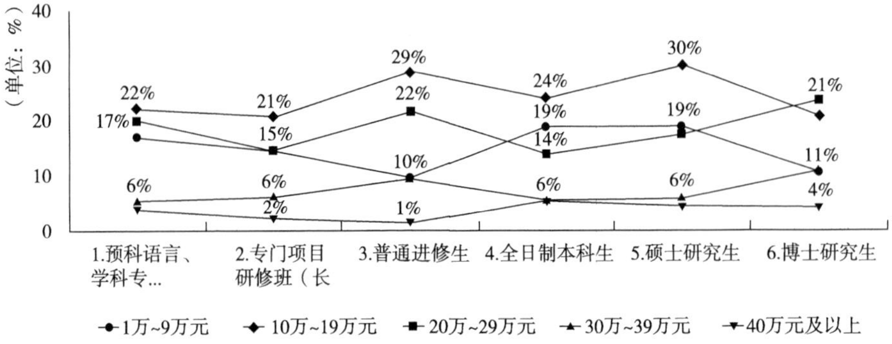

图5.75 学习类型与期望薪资交叉分析

（4）来中国以前获得的最高学位与期望薪资交叉分析

留学生的期望薪资也会有所提高。在来华留学生中，来华之前获得的最高学位为本科的居多，其次是本科以下和硕士。除博士以外，其他类型的留学生大多数期望薪资为10万~19万元，而博士的期望薪资在20万~29万元的人所占的比重最大，并且从本科以下到博士，期望薪资在20万~29万元的人所占的比重随着学历的提升逐渐加大，可见，随着学历的提升，留学生的期望薪资也会有所提高（见图5.76）。

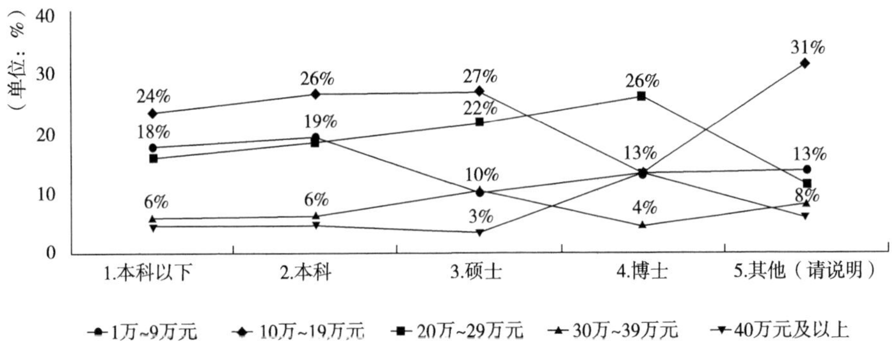

图5.76 来中国以前获得的最高学位与期望薪资交叉分析

（5）每年需自己承担的费用与期望薪资的交叉分析

随着承担费用的增加，期望薪资有所增加。从图 5.77 可以看出，随着自己承担费用的增加，期望薪资在 1 万～9 万元的人所占的比重越来越小，而期望薪资在 30 万～39 万元及 40 万元以上人所占的比重越来越大。同时，总体上承担费用较少的留学生期望的薪资比承担费用多的留学生低，可见，随着承担费用的增加，期望薪资有所增加。

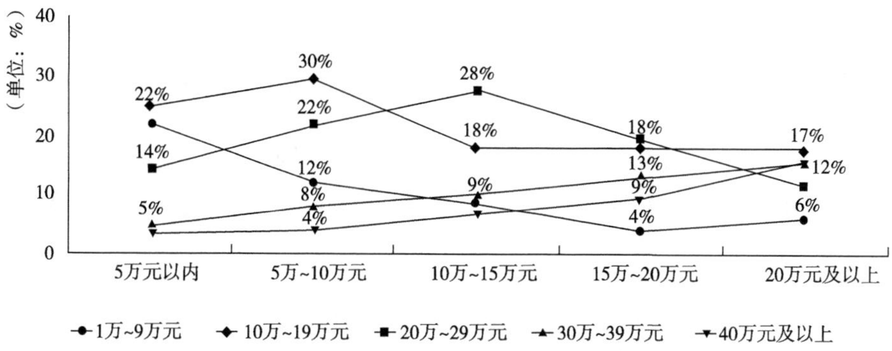

图 5.77　每年需自己承担的费用与期望薪资的交叉分析

（6）社交圈中中国人所占比例与期望薪资交叉分析

总体来说，社交圈中中国人所占比例的大小对薪资期望有一定的正向影响。所有留学生期望薪资大多处于 10 万～19 万元，在社交圈中中国人所占比例在 15%以下的留学生中，期望薪资在 1 万～9 万元的人所占的比例要多于 20 万～29 万元的人，而在其他留学生中，期望薪资在 20 万～29 万元的人所占的比例要多于 10 万～19 万元的人。并且从图 5.78 可以发现，随着社交圈中中国人所占比例的增大，期望薪资水平在 20 万～29 万元、30 万～39 万元及 40 万元以上的人数所占的比重逐渐增大，但是增长趋势比较平缓。整体来说，社交圈中中国人所占比例的大小对薪资期望有一定的正向影响。

（7）是否在中国进行过实习或兼职与期望薪资交叉分析

在中国进行过实习或兼职过的留学生期望薪资水平要高于未实习或兼职过的留学生。不论是否在中国进行过实习或兼职，留学生大多数期望薪资都在 10 万～19 万元，不同的是，实习过的留学生期望薪资在 20 万～29 万元的人所占的比例要明显多于 1 万～9 万元的人，而未实习过的留学生期望薪资在 20 万～

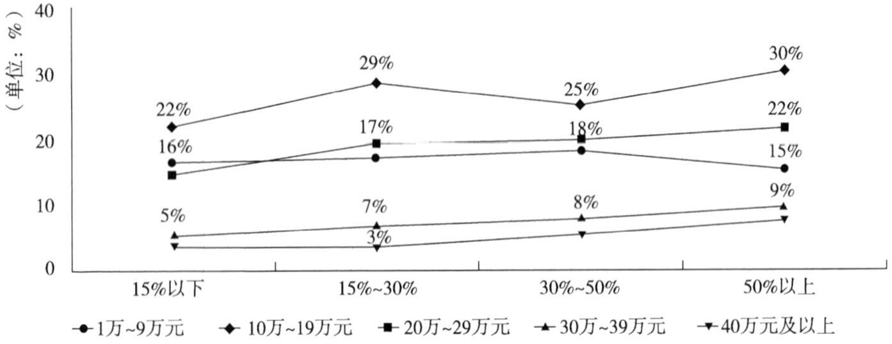

图 5.78 社交圈中中国人所占比例与期望薪资交叉分析

29 万元的人所占的比例要少于 1 万~9 万元的人。可见，在中国进行过实习或兼职过的留学生期望薪资水平要高于未实习或兼职过的留学生（见图 5.79）。

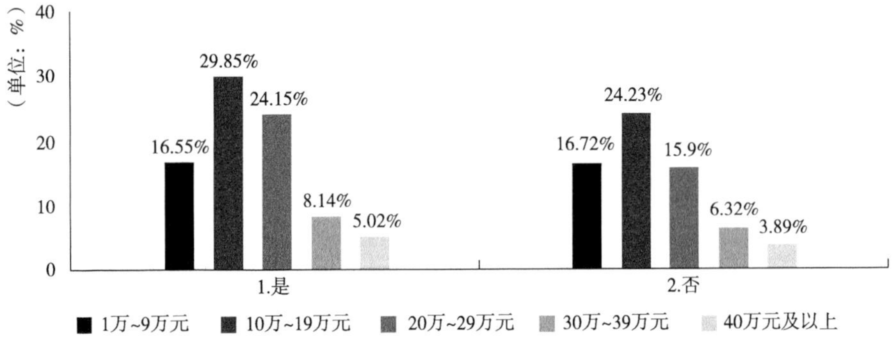

图 5.79 是否在中国进行过实习或兼职与期望薪资交叉分析

（8）平均在校成绩与期望薪资交叉分析

成绩的高低对期望薪资没有规律性的影响。不论在校成绩如何，所有留学生中大多数期望薪资都在 10 万~19 万元，而且成绩的高低对期望薪资没有规律性的影响（见图 5.80）。

5.6.2.2 期望就业单位性质

（1）性别与期望就业单位性质交叉分析

性别对就业单位性质的选择有一定的影响。不论是男性还是女性，留学生期望就业于国际组织的人数所占的比重都是最大的，不同的是，在男性留学生中，期望就业于中资企业的人数略多于期望就业于外资企业和非

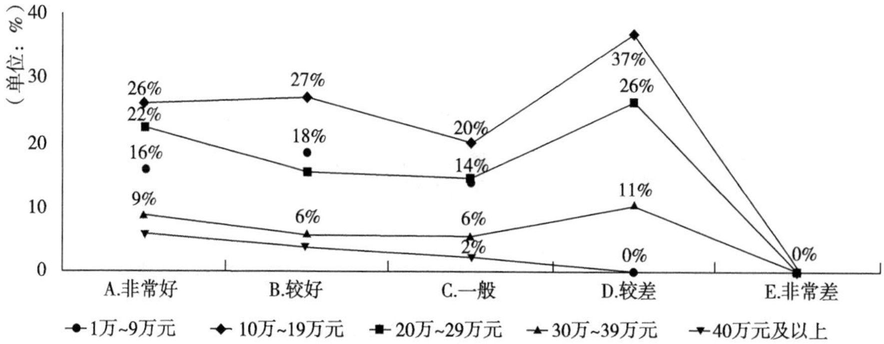

图 5.80　平均在校成绩与期望薪资交叉分析

营利机构的人数，而在女性留学生中，期望就业于外资企业的人数明显多于期望就业于中资企业和非营利机构的人数。可见，性别对于就业单位性质的选择是有一定影响的（见图 5.81）。

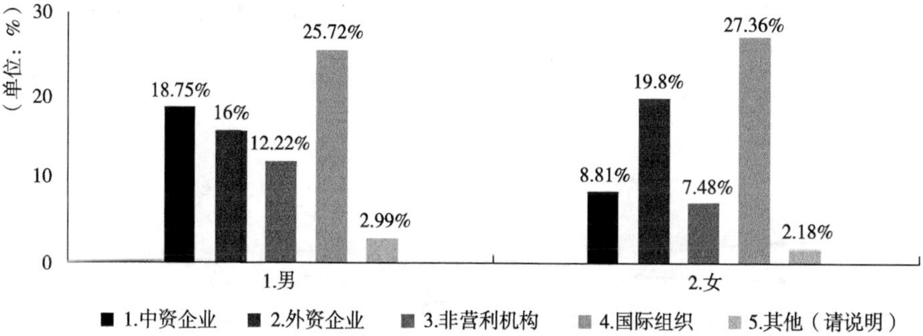

图 5.81　性别与期望就业单位性质交叉分析

（2）婚姻状况与期望就业单位性质交叉分析

婚姻状况对于期望就业单位的选择影响较大。不管婚姻状况如何，期望就业单位为国际组织的人所占的比重都是最大的，但是在其他几种就业单位的选择中，不同婚姻状况的留学生的选择差异比较大，已婚的更倾向于选择就业于非营利机构，未婚的更倾向于选择外资企业和中资企业，而其他（离异、丧偶）则更倾向于选择中资企业（见图 5.82）。可见，婚姻状况对期望就业单位的选择影响较大。

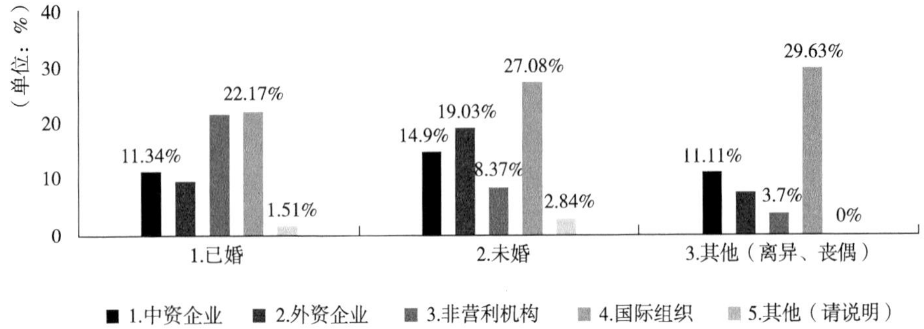

图 5.82　婚姻状况与期望就业单位性质交叉分析

（3）学习类型与期望就业单位性质交叉分析

总体来说，只有博士研究生对期望就业单位的选择影响比较大，而其他的学习类型对就业单位的选择影响不是很明显。经分析可知，除博士研究生和普通进修生以外，在其他学习类型的留学生中，期望就业于国际组织的人数都是最多的。但是在博士研究生中，期望就业于非营利机构的人所占的比例要显著高于选择其他就业单位的人所占的比重，而且相对于硕士研究生来说，期望就业于国际组织、外资企业和中资企业的人数都有大幅下降（见图 5.83）。

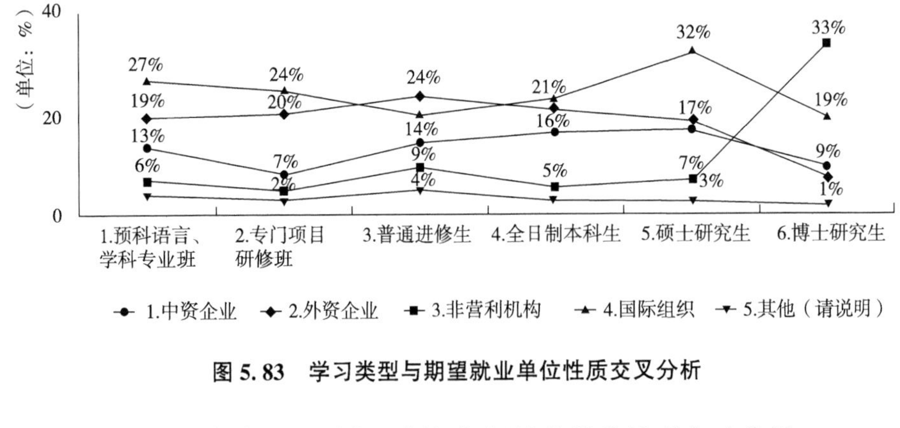

图 5.83　学习类型与期望就业单位性质交叉分析

（4）社交圈中中国人所占比例与期望就业单位性质交叉分析

随着社交圈中中国人所占比例的增加，期望就业于中资企业的人数所占比例也在增加。但是不管社交圈中中国人所占比例是多少，留学生期望就业于国际组织的比例都是最大的（见图 5.84）。

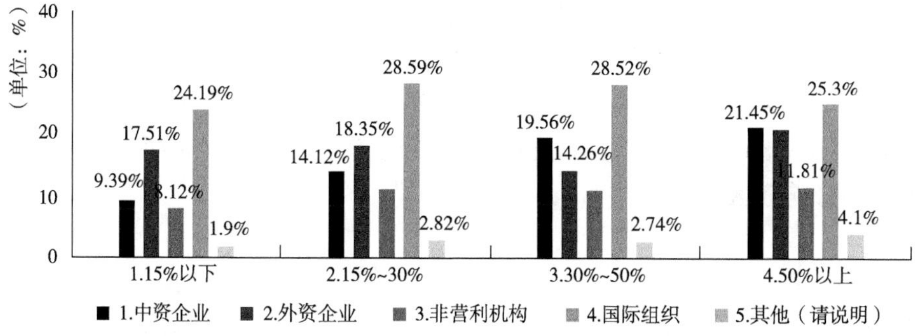

图 5.84　社交圈中中国人所占比例与期望就业单位性质交叉分析

（5）在华留学生活期间的总体满意程度与期望就业单位性质交叉分析

留学生对在华留学生活的满意度越高，越愿意在中资企业工作。整体来说，留学生在华留学生活期间的总体满意程度还是比较高的，由于非常不满意的人数很少，所以分析时主要关注除非常不满意以外的学生群体。通过交叉分析可以看出，不管留学生对留学生活的满意程度如何，期望就业于国际组织的人数所占比例都是最高的，但是随着满意程度的提高，期望就业于中资企业的人数所占比例有增多的趋势，而就业于外资企业的人数所占的比例有下降的趋势（见图 5.85）。可见，留学生对在华留学生活的满意度越高，越愿意在中资企业工作。

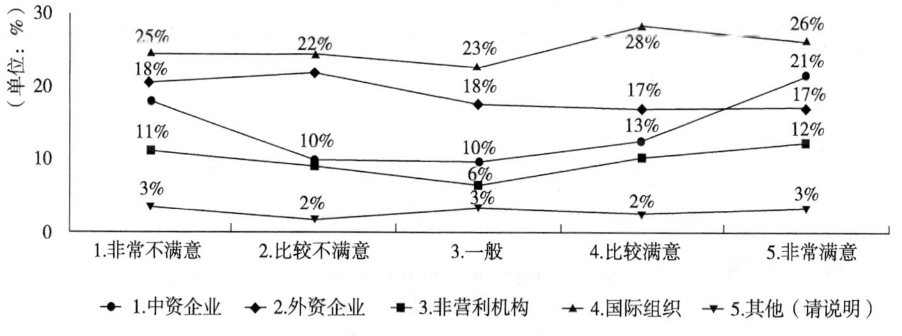

图 5.85　在华留学生活期间的总体满意程度与期望就业单位性质交叉分析

（6）是否在中国进行过实习或兼职与期望就业单位性质交叉分析

在中国进行过实习或兼职的留学生期望在中资企业工作的比例比没有在中国进行过实习或兼职的留学生要高。但是，不论是否在中国进行过实习或兼职，留学生大多数都期望就业于国际组织。没有实习或兼职过的留学生对中资企业、外资企业和非营利机构的选择差异不大，而实习或兼职过的留学生期望在中资企业工作的比例要显著大于在非营利机构工作的比例（见图5.86）。可见，是否在中国进行过实习或兼职，对期望就业单位的选择影响较大。

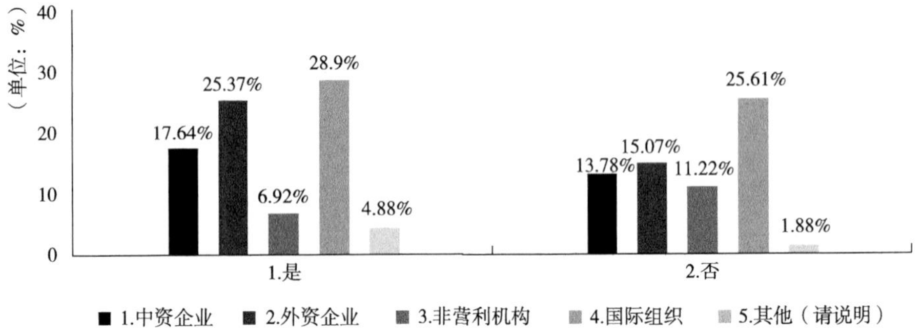

图5.86 是否在中国进行过实习或兼职与期望就业单位性质交叉分析

（7）平均在校成绩与期望就业单位性质交叉分析

成绩对期望就业单位有一定的影响。总体来看，留学生平均在校成绩都比较好，处于较差和非常差水平的学生人数非常少，所以分析时主要关注成绩位于一般及以上水平的学生。不管成绩如何，期望就业于国际组织的学生所占的比例都是最大的，而且成绩越好的留学生，期望就业于中资企业和非营利机构所占的比例越大（见图5.87）。可见，成绩对于期望就业单位有一定的影响。

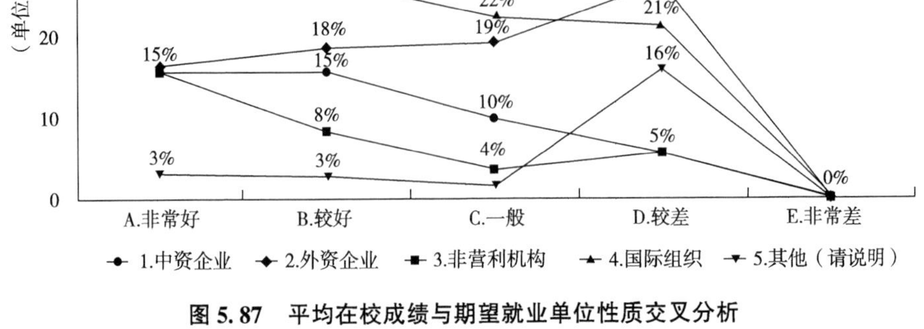

图5.87 平均在校成绩与期望就业单位性质交叉分析

第6章

企业对来华留学人才的需求分析

引　言

中国企业在“走出去”的国际化过程中，为提升企业的国际竞争力和本地经营水平，必须制定相应的人才战略，而接受过中国高等教育，又掌握本地语言、了解本地市场和商业环境的来华留学人才正成为中国企业发展海外业务的必要人才储备。因此，为了能够为各方提供科学决策和信息支持，除了对来华留学人才进行深入分析和研究，我们对参加过历届来华留学人才招聘会的企业以及提供的职位进行了总体统计，并选取部分参展企业开展了抽样调查分析。

6.1　总体统计情况

6.1.1　企业性质

在对来华留学人才有招聘需求的 230 家企业中，民营企业所占比例最高，达到 66.45%，其次为中央或国有大中型企业，占比 21.29%，中外合资企业和外资企业所占的比例相对较少，分别为 7.1%和 5.16%（如图 6.1 所示）。民营企业和中央或国有大中型企业占比将近 90%，这在某种程度上说明，随着一带一路倡议的持续推进，更多的中国企业开始重视来华留学人才，希望能够发挥其作用，拓展海外市场业务，实现国际化战略。

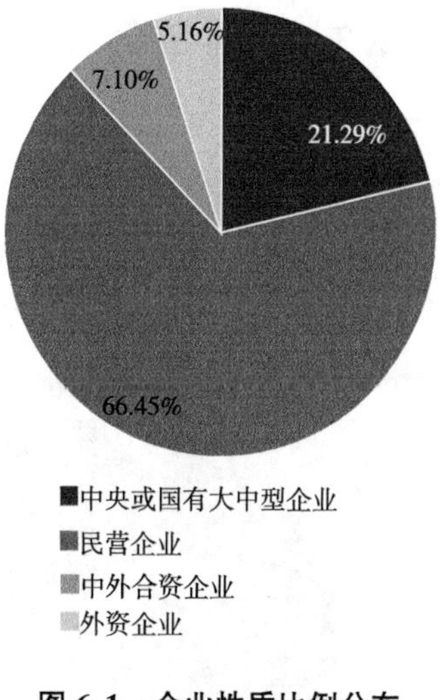

图 6.1　企业性质比例分布

6.1.2　企业行业背景

在企业行业背景方面见图 6.2，首先，信息传输、计算机服务和软件业所占比例最高，达到 18.71%，其次为教育行业和生活服务业，制造业和汽车工业，科学研究、技术服务以及租赁和商务服务业，均达到 10%以上，金融业和基础设施建筑业的比例分别为6.45%和5.81%，来自水利、环境和公共设施管理行业以及农、林、牧、渔的企业比例相对较低。

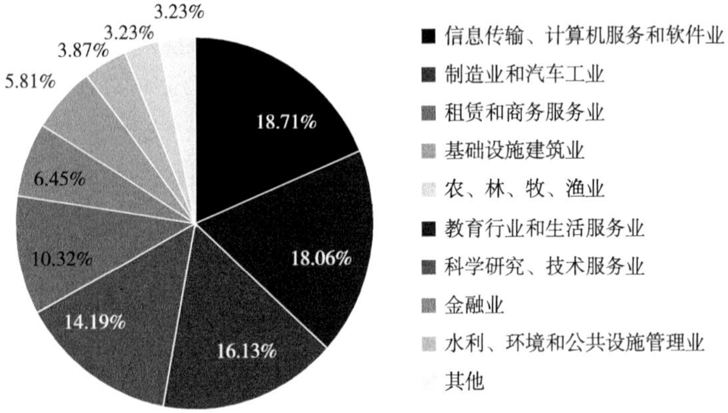

图6.2　企业行业背景比例分布

6.1.3　岗位情况

在提供的岗位方面见图6.3，招聘需求较多的岗位主要分布在工程技术/土木建筑、市场营销/商务贸易、信息技术管理/工程运行维护、教育文化培训等类别，所占比例均超过10%，此外，工商经营管理、计算机软件开发、翻译类以及金融保险投资方面的岗位也有较大需求。

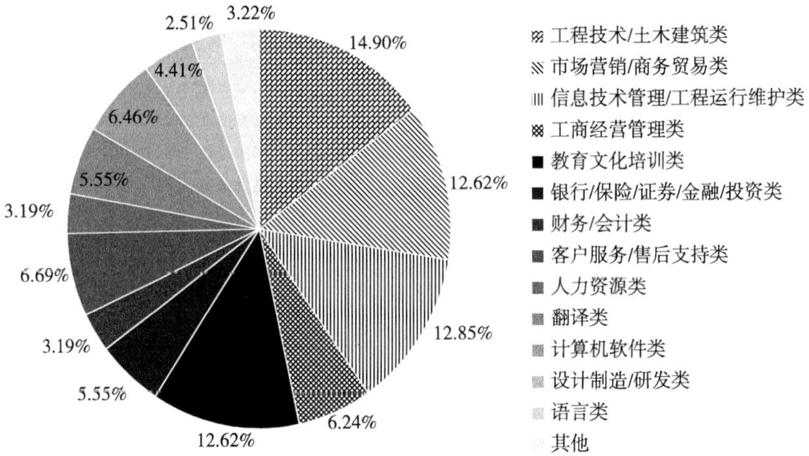

图6.3　岗位类别比例分布

6.2　抽样调查情况

我们对国内部分参展企业开展了抽样调查，以便更深入地了解当前中国企业已聘用来华留学人才的情况。通过对抽样调查问卷结果进行整理和分析，可以得出了以下结论。

6.2.1　聘用的来华留学毕业生的年龄

企业已雇佣的来华留学毕业生的整体年龄偏低，大部分为 25～30 岁。调研结果显示，67%集中在 25～30 岁，17%集中在 30～35 岁，16%集中在 20～25 岁（如图 6.4 所示）。

6.2.2　聘用学生的来源地

企业聘用来华留学生的来源相当广泛，其中北美和西欧占比稍多。调研结果显示，来自北美和西欧的学生各占 17%，来自中亚、东南亚、中东、中东欧地区的学生各占 12%，来自南美和中亚的学生各占 6%。虽然各个地区有所差异，但并不是很大（如图 6.5 所示）。

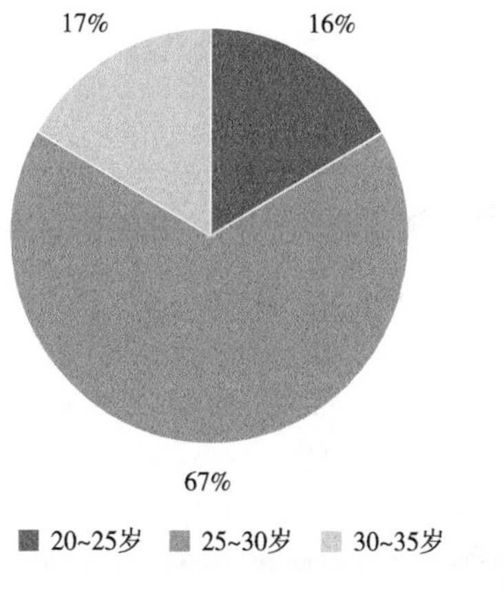

图 6.4　企业聘用的来华留学生的年龄状况

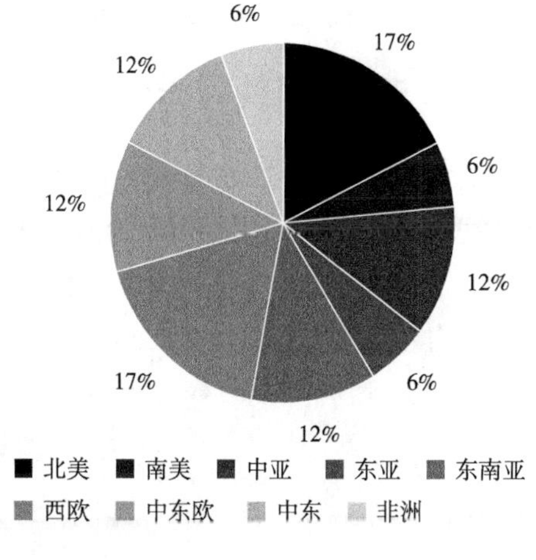

图 6.5　企业聘用的来华留学生的国籍状况

6.2.3　招聘的最低学历

绝大部分企业招聘的最低学历为本科（以派往海外工作为主）。调查结果表明，50%的企业最低学历为本科，33%为硕士，17%不限学历。由此可以看出，本科及以上的学历占较大比例（见图 6.6）。

6.2.4 聘用方式

在聘用来华留学生的企业中，正式劳动合同、正式劳务合同、实习协议都有所涉及。调查结果表明，38%的企业会签订正式劳动合同，31%的企业签订正式劳务合同，31%签订实习协议，三者比例相差不大（见图 6.7）。

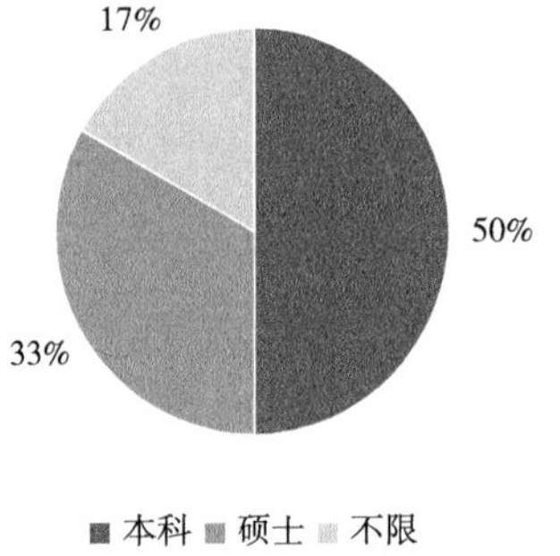

图 6.6 企业对外籍在华留学生的最低学历需求

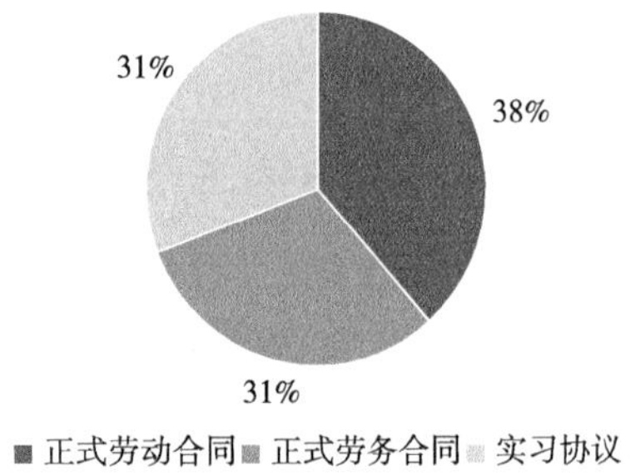

图 6.7 企业聘用来华留学生的方式

6.2.5 合同的时长

企业与来华留学生签订的合同时长普遍偏低。调查结果显示，34%的企业签署的合同时长为 3~6 个月，33%的企业签订 1~3 年，25%签订 6~12 个月，8%签订 3 个月以下（见图 6.8）。因此，3~6 个月和 1~3 年的合同类型占主要地位。

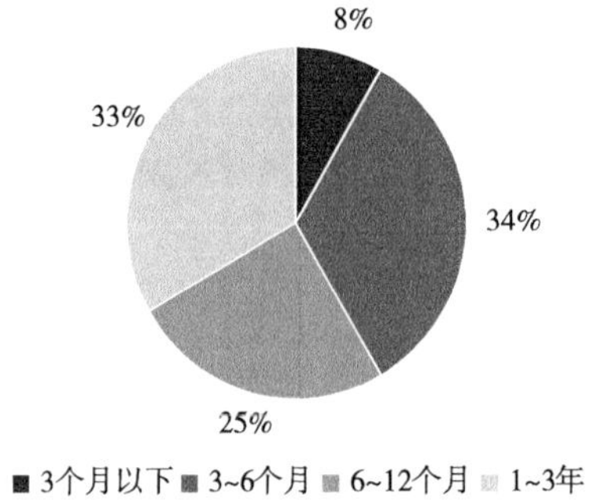

图 6.8 企业聘用来华留学生的合同时长

6.2.6　聘用的岗位

实习生、一般员工为来华留学生的主要就业岗位。调查结果显示，23%的企业安排在实习生岗位，46%的企业安排在一般员工岗位，15%安排在基层管理者岗位，8%安排在中级技术人员岗位，8%安排在技术专家岗位（见图 6.9）。

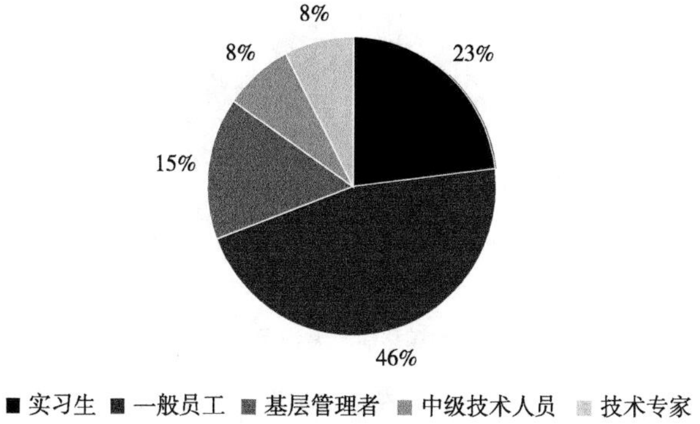

图 6.9　企业聘用的外籍在华留学生的岗位

6.2.7　能力要求

企业最看重的能力是专业领域的知识与技能水平。分析结果表明，专业领域知识与技能水平占 22%，相关实习或兼职经历、团队协作能力、人际沟通能力、创新意识与能力、跨文化和全球化的视野各占 11%，持续和终身学习能力、中文流利程度、抗压能力各占 6%，在校成绩占 5%（见图 6.10）。可见，专业领域知识与技能水平占领先地位，其他能力的占比差别不大。

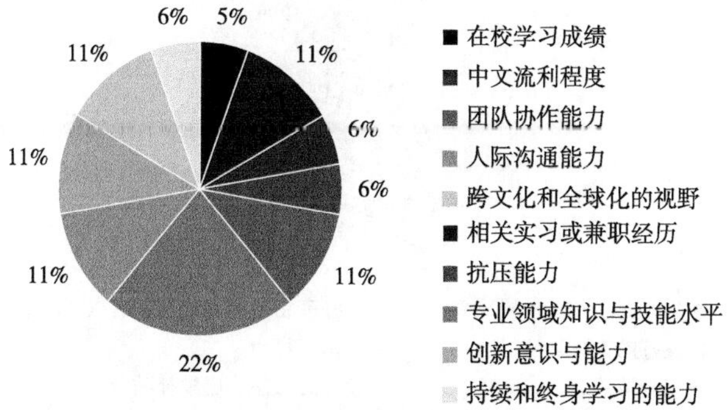

图 6.10　企业聘用外籍在华留学生的能力需求

6.2.8 对目前已招聘来华留学人才的工作满意度

绝大部分企业对已招聘来华留学人才的工作表现给了较好的评价。调查结果显示，16%的企业认为非常满意，67%的企业表示比较满意，17%的企业认为一般（见图 6.11）。

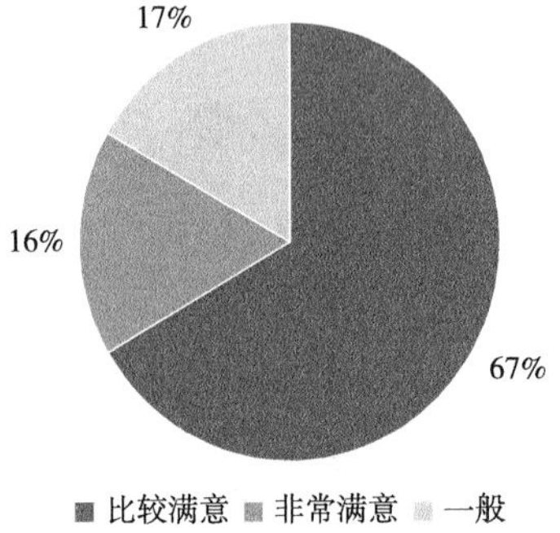

图 6.11 企业的外籍在华留学生的工作表现满意度

6.2.9 企业吸引来华留学人才的方式

企业吸引来华留学人才的方式多种多样。调查结果显示，29%的企业通过良好的工作、科研环境吸引人才，24%的企业以具有市场竞争力的薪资和福利水平为亮点，19%的企业强调培训体系，14%的企业通过工作内容增强吸引力，9%的企业以额外的居住、通勤补贴作为亮点，5%的企业重视良好的人际环境（见图 6.12）。

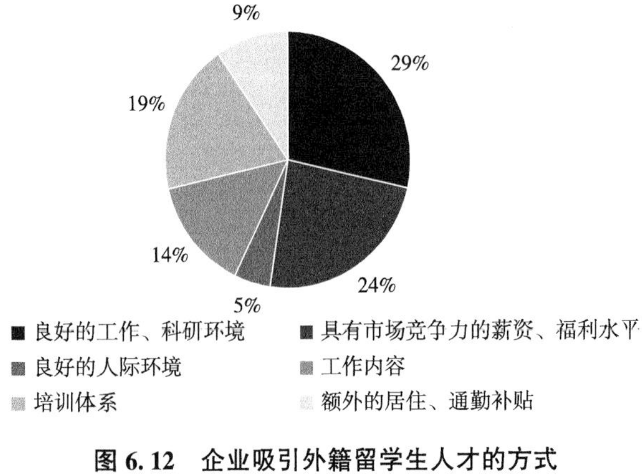

图 6.12 企业吸引外籍留学生人才的方式

第 7 章

来华留学人才实习就业政策回顾与梳理

当今世界，综合国力竞争日趋激烈，新一轮科技革命和产业变革正在孕育兴起，变革突破的能量正在不断积累。继以科技实力与经济实力作为衡量一个国家是否强大的因素之外，人才资源正越来越得到国际社会的高度关注。

党的十八大发出了“广开进贤之路，广纳天下英才”的号召，强调要充分开发利用国内、国际人才资源，积极引进和用好海外人才。十八大召开以后，以习近平同志为核心的党中央站在党和国家事业全局的高度，围绕我国人才事业和人才工作，尤其是留学人才工作，做出了一系列重要指示和论述。

2013 年 10 月，习近平总书记在欧美同学会成立 100 周年大会上指出，“我们比历史上任何时期都更接近实现中华民族伟大复兴的宏伟目标，我们也比历史上任何时期都更加渴求人才。”“人才竞争已经成为综合国力竞争的核心。”“谁能培养和吸引更多优秀人才，谁就能在竞争中占据优势。”2014 年 12 月，全国留学工作会议召开，习近平总书记做出重要指示，“留学工作要适应国家发展大势和党和国家工作大局，统筹谋划出国留学和来华留学，综合运用国际国内两种资源，培养造就更多优秀人才”。同时，李克强总理做出批示：“要以全球视野和改革创新举措积极推动留学工作跃上新台阶，揽四海英才服务国家建设大局。”

2016 年 2 月，中共中央办公厅、国务院办公厅印发了《关于加强外国人永久居留服务管理的意见》，放宽了外国优秀留学生在华工作限制，为其毕业后在中国境内工作和申请永久居留提供渠道。2016 年 3 月，中央印发了《关于深化人才发展体制机制改革的意见》（以下简称《意见》）的通知。《意见》中明确指出：要充分利用国内、国际人才资源，主动参与国际人才竞争，完善更加开放、更加灵活的人才培养和使用机制，不唯地域引进人才，不求所有开发人才，不拘一格用好人才。《意见》同时提出要对外国人才来华签证、居留放宽条件、简化程序、落实相关待遇等。根据《意见》精神，公安部相继在上海、北京、广东等地试点实施相关出入境新政策。2017 年 1 月，人力资源社会保障部、外交部、教育部联合下发了《关于允许优秀外籍高校毕业生在华就业有关事项的通知》，允许符合条件的优秀外籍高校毕业生无须工作经历即可在华就业，为我国引进国际优秀人才进一步放宽了条件。

与此同时，随着我国经济的持续发展和“一带一路”倡议的深入推进，我国在经济全球化条件下参与国际合作与竞争的广度与深度也日益提升。在这个过程中，我国对国际化人才的需求越来越大，国际化人才对于我国扩大开放领域，优化开放结构，提高开放质量，实现创新驱动发展，完善内外联动、互利共赢、安全高效的开放型经济体系有着重要意义。来华留学生作为国际化人才群体的一部分，由于他们既接受过中国高等教育，了解中国文化和语言，又熟悉本国国情和文化，日益受到用人单位，尤其是中国出海企业的重视。来华留学人员逐渐开始成为我国国际化人才的一个重要来源。

在此背景下，对我国来华留学人才实习就业政策法规进行梳理和回顾，对于下一步国家相关主管部门、各级地方政府、高校以及用人单位更好的科学决策将具有重要的意义。

7.1　新中国成立以后至改革开放初期（1949—1990 年）

新中国成立以后，我国的来华留学教育与外交战略和形势相关，当时主要是为与我国建立友好外交关系的东欧人民民主国家、周边社会主义国家和第三世界国家进行人才培养合作，发展同这些国家的友谊，拓展我国的国际发展空间和影响力。因此，这一时期的来华留学生主要以政府间的留学交换项目为主。来华留学生在校期间可以同其他中国学生一起参加我国社会主义生产建设实践，实践活动一般由学校组织安排，同时建立了以教育部为主，外交部、大使馆、学校及其他有关部门相互配合的多级管理体制。

改革开放初期，我国对来华留学生的专业实习和社会调查开始有了较为明确的规定，主要体现在《外国留学生管理办法》中。1985 年，国务院批转了国家教育委员会、外交部、文化部、公安部、财政部共同制定的《外国留学生管理办法》（国发〔1985〕121 号），其中规定：

第十四条　留学生的实习或调查计划，由学校审定。

第十五条　有关部门和地方人民政府，应安排一些厂矿、商店、工地、医院、农场和乡村，作为留学生进行专业实习和社会调查的固定场所。接待单位要在当地外事办公室领导下，制订规章制度，选派人员指导实习。

可以看到，这一时期，我国积累了一定的接受和管理来华留学生的经验，对来华留学生的实习政策逐步开放，同时，实习部门安排和管理工作仍需要有关部门和地方人民政府较大程度的参与。

7.2　扩大改革开放时期（1990—2012 年）

随着改革开放的扩大，从 20 世纪 90 年代到 2000 年，为适应国际、国内环境的变化和来华留学生发展的需要，我国颁布了一些新的政策，使来华留学生的管理进一步向规范化方向发展。关于来华留学生的实习方面，2000 年出台的《高等学校接受外国学生管理规定》（教育部、外交部、公安部令第 9 号）对此做出了明确的规定：

第二十六条　高等学校组织外国留学生进行教学实习和社会实践，应当按教学计划与在校的中国学生一起进行；但在选择实习或实践地点时，应当遵守有关涉外规定。

第三十六条　外国留学生在校学习期间不得就业、经商，或从事其他经营性活动，但可以按学校规定参加勤工助学活动。外国留学生毕业、结业、肄业、退学后，必须在规定的时间内出境。

这些规定强化了高校在来华留学生实习过程中的主体作用，同时，勤工助学活动获得我国相关主管部门认可。规定的出台表明，我国来华留学生政策开始朝着国际化方向迈进。

2001 年以后，随着我国加入 WTO，我国来华留学政策国际化趋势更加明显，来华留学生管理的规范化水平逐步提高。2010 年，为贯彻落实《国家中长期教育改革和发展规划纲要（2010—2020 年）》，推动来华留学工作进一步发展，教育部制定了《留学中国计划》，提出：在条件允许的情况下，为来华留学人员勤工助学提供便利，为实习实践创造条件，逐步建立起教学与实习对接、课堂与社会衔接的教育机制。

在来华留学生就业方面，1996 年，劳动部、公安部、外交部、外经贸部发布《外国人在中国就业管理规定》（劳部发〔1996〕29 号，2010 年 11 月修订）（以下简称《规定》），对在中国留学的外国学生是否允许就业进行了明确的规定：

第八条　未取得居留证件的外国人（即持 F、L、C、G 字签证者）、在中国留学、实习的外国人及持职业签证外国人的随行家属不得在中国就业。特殊情况，应由用人单位按本规定规定的审批程序申领许可证书，被聘用的外国人凭许可证书到公安机关改变身份，办理就业证、居留证后方可就业。

其中，就业许可证书由人力资源和社会保障部门（原劳动部）负责办理，申请人在办理时需要提供至少两年的工作经验证明。依照《规定》，来华留学生毕业后，如无相关工作经验，无法获得在中国的就业许可。

7.3 全面深化改革开放时期（2013年至今）

十八大以来，随着改革开放的全面深化，我国来华留学人才实习、就业政策日益开放和完善。这一时期，我国对来华留学人员这一人才资源进行了更为明确的定位，相关政府主管部门出台了一系列政策措施。

2013年，国务院颁布实施《中华人民共和国外国人入境出境管理条例》（国务院令第637号）（以下简称《条例》），规定：

第二十二条　持学习类居留证件的外国人需要在校外勤工助学或者实习的，应当经所在学校同意后，向公安机关出入境管理机构申请居留证件加注勤工助学或者实习地点、期限等信息。持学习类居留证件的外国人所持居留证件未加注前款规定信息的，不得校外勤工助学或者实习。

根据《条例》，有实习需求的外国留学生可持所在高校出具在读及同意该学生参与校外实习证明，实习单位出具接收实习证明等相关材料，向高校所在地的公安机关出入境管理部门申请在学习类居留许可上加注“实习”。《条例》的出台为来华留学生参与校外勤工助学或实习提供了更加完善的法律保障，满足了来华留学生的实际需求。

2016年3月，中央印发了《关于深化人才发展体制机制改革的意见》的通知，明确指出：要充分利用国内、国际人才资源，主动参与国际人才竞争，完善更加开放、灵活的人才培养和使用机制，不唯地域引进人才，不求所有开发人才，不拘一格用好人才。2016年4月，中共中央办公厅、国务院办公厅印发的《关于做好新时期教育对外开放工作的若干意见》中提出，要通过加大留学工作行动计划实施力度，改进来华留学教学和管理，提升来华留学人才培养质量，打造“留学中国”品牌，增强来华留学吸引力，扩大来华留学规模，提高我国教育的国际化和现代化水平，进一步加快培养拔尖创新人才、非通用语种人才、国际组织人才、国别和区域研究人才、来华杰出人才等五类人才。

根据以上意见精神，2017 年 6 月，教育部、外交部、公安部联合制定了《学校招收和培养国际学生管理办法》（以下简称《办法》）。《办法》坚持规范管理和优化服务相结合，提出一系列新要求，促进规范化建设，强化来华留学教育质量，为我国国际学生招生和培养提供了有力的指导。同时，《办法》在国际学生实习和勤工助学方面做出了新的规定：

第二十条　高等学校按照教学计划组织国际学生参加教学实习和社会实践，选择实习、实践地点应当遵守国家有关规定。

第三十条　国际学生在高等学校学习期间可以参加勤工助学活动，但不得就业、经商或从事其他经营性活动。国际学生勤工助学的具体管理规定，由国务院教育行政部门会同有关部门另行制订。

《办法》颁布以后，2018 年 9 月，教育部制定了《来华留学生高等教育质量规范（试行）》（以下简称《规范》）。《规范》对我国推动高等教育内涵式发展、提高来华留学生高等教育质量、培养来华留学杰出人才具有重要的指导作用。

此前，来华留学生政策部分超国民待遇的问题引起了广泛关注，为维护我国高等教育公平，2020 年，教育部依据《中华人民共和国教育法》、《中华人民共和国高等教育法》和《中华人民共和国国籍法》，按照《学校招收和培养国际学生管理办法》的要求，修订出台《关于规范我高等学校接受国际学生有关工作的通知》（以下简称《通知》），废除了 2009 年发布的通知。对高等学校接受国际学生申请进入我高等学校本专科阶段学习做出如下补充规定：

一、依据《中华人民共和国国籍法》第五条，父母双方或一方为中国公民并定居在外国，本人出生时即具有外国国籍的，不具有中国国籍。自 2021 年起，其申请作为国际学生进入我高等学校本专科阶段学习，除符合学校的其他报名资格外，还应持有有效的外国护照或国籍证明文件 4 年（含）以上，且最近 4 年（截至入学年度的 4 月 30 日前）之内有在外国实际居住 2 年以上的记录（一年中实际在外国居住满 9 个月可按一年计算，以入境和出境签章为准）。

二、祖国大陆（内地）、香港、澳门和台湾居民在移民并获得外国国籍后申请作为国际学生进入我高等学校本专科阶段学习的，应满足本通知第一项要求。

三、高等学校应当严格依法审查国际学生申请入学的国籍身份和报考资格，对于国籍身份存疑的，应主动向当地设区市以上公安机关出入境管理部门核查确认申请人的国籍身份情况。

高等学校可在本通知的基础上制定本校的规定，对国际学生申请入学的身份资格做出进一步要求。

与之前通知的目标相同，都针对父母均为中国公民仅留学生本人持外国护照且长期在国内生活的“假留学生”出台了相关规定，并增加了针对海外生子取得外国护照的部分。

对比 2009 年和 2020 年的通知，发现两版的相同点和重点都在对申请作为国际学生进入我高等学校本专科阶段学习的资格认定上，不同点是：新版通知进一步细化了申请作为国际学生进入我国高等学校本专科阶段学习的条件，其中增加了“在外国出生取得外国护照”的情况。2009 年版通知的重点在于在中国出生，通过移民取得外国护照的学生，希望申请作为国际学生进入我国高等学校本专科阶段学习需要满足“取得护照时间超过 4 年，且留学之前的 4 年内在国外居住超过 2 年”的要求。2020 年新版通知除涵盖 2009 年的规定之外，增加：外国出生的，出生即取得外国护照的学生，只要父母中有一方是中国籍，要来中国留学，需要满足留学之前的 4 年内在国外居住超过 2 年的要求。①

以上政策的出台标志着我国关于国际学生引进、培养、实习和勤工助学方面的政策措施日益规范和完善。

与此同时，自新冠疫情暴发以来，由于留学本身流动性强，且多为跨境流动的特点，受到了较大影响，世界各国均出台了限制流动的相关政策以控制疫情传播。虽然现在还很难精准地评估新冠疫情对国际社会的整体影响，但在疫情防控过程中，有关部门已经采取了诸多行动，也有多项政策陆续出台，这也推动了我国留学事业的改革步伐。疫情初期，2020 年 3 月 26 日，外交部和国家移民管理局发布的《关于暂时停止持有效中国签证、居留许可的外国人入境的公告》提出，自 2020 年 3 月 28 日起，暂时停止外国人持目前有效来华签证和居留许可入境，这在一定程度上限制了来华留学生到我国学习。2020 年 6 月出台的《教育部等八部门关于加快和

① 教育部关于规范我高等学校接受国际学生有关工作的通知［J］．中华人民共和国教育部公报，2020（05）：48.

扩大新时代教育对外开放的意见》为新的历史时期教育对外开放的指明了方向。教育部国际司负责人明确指出："中国始终高举合作共赢旗帜，致力于深化拓展与世界各国在教育领域的互利合作和交流互鉴，为推动构建人类命运共同体贡献力量。"随着疫情逐步得到控制，2020 年 9 月 23 日，外交部和国家移民管理局发布公告，"允许持有效中国工作类、私人事务类和团聚类居留许可的外国人入境……中方将在确保防疫安全的前提下，逐步有序恢复中外人员往来"，在建立健全疫情防控措施的基础上更安全有效地推动复工、复产、复学。目前，国内学生已经全面恢复了正常的学习秩序，我国也在全面系统总结国内学生复学经验的基础上，在疫情防控期间以及后疫情时代，以开放的心态积极推动国际人才来华留学，对来华留学生的学习和发展赋予新的定位，提高来华留学教育的质量和管理水平，吸引更多国际学生来华留学，在规划新一轮对外开放的大局中提高我国在国际学生流动格局中的地位，做强"留学中国"品牌。① 2021 年 8 月 10 日，习近平主席也在给"国际青年领袖对话"项目外籍青年代表回信中表示，欢迎更多国际青年来华交流，希望中外青年在互学互鉴中增进了解、收获友谊、共同成长，为推动构建人类命运共同体贡献青春力量。

在来华留学人才就业方面，2016 年 2 月，中共中央办公厅、国务院办公厅印发《关于加强外国人永久居留服务管理的意见》，提出要"放宽外国优秀留学生在华工作限制，为其毕业后在中国境内工作和申请永久居留提供渠道"。同年 3 月，中共中央印发《关于深化人才发展体制机制改革的意见》，提出要充分开发利用国内国际人才资源，主动参与国际人才竞争，完善更加开放、更加灵活的人才培养、吸引和使用机制，同时提出要对外国人才来华签证、居留，放宽条件，简化程序，落实相关待遇等。可以说，国家已经为外籍毕业生在华就业政策的出台做好了铺垫。

另一方面，国家还用实际行动积极为来华留学生在华就业搭建平台。2016 年 4 月，教育部留学服务中心在北京大学举办了"首届来华留学人才招聘会"。招聘会取得圆满成功，得到来华留学生和用人单位的积极响应，20 多家知名企事业单位和来自首都 12 所高校的 1700 余名来华留学生参加了招聘会。之后的 4 年时间里，教育部留学服务中心又先后举办六届（7

---

① 马万华，张颀．新冠疫情对国际学生流动的影响与我国的策略选择：风险社会理论视角［J］．高校教育管理，2021，15（01）：1-9.

场）来华留学人才招聘会，前来应聘的留学生人数逐年增加，说明中国目前已经成为外国学生学习和工作的重要目的地。

2017 年 1 月，人力资源和社会保障部、外交部、教育部共同出台了《关于允许优秀外籍高校毕业生在华就业有关事项的通知》。通知规定：在中国境内高校取得硕士及以上学位且毕业一年以内的外国留学生，以及在境外知名高校取得硕士及以上学位且毕业一年以内的外籍毕业生，如符合一定条件，无须工作经历即可在华就业。这是政府相关主管部门第一次出台有关来华留学生毕业后留华就业的政策文件，为我国引进来华留学生中的高层次人才提供了政策依据。[①] 相关政策的出台对我国构建具有国际竞争力的人才制度、实施全球化人才竞争战略具有重要的意义。另外，据《外国人来华工作分类标准（试行）》规定，40 岁以下在国（境）外高水平大学或中国境内高校从事博士后研究的青年人才可认定为“优秀青年人才”，列入“外国高端人才（A 类）”，实行“绿色通道”和“容缺受理”服务，可以先申请人才签证，入境后凭人才签证办理外国人来华工作许可。通过上述政策不难看出，针对来华留学毕业生在华就业问题，国家看重的是人才是否足够优秀，对学习成绩、在校期间表现、学历水平有明确要求。由此可见，对来华留学毕业生的甄选，能够在满足国内劳动力市场对高水平人才需求的同时，合理优化在华外籍就业者结构，有序推进对外开放。

在来华留学人才创业方面，自 2015 年，公安部陆续出台了支持上海科创中心、福建自贸区、北京中关村国家自主创新示范区、广东自贸区建设及创新驱动发展的出入境便利政策措施，涉及签证、入境出境、停留居留、永久居留等方面。其中的重要措施包括：允许我国高校外国留学生在校期间进行兼职创业；对具有创新创业意愿的外国留学生，毕业后可以凭我国高校毕业证书申请两至五年有效的私人事务类居留许可（加注“创业”），进行毕业实习及创新创业活动。这些便利政策有力地服务了地方经济发展，聚集了创新、创业人才，产生了良好的社会效果。

2017 年 3 月，公安部在试点上海、福建、北京、广东出入境政策的基

---

① 人力资源和社会保障部、外交部、教育部．人力资源社会保障部外交部教育部关于允许优秀外籍高校毕业生在华就业有关事项的通知［EB/OL］．http：//www.mohrss.gov.cn/SYrlzyhshbzb/jiuye/zcwj/201701/t20170111_ 264214.html，2017-01-06.

础上，在国家有关自贸区及全面创新改革示范区推出 7 项出入境政策措施，全面支持区域经济社会建设发展。有关区域包括：天津、辽宁、浙江、河南、湖北、重庆、四川、陕西自贸区，京津冀和安徽省、广东省、四川省及沈阳市、武汉市、西安市全面创新改革示范区。公安部有关负责人表示，推广实施 7 项出入境政策措施，有助于进一步便利海外高层次人才来华发展，激发外籍华人创新创业热情，支持外籍青年学生创业，将对有关区域进一步吸引聚集人才和经济社会发展发挥重要作用，也将进一步释放人才“红利”，解决制约束缚有关地区吸引聚集外籍人才的政策瓶颈和制度障碍，是全力支持国家自贸区及全面创新改革示范区建设的重要举措。①

2020 年 7 月 1 日，为进一步吸引全球优秀青年人才，强化上海国际人才集聚功能，上海市人力资源和社会保障局发布了《关于做好优秀外籍高校毕业生来沪工作等有关事项的通知》。新办法进一步优化升级了支持优秀外籍青年在沪就业的措施，来华留学生在沪就业范围得到大幅拓展，由“双自”地区拓展到中国（上海）自由贸易试验区临港新片区、虹桥商务区以及“上海科技创新职业清单”内的用人单位，“毕业一年以内”的时间限制也延长到了两年。通知规定，符合条件的外籍高校毕业生可在浦东、临港等地的留学人员创业园直接创业，并办理工作证件，创业经历视同工作经历。这就使来华留学生本科毕业后可以通过创业而获得工作经历的积累，为其日后在华其他地区就业开辟了一条新途径。从中央文件的出台到上海等地政策的颁布，伴随着来华留学生在华就业和实习渠道的不断畅通，部分地区和高校通过举办招聘会、成立来华留学生就业指导中心等具体举措，鼓励、促进优秀来华留学生在华就业，推动来华留学生在华就业工作取得了新进展。②

① 中华人民共和国公安部网站．公安部推出 7 项出入境政策措施全面支持国家有关自贸区等区域创新发展（EB/OL）．http：//www.mps.gov.cn/n2253534/n2253535/n2253537/c5657109/content.html，2017-03-09.

② 上海市人力资源和社会保障局．关于做好优秀外籍高校毕业生来沪工作等有关事项的通知［EB/OL］．http：//rsj.sh.gov.cn/twgrjygl_17267/20201020/t0035_1394880.html，2020-07-07.

7.4 总结与建议

随着“一带一路”倡议的深入推进，来华留学人员在我国企业“走出去”和国际化进程中的作用日益凸显。作为既接受过中国高等教育，了解中国文化，又熟悉母国国情的来华留学生，正逐渐成为我国重要的国际化人才资源。在此背景下，如何提升我国教育的国际竞争力和软实力，提升来华留学质量，同时配合国家“一带一路”倡议与人才战略，引进来华留学生中的高层次人才，成为新时代我国教育对外开放的一项新的课题。

2014 年 12 月召开的全国留学工作会议是我国第一次全国意义的留学工作会议。习近平主席在这次会议上做了重要指示，强调“统筹谋划出国留学和来华留学，综合运用国际国内两种资源，培养造就更多优秀人才，努力开创留学工作新局面”。2017 年，党的十九大胜利召开，习近平总书记在十九大报告中明确指出：要“聚天下英才而用之，加快建设人才强国。实行更加积极、更加开放、更加有效的人才政策，以识才的慧眼、爱才的诚意、用才的胆识、容才的雅量、聚才的良方，把党内和党外、国内和国外各方面优秀人才集聚到党和人民的伟大奋斗中来”。习总书记的讲话为我们今后的留学人才工作指明了方向。

当前，中国经济增长进入“新常态”，全面深化改革进入“深水区”，我国来华留学工作与出国留学工作所创造的“人才红利”与“改革红利”一道，将助推中国经济的提质增效升级，同时也将对我国加大对外开放程度、增强国家软实力、提升我国的国际竞争力和影响力发挥重要作用。人才是大国竞争的关键因素，也是中华民族实现伟大复兴的基础。吸引更多国家的高层次人才来华留学并为我所用，号召更多的海外学子为国服务，疏通人才双向流动机制，兑现人才红利，进而提升我国的国际竞争力，将是新时代我国留学工作的重要目标。

为了更好地实现这一目标，结合本书的研究分析成果，笔者提出相关建议如下：

第一，规划引导高校结合我国对外开放合作需求，尤其是“一带一路”倡议，及时调整开设来华留学课程和专业，提升 STEM 学科（科学、技术、工程、数学类学科）的来华留学吸引力。从目前来华留学生的学科专业构成来看，汉语言和西医所占比重较大，工科、经济、管理类专业虽近年来数量增长明显，但所占比例仍然相对较少；在来华留学人才需求方面，工程技术、土木建筑、经济与商务管理以及信息技术等岗位方面的留学生需求却是最大的。因此，建议在来华留学学科规划方面予以适当引导，加大对开设有 STEM 学科的来华留学生招生院校的政策倾斜与支持，提升高校在 STEM 学科方面招收国际学生的吸引力。

第二，以发布《来华留学生高等教育质量规范（试行）》为契机，指导高校建立来华留学招生最低标准，提升来华留学生源质量。同时，充分发挥“高校研究生”中国政府奖学金项目的引领作用，吸引优秀国际学生（硕博研究生及以上）来华留学，培养来华留学杰出人才和高层次人才，服务我国经济社会发展和对外开放新格局。从本书的数据来看，本专科教育和非学历教育的来华留学生占据来华留学生的主导地位，接收硕士尤其是博士教育的来华留学生的比例依然较小，企业招聘的来华留学生学历层次和满意度也与之相关。因此，提升来华留学生的学历层次和生源质量依然是今后一个阶段来华留学人才工作努力的重要方向。

第三，加强留华校友工作，建立来华留学生人才供需平台，形成卓有成效的留华毕业生人才库，服务国家“一带一路”倡议以及与各国的对外友好合作。从本书的调研数据来看，喜爱中国文化，想亲身接触、学习汉语以及中国经济发展前景等原因处于国际学生来华留学原因的前列，同时也与其未来职业发展方向有较强相关。因此，做好世界各国留华校友工作，加强留华校友与中国的纽带和沟通桥梁作用，建立来华留学人才库和供需平台，将对我国发展同世界各国尤其是“一带一路”国家间的教育文化、经济科技友好合作将具有重要的作用。

参考文献

［1］高子平．我国外籍人才引进与技术移民制度研究［M］．上海：上海社会科学院出版社，2012.

［2］柳卸林，高太山，周江华．中国区域创新能力报告［M］．北京：科学出版社，2015.

［3］王通讯．人才学通论．天津：天津人民出版社，1985：1-2.

［4］叶忠海．人才学概论．长沙：湖南人民出版社，1983：3-4.

［5］AGHION P，HOWITT P. Endogenous Growth Theory［M］. Cambridge，MA：MIT Press，1998.

［6］GARY S B. Human Capital［M］. Chicago：University of Chicago Press，1994.

［7］KOKKO A. Technology Market Characteristics and spillovers［M］. Journal of Development Economics，43，279-293. 1994.

［8］KUMAR N. Globalization and the Quality of Foreign Direct Investment［M］. New Delhi：Oxford University Press，2002.

［9］PISANO G，TEECE D J. Collaborative Arrangements and Global Technology Strategy：Some Evidence from the Telecommunications Equipment Industry［M］. Business Strategy and Enterprise Development in Competitive Environments. 2015：145-174.

［10］THEODORE W SCHULTZ. Investment in Human Capital：The Role of Education and Research［M］. Beijing：The Commercial Press，1990.

［11］深入实施新时代人才强国战略 加快建设世界重要人才中心和创新高地［N］．人民日报，2021-12-16（001）．

［12］欧阳洁，林丽鹂，罗珊珊，等．中国引资更强劲［N］．人民日报，2021-05-24（001）．

［13］孙奇茹．中关村发布20条国际人才新政［N］．北京日报，2018-02-28（001）．

［14］徐林，吴哲，岳宗，等．以在粤港澳大湾区建设高水平人才高地为牵引 奋力开创新时代人才强省建设新局面［N］．南方日报，2021-11-02（A01）．

［15］张骏．以政策创新城市温度“海聚英才”［N］．解放日报，2021-10-03（001）．

［16］白俊红，蒋伏心．考虑环境因素的区域创新效率研究——基于三阶段DEA方法［J］．财贸经济，2011（10）：104-112，136.

［17］白俊红，吕晓红．FDI质量与中国经济发展方式转变［J］．金融研究，2017（05）：47-62.

［18］陈劲，陈钰芬，余芳珍．FDI对促进我国区域创新能力的影响［J］．科研管理，2007，28（1）：7-13.

［19］陈力．国际人才竞争的特点与趋势［J］．中国人才，2003（12）：15-17.

［20］陈炎伟，张元钊，黄和亮．人力资本与FDI耦合关系及其重要启示［J］．山东社会科学，2021（06）：139-143.

［21］陈怡安，杨河清．海归回流对中国技术进步的影响效应实证［J］．经济管理，2013（4）：82-93.

［22］陈怡安．国际智力回流：文献评述与展望［J］．科技进步与对策，2014，31（23）：183-188.

［23］程承坪，邱依婷．改革开放以来中国经济持续高增长的理论及实践［J］．中国软科学，2018，（02）：160-167，176.

［24］仇怡，聂萼辉．留学生回流的技术外溢效应［J］．国际贸易问题，2015（2）：34-42.

［25］储德银，姜春娜．财政透明与FDI区位选择［J］．财经问题研究，2021（07）：84-93.

［26］戴魁早．中国自主创新与经济增长关系的实证研究［J］．科学学研究，2008，26（3）：626-632.

［27］戴长征，王海滨．国际人才流动与人才安全问题［J］．经济社会体制比较，2009（06）：148-154.

［28］《党史文汇》编辑部．党的十九大亮点新意解读（之三）［J］．党史文汇，2018，（3）：60-64.

［29］丁进．人才概念的发展和“国际化人才”的定义［M］//2010

领导人才论坛暨中国党政与国企领导人才素质标准与开发战略研讨会论文选集，2010：8-10.

［30］杜静，李丽君．国际人才差异化保留策略探析：以滨海新区为例［J］．科技管理研究，2013，33（09）：144-147，152.

［31］杜伟，杨志江，夏国平．人力资本推动经济增长的作用机制研究［J］．中国软科学，2014（8）：173-183

［32］段姗，蒋泰维，张洁音．区域企业技术创新发展评价研究：浙江省 11 个区市及各行业企业技术创新评价指标体系分析［J］．中国软科学，2014（5）：85-96.

［33］樊儒经，张雯．人力资本和流动人口对于我国经济增长差异的影响研究：基于 2011—2015 年度江浙沪地区数据的实证分析［J］．人口与发展，2019，25（03）：14-26.

［34］方英义．国际人口迁移后果的历史考察［J］．财经科学，1993（02）：66-69.

［35］付晓东，王谦，陈祖贤．改革开放以来中国 FDI 区位变动分析与前景展望［J］．区域经济评论，2021（03）：102-113.

［36］傅元海．我国引进 FDI 质量的实证研究［J］．统计研究，2008（10）：9-17.

［37］高晓霞，芮雪琴，宋燕．中国省市区域创新能力动态研究［J］．2014，34（2）：15-19.

［38］高远东，陈迅．人力资本对经济增长作用的空间计量研究［J］．经济科学，2010（1）：42-51.

［39］谷媛媛，邱斌．国际人才流入是否影响我国 FDI 区位选择：省级层面数据的实证分析［J］．科技进步与对策，2017，34（20）：30-36.

［40］何一峰，付海京．影响我国人口迁移因素的实证分析［J］．浙江社会科学，2007（2）：47-5

［41］胡炜炜．进出口贸易对经济增长的影响［J］．消费导刊，2019，（21）：141-142.

［42］胡欣悦，李媛媛，汤勇力．专利许可对区域创新绩效的影响［J］．科技进步与对策，2015（11）：26-30.

［43］黄秋文．实施国际人才战略，提升广州市国际竞争力［J］．商讯商业经济文荟，2005（06）：91-94.

[44] 黄湘闽．国际人才与国际人才环境 [J]. 中国人才, 2011 (01): 76-77.

[45] 黄晓治, 曹鑫．产业集群与区域创新能力提升 [J]. 经济问题探索, 2006 (12): 31-37.

[46] 季小立, 龚传洲．区域创新体系构建中的人才集聚机制研究 [J]. 中国流通经济, 2010, 24 (04): 73-76.

[47] 季小立, 洪银兴．后金融危机阶段人才集聚启动创新型经济的机理 [J]. 学术界, 2012 (10): 36-45

[48] 蒋天颖, 刘程军．长江三角洲区域创新与经济增长的耦合协调研究 [J]. 地域研究与开发, 2015, 34 (06): 8-13, 42.

[49] 教育部关于规范我高等学校接受国际学生有关工作的通知 [R]. 中华人民共和国教育部公报, 2020 (05): 48.

[50] 靳巧花, 严太华．自主研发与区域创新能力关系研究 [J]. 科学学与科学技术管理, 2017, 38 (2): 148-157.

[51] 鞠斐, 袁勇志．将中美贸易摩擦转变为引进海外人才归国创业的战略机遇 [J]. 人民论坛·学术前沿, 2019 (22): 154-157..

[52] 蓝劲松, 江丕权．科教兴国的重要一环——人才市场机制与国际人才市场条件下中国人才政策的若干思考 [J]. 清华大学教育研究, 2000 (01): 71-80.

[53] 雷淑珍, 高煜, 刘振清．政府财政干预、异质性 FDI 与区域创新能力 [J]. 科研管理, 2021, 42 (02): 40-51.

[54] 李北伟, 路天浩, 李麟白．中美科技竞争环境下海外高层次人才引进对策 [J]. 科技管理研究, 2021, 41 (18): 26-31.

[55] 李春浩, 牛雄鹰．国际人才国内外研究的热点及述评: 基于 CiteSpace 的可视化分析 [J]. 科技与经济, 2021, 34 (05): 76-80.

[56] 李金城, 王林辉, 国胜铁．高质量 FDI 的技术进步偏向: 经验证据与政策建议 [J]. 哈尔滨商业大学学报 (社会科学版), 2021 (02): 82-90.

[57] 李平, 许家云．国际智力回流的技术扩散效应研究: 基于中国地区差异及门槛回归的实证分析 [J]. 经济学 (季刊), 2011, 10 (03): 935-964.

[58] 李新功．以社会资本为契机提高区域技术创新能力 [J]. 管理

世界，2007（1）：158-159.

［59］李永忠，冯俊文，高朋．区域创新能力及其评价综述研究［J］．技术经济，2007，26（12）：28-31.

［60］刘军，李廉水，王忠．产业集聚对区域创新能力的影响及其行业差异［J］．科研管理，2010，31（6）：191-198.

［61］刘明，宋彦玲．中西部地区 FDI 是否促进了承接东部制造业转移：基于 FDI 质量视角［J］．国际贸易问题，2021（09）：88-104.

［62］刘扬，王慧，孔繁盛．外国学生缘何留学中国：基于北京高校调查的实证研究［J］．高等教育研究，2013，34（05）：32-38，52.

［63］刘扬，王怡伟．我国来华留学教育政策与实践［J］．高教发展与评估，2011，27（6）：73-75.

［64］刘跃，卜曲，彭春香．中国区域技术创新能力与经济增长质量的关系［J］．地域研究与开发，2016，35（03）：1-4，39.

［65］刘志彪．从后发到先发：关于实施创新驱动战略的理论思考［J］．产业经济研究，2011（4）：1-7.

［66］骆新华．国际人才流动与我国智力引进［J］．高等工程教育研究，2000（02）：37-42.

［67］马海涛，张芳芳．人才跨国流动的动力与影响研究评述［J］．经济地理，2019，39（02）：40-47.

［68］马万华，张颀．新冠疫情对国际学生流动的影响与我国的策略选择：风险社会理论视角［J］．高校教育管理，2021，15（01）：1-9.

［69］牛雄鹰，李春浩，张芮．国际人才流入、人力资本对创新效率的影响：基于随机前沿模型的研究［J］．人口与经济，2018（06）：12-22.

［70］曲如晓，李婧，杨修．国际人才流入、技术距离与中国企业创新［J］．暨南学报（哲学社会科学版），2021，43（06）：91-106.

［71］任保平．以创新驱动提高中国经济增长的质量和效益［J］．黑龙江社会科学，2013（4）：45-49.

［72］桑瑞聪，岳中刚．外商直接投资与区域创新能力［J］．国际经贸探索，2010，27（10）：40-45.

［73］邵军，徐康宁．外商直接投资、人力资本与中国工业部门技术进步：基于吸收能力的 FDI 技术外溢研究［J］．东南大学学报（哲学社会

科学版)，2008 (5)：24-29.

[74] 宋晓梅．我国人力资本研究分析工具的创新：制度分析的根源及意义 [J]. 北京科技大学学报 (社会科学版)，2005，26 (2)：94-98.

[75] 苏榕，刘佐菁，苏帆．十九大以来国内科技人才政策新态势分析及其对广东的启示 [J]. 科技管理研究，2019，39 (20)：129-134.

[76] 孙健，孙启文，孙嘉琦．中国不同地区人才集聚模式研究 [J]. 人口与经济，2007 (03)：13-18.

[77] 孙锐，孙彦玲．构建面向高质量发展的人才工作体系：问题与对策 [J]. 科学学与科学技术管理，2021，42 (02)：3-16.

[78] 孙玮，王九云，成力为．FDI 质量对高技术产业自主创新效率的溢出效应：基于企业所有制结构视角的中国数据实证研究 [J]. 科研管理，2011，32 (08)：57-66.

[79] 唐未兵．技术创新、技术引进与经济增长方式转变 [J]. 经济研究，2014 (7)：31-43.

[80] 田素华，李筱妍，王弟海．人口老龄化、资本供求与国际直接投资流动 [J]. 国际经贸探索，2021，37 (11)：52-67.

[81] 王辉耀．加强国际人才竞争需制度化法律化 [J]. 中国人才，2012 (03)：58-60.

[82] 王金营．我国人口转变地区差异及其与社会经济发展的相关分析 [J]. 河北大学学报 (哲学社会科学版)，2001，(03)：77-82.

[83] 王培根，牛敏．浅析高技术人才的国际流动 [J]. 科学学研究，2002 (03)：262-265.

[84] 王锐淇，张宗益．区域创新能力影响因素的空间面板数据分析 [J]. 科研管理，2010 (31)：18-27.

[85] 王三兴，熊凌．FDI 与区域创新能力 [J]. 山西财经大学学报，2007，29 (5)：32-37.

[86] 王恬．人力资本流动与技术溢出效应：来自我国制造业企业数据的实证研究 [J]. 经济科学，2008 (4)：99-109.

[87] 王永华．我国人力资本与区域创新能力的非线性关系研究：基于面板门槛模型的经验证据 [J]. 经济问题，2015 (06)：47-50.

[88] 王永齐．融资效率、劳动力流动与技术扩散：一个分析框架及基于中国的经验检验 [J]. 世界经济，2007，30 (1)：69-80.

[89] 王宇新，姚梅. 空间效应下中国省域间技术创新能力影响因素的实证分析 [J]. 科学决策，2015 (03)：72-81.

[90] 王云飞，杨希燕. 社会网络促进我国对外贸易了吗?：基于移民网络视角的检验 [J]. 世界经济研究，2015 (10)：101-109，12.

[91] 魏浩，陈开军. 国际人才流入对中国出口贸易影响的实证分析 [J]. 中国人口科学，2015 (04)：72-82，127-128.

[92] 魏浩，连慧君. 国际劳动力流入对美国进出口贸易影响的实证分析 [J]. 国际商务（对外经济贸易大学学报），2020 (04)：1-16.

[93] 魏浩，袁然，赖德胜. 中国吸引留学生来华的影响因素研究：基于中国与全球172个国家双边数据的实证分析 [J]. 教育研究，2018，39 (11)：76-90.

[94] 魏浩，袁然. 国际人才流入与中国企业的研发投入 [J]. 世界经济，2018，41 (12)：144-166.

[95] 魏浩，王宸，毛日昇. 国际间人才流动及其影响因素的实证分析 [J]. 管理世界，2012 (01)：33-45.

[96] 魏浩，袁然. 国际人才流入与中国企业的研发投入 [J]. 世界经济，2018，41 (12)：144-166.

[97] 魏浩、陈开军. 国际间人才流入对中国出口贸易的实证分析 [J]. 中国人口科学 2015 (04)：72-82.

[98] 魏后凯. 外商直接投资对中国我国经济增长的影响 [J]. 经济研究，2002 (04)：19-26，92-93.

[99] 魏华颖. 北京吸引国际人才对策探析 [J]. 人口与经济，2011 (02)：92-94.

[100] 徐彬，吴茜. 人才集聚、创新驱动与经济增长 [J]. 软科学，2019，33 (01)：19-23.

[101] 薛漪. 高级人才国际流动影响分析及对我国的借鉴 [J]. 科学学与科学技术管理，2005 (09)：138-142.

[102] 阳立高，贺正楚，柒江艺，等. 发展中国家知识产权保护、人力资本与经济增长 [J]. 中国软科学，2013 (11)：123-138.

[103] 杨朝峰，赵志耘，许治. 区域创新能力与经济收敛实证研究 [J]. 中国软科学，2015 (01)：88-95.

[104] 杨军红. 来华留学生构成特点及影响因素分析 [J]. 中南民族

大学学报（人文社会科学版），2006（S1）：103-107.

［105］姚卓，罗瑾琏．上海：构筑国际人才高地与吸引留学人才［J］．中国人才，2003（02）：12-14.

［106］叶修群，张雅竹．保税区、出口加工区与FDI质量［J］．当代经济科学，2020，42（03）：28-38.

［107］应世昌．科技人才流入美国的原因及其对美国经济的影响［J］．世界经济，1988（05）：62-68.

［108］张丹，李玉双．异质性环境规制、外商直接投资与经济波动：基于动态空间面板模型的实证研究［J］．财经理论与实践，2021，42（03）：65-70.

［109］张俊美，佟家栋．“一带一路”国际人才网络对中国出口贸易的影响：来自出口企业的微观证据［J］．世界经济研究，2021（09）：99-117，136.

［110］张丽君．海外智力流入对中国技术创新能力的影响效应测度

［111］张晓毅，刘文．海外移民网络对中国出口二元边际的影响［J］．贵州社会科学2017（11）：133-140.

［112］张笑予，汪建华，冯东．高层次人才研究四十年：热点主题与未来展望：基于CNKI数据库主题文献分析［J］．黑龙江高教研究，2019，37（12）：39-43.

［113］张秀武．人口年龄结构是否通过人力资本影响经济增长：基于中介效应的检验［J］．中国软科学，2018，（07）：149-158.

［114］赵雪雁，李文美，张亮．社会资本对区域创新能力的影响［J］．干旱区地理，2015，38（02）：377-383.

［115］甄峰，黄朝永，罗守贵．区域创新能力评价指标体系研究［J］．科学管理研究，2000（06）：5-8.

［116］周丽群，连慧君，袁然．国际劳动力流入对美国创新影响的实证分析：兼论对中国吸引国际人才的启示［J］．中国软科学，2021（06）：53-63.

［117］篆建红，鞠磊．对外贸易与国际移民：以中国为例［J］．山东大学学报，2008（04）：96-103.

［118］赵永亮．移民网络与贸易创造效应［J］．经济研究，2012（05）：57-64.

［119］ 邹建华，韩永辉．引资转型、FDI 质量与区域经济增长：基于珠三角面板数据的实证分析［J］．国际贸易问题，2013（07）：147-157.

［120］ 邹薇，代谦．技术模仿、人力资本积累与经济赶超［J］．中国社会科学，2003（5）：26-38.

［121］ AIMEE RINDOKS. The international mobility of talent：types，causes and development impact［J］．Journal of Ethnic and Migration Studies，2010（36）：709-710.

［122］ ALFARO L，CHARLTON A．Growth and the quality of foreign direct investment：is all FDI equal［J］．Social Science Electronic Publishing，2007（10）．

［123］ ALI M，CANTNER U，ROY I．Knowledge spillovers through FDI and trade：the moderating role of quality-adjusted human capital［J］．Journal of Evolutionary Economics，2015，26（04）：1-32.

［124］ ARROW K J．The economic implication of learning by doing［J］．Review of Economics and Statistics，1962，29（03）．

［125］ BASSETT - JONES N．The paradox of diversity management，creativity and innovation［J］．Creativity and Innovation Management，2010，14（02）：169-175.

［126］ BEDFORD R，SPOONLEY P．Competing for talent：diffusion of an innovation in New Zealand immigration policy［J］．International Migration Review，2014，48（03）：891-911.

［127］ BEINE M ，DOCQUIER F ，RAPOPORT H．Brain drain and human capital formation in developing countries：winners and losers?［J］．ULB Institutional Repository，2008，118（528）：631-652.

［128］ BEINE M，DOCQUIER F，RAPOPORT H．Brain drain and economic growth：theory and evidence［J］．Journal of Development Economics，2001，64（01）：275-289.

［129］ BHAGWATI J N，HAMADA K．The brain drain，international integration of markets for professionals and unemployment［J］．Journal of Development Economics，1974，1（01）：19-42.

［130］ BLOMSTROM M，KOKKO A，ZEJAN M．Host country competition，labor skills，and technology transfer by multinationals［J］．Review of World Economics, 1994, 130 (03): 521-533.

[131] BOHING W., SCHLOETER PAREDES M., Aid in palace of migration? Geneva [R]. International Labor Office, 1994.

[132] BORGATTI J. Relational view of information seeking and leaning in social networks [J]. Management Science, 2003, 49 (04): 432-445.

[133] BORJAS, G. Assimilation and changes in cohort quality revisited: What happened to Immigrant earnings in the 1980s [J]. Journal of Labor Economics, 1995 (13): 201-245.

[134] BRAVO-ORTEGA C. MARIN A G. R&D and productivity: a two-way avenue? [J]. World Development. 2011. 39 (07): 1090-1107.

[135] BROEKEL T, BRENNER T. Regional factors and innovativeness: an empirical analysis of four German industries [J]. The Annals of Regional Science, 2011, 47 (01): 169-194.

[136] BRUCE FALLICK, CHARLES A FLEISCHMAN, JAMES B REBITZER. Job-hopping in Silicon Valley: some evidence concerning the microfoundations of a high-technology cluster [J]. The Review of Economics and Statistics. 2006, 88 (3): 472-481.

[137] BUCKLEY P J, CLEGG J, WANG C. The relationship between inward foreign direct investment and the performance of domestically-owned chinese manufacturing industry [J]. Multinational Business Review.

[138] CARD D. Immigrant inflows, native outflows, and the local market impacts of higher immigration [J]. Journal of Labor Economics, 2001, 19 (01): 22-64.

[139] CATIA B, AITOR L, PEDRO C. Vicente testing the 'brain gain' hypothesis: micro evidence from Cape Verde [J]. Journal of Development Economics, 2012, 97 (01): 32-45.

[140] CHEN Y CH. Thc limits of Brain-Circulation: Chinese returnees and technological development in Beijing [J]. Pacific Affairs, 2008, 81 (02): 195-215.

[141] CHENERY H B, STROUT A M. Foreign assistance and economic development [J]. The American Economic Review. 1966 (56): 679-733.

[142] CHIQUIAR D, HANSON G H. International migration, self-

selection, and the distribution of wages: evidence from Mexico and the United Statse [J]. Journal of Political Economy, 2005, 113 (02): 239-281.

[143] COLLINS W J. Were trade and factor mobility substitutes in history? [D]. NBER Working Paper, 1997, No.6059.

[144] COMMANDER S, KANGASNIEMI M, WINTERS L A. The brain drain: a review of theory and facts [J]. Brussels Economic Review. 2012, 47 (1): 29-44.

[145] COMOLLI P. Migration, FDI, and welfare [J]. Atlantic Economic Journal, 2018, 46 (2): 179-188.

[146] COOKE P. Regional innovation systems, clusters and the knowledge economy [J]. Industrial and Corporate Change, 2001, 10 (4): 945-975.

[147] DE WINNE SOPHIE, LUC SELS. Interrelationships between human capital, hrm and innovation in belgian start-ups aiming at an innovation strategy [J]. In ternational Journal of Human Resource Management, 2010, 9 (21): 1863-1883.

[148] DELICADO A. Going abroad to do science: mobility trends and motivations of portuguese researchers [J]. Science Studies, 2010, 23 (2) .

[149] DOCQUIER F, LODIGIANI E. Skilled migration and business networks [J]. Open Economies Review, 2010, 21 (4): 565-588.

[150] DOQUIER, FREDERIC, MARFOUK A. International migration by educational attainment (1990—2000) [M]//OZDEN, M. SCHIFF, EDS. International Migration Remittances and the Brain Drai. Palgrave McMillan Press (for the World Bank) . New York, 2005 (3): 72-78.

[151] EGGER P, RADULESCU D M. The Influence of labour taxes in the migration of skilled workers [J]. World Economy, 2009, 32 (9): 1365-1379.

[152] ELISE S. BREZIS, ARIEL SOUERI. Students' international mobility [EB/OL]. www.almalaurea.it/info/convegni/bologna2011/abstract/Brezis_ Soueri.pdf. 2011.

[153] FOAD H. FDI and immigration: a regional analysis [J]. The Annals of Regional Science, 2012, 49 (1): 237-259.

[154] FOSFURI A, MOTTA M, RONDE T. Foreign direct investment and spillovers through workers' mobility [J]. Journal of International Economics.

2001, 53: 205-222.

[155] FRITSCH M, SLAVTCHEV V. How does industry specialization affect the efficiency of regional innovation systems? [J]. The Annals of Regional Science, 2010, 45 (1): 87-108.

[156] FURMAN J L, PORTER M E, STERN S. The determinants of national innovative capability [J]. Research Policy, 2002, 31 (31): 899-933.

[157] GABRIEL J. FELBERMAYR, BENJAMIN JUNG, FARID TOUBAL. Ethnic Networks, Information, and International Trade: Revisiting the Evidence [J]. Annals of Economics and Statistics, 2010 (97): 41-70.

[158] GAGLIARDI L. Does skilled migration foster innovative performance? evidence from british local areas [J]. Regional Science, 2015, 94 (4): 773-794. JP

[159] GONZÁLEZPERNÍA J L, PEÑALEGAZKUE I, VENDRELLHERRERO F. Innovation, entrepreneurial activity and competitiveness at a sub-national level [J]. Small Business Economics, 2012, 39 (3): 561-574.

[160] GRUBEL H G, SCOT A. The international flow of human capital [J]. American Economic Review, 1966, 56: 268-74.

[161] GRUBEL H G, SCOTT A D. The immigration of scientists and engineers to the United States, 1949—61 [J], Journal of Political Economy, 1966, 74 (4): 368-378.

[162] GRUBEL H G, SCOTT A. The international flow of human capital [J]. American Economic Review, 1966. 56 (3): 268-274.

[163] HARRIS J R, TODARO M P. Wages, industrial employment and labour productivity: the Kenyan experience [J]. Eastern Africa Economic Review, 1969, 1 (1): 29-46.

[164] HOVHANNISYAN N, KELLERW. International business travel: an engine of innovation? [J]. Journal of Economic Growth, 2015, 20 (1): 75-104.

[165] HUNT J. Innis Lecture: Are migrants more skilled than non-migrants? repeat, return, and same-employer migrants [J]. Canadian Journal of Economics, 2004, 37 (4): 830-849.

[166] JACQUES POOT, ANNA STRUTT. International trade agreements and international migration [D]. Working Paper in Economics, 2009-09-06.

[167] JAMES E. RAUCH, VITOR TRINDADE. Ethnic Chinese networks in international trade [J]. Review of Economics and Statistics. 2002, 84 (1): 116-130.

[168] JENSEN K W. Firms' innovation benefiting from networking and institutional support: a global analysis of national and firm effects [J]. Research Policy, 2016, 45 (6): 1233-1246.

[169] KERRWR. U. S. high - skilled immigration, innovation, and entrepreneurship: Empirical Approaches and Evidence [J]. Social Science Electronic Publishing, 2014, 72 (35): 1-32.

[170] LAZEAR E P. Diversity and immigration [J]. NBER Chapters, 2000.

[171] LIU DONG, WANG JING. The Determinants of international student mobility: an empirical study on US [EB/OL]. http: //dalea. du. se/theses/? itemId=3759, 2008.

[172] LOPEZ R., SCHIFF M. Migration and the skill composition of the labor force: the impact of trade liberalization in LDCs [J]. The Canadian Journal ofEconomics, 1998, 31 (2), 318-336.

[173] LUO S, SHI Y, SUN Y, et al. Can FDI and ODI two-way flows improve the quality of economic growth? empirical evidence from China [J]. Applied Economics, 2021, 53 (44): 5028-5050.

[174] LV Y P, SONG Z X. An empirical analysis of fdi, human capital and china' s regional economic growth [J]. The Journal of Eurasian Studies, 2018, 15 (4): 43-56.

[175] MA HAITAO, ZHANG FANGFANG, LIU YE. Transnational elites enhance the connectivity of chinese cities in the world city network. [J]. Environment & Planning, 2018, 50 (4): 749-751.

[176] MA J N. Why and how international students choose mainland China as a higher education study abroad destination [J]. Higher Education, 2016 (4): 563-579.

[177] MAHROUM S. Scientists and global spaces [J]. Technology in

Society, 2000, 22 (4): 513-523.

[178] MAHROUM, S. Highly skilled globetrotters: mapping the international migration of human capital [J]. R&D Management, 2000, 30 (1): 674-688.

[179] MANSFIELD, ROMEO. Technology transfer to overseas subsidiaries by US firm [J]. Quarterly Journal of Economics, 1980 (95): 737-750.

[180] MARÉ D C, FABLING R, STILLMAN S. Innovation and the local workforce [J]. Regional Science, 2014, 93 (1): 183-201.

[181] MARÉ D C, FABLING R, STILLMAN S. Immigration and innovation [J]. Social Science Electronic Publishing, 2011, 31 (4) : 561-562.

[182] MARINA MURUT. Out of sight, not out of mind. education networks and international trade [J]. World Development 2014 (58): 53-56.

[183] MARTINA B R. The evolution of science policy and innovation studies [J]. Research Policy, 2012, 41 (7): 1219-1239.

[184] MARTINA. Innovative milieu and social capital complementary or redundant concepts of collaboration-based regional development? [J]. European Planning Studies, 2014, 12 (6): 747-765.

[185] MARY E. MCMAHON. Higher education in a world market [J]. Higher Education, 1992, 24 (4) : 465-482.

[186] MAURICE SCHIFF. Love thy neighbor: trade, migration, and social capital [J]. European Journal of Political Economy, 2002, 18 (1) .

[187] MICHAEL POLANYI. The logic of tacit inference [J]. Philosophy, 1966, 41 (155) : 1-18.

[188] Mountford A. Can a brain drain be good for growth in the source economy? [J]. Journal of Development Economics, 1997, 53 (2): 287-303.

[189] MULLINGS B. Diaspora strategies, skilled migrants and human capital enhancement in Jamaica [J]. Global Networks, 2011, 11 (1): 24-42.

[190] OZGEN C, PETERS C, NIEBUHR A, et al. Does cultural diversity of migrant employees affect innovation? [J]. International Migration Review, 2014 (48): 377-416.

[191] PAN X, GUO S, HAN C, et al. Influence of FDI quality on energy efficiency in China based on seemingly unrelated regression method [J]. Energy, 2020, 192 (02): 1-7.

[192] PAOLO, Sgrignoli, Rodolfo, et al, The relation between global migration and trade networks [J]. Physic A, 2015, 417: 245-260.

[193] PARROTTA P, POZZOLI D, PYTLIKOVA M. The nexus between labor diversity and firm's innovation [J]. Journal of Population Economics, 2014, 27 (2): 303-364.

[194] PHOLPHIRUL P, RUKUMNUAYKIT P. Does immigration always promote innovation? evidence from thai manufacturers [J]. Journal of International Migration and Integration, 2017, 18 (1): 291-318.

[195] R CAMAGNI. Uncertainty and innovation networks: towards a new dynamic theory of economic space [M]// CAMAGNIR. Innovation networks: spatial perspectives. Belhaven, London: 1991: 121-42.

[196] RAVENSTEIN E G. The law of migration [J]. Journal of the Statistical Society, 1989, 54 (12): 304-357.

[197] ROBERT E L. Why doesn't capital flow from rich to poor countries? [J]. The American Economic Review. 1990 (2) .

[198] ROMER C. Spurious volatility in historical unemployment data [J]. Journal of Political Economy, 1986, 94 (1): 1-37.

[199] ROMER P M. Increasing returns and long run growth [J]. Journal of Political Economy, 1986, 94 (5): 1002-1037.

[200] SAMI MAHROUM. Highly skilled globetrotters: mapping the international migration of human capital [J]. R&D Management, 2000 (30): 674-688.

[201] SCELLATO G, FRANZONI C, STEPHAN P. Migrant scientists and international networks [J]. Research Policy, 2015, 44 (1): 108-120.

[202] SCHIUMA G, LERRO A. Knowledge-based capital in building regional innovation capability [J]. Journal of Knowledge Management, 2008, 12 (5): 121-136.

[203] SHAPIRO J M. Smart cities: explaining the relationship between city growth and human capital [J]. Ssrn Electronic Journal, 2003.

[204] SOLIMANO ANDRÈS. The international mobility of talent: trends and development implications [R]. 2008.

[205] SOO YOUNG PARK, WOOBAE LEE. Regional innovation system built by local agencies: an alternative model of regional development [R]. ICGG Taegu 2000 Conference, 2000: 1-20.

[206] STERN R. Innovation networks and regional development-evidence from the european regional innovation survey (ERIS) [J]. European Planning Studies, 2000, (8).

[207] STRAUBHAAR T. International labor migration within a common market: some aspects of experience [J]. Journal of Common Market Studies, 1988: 45-61.

[208] THANH LE. "Brain drain" or "brain circulation": evidence from OECD's international migration and r&d spillovers [J]. Scottish Journal of Political Economy, 2008, 55 (5) : 618-636.

[209] TING G, Ethnic Chinese network and international evidence from inward FDI in China [J]. Journal of Asian Economics, 2003, 14 (4): 611-629.

[210] TSE - MEI CHEN, GEORGE A. BARNETT. Research on international student flows from a macro perspective: a network analysis of 1985, 1989 and 1995. 2000, 39 (4): 435-453.

[211] UWE WALZ. Innovation, Foreign direct investment and growth [J]. Economica, 1997, 64 (253) : 63-79.

[212] WALZ U. Innovation, foreign direct investment ang growth [J]. Economica, 1997, 64 (253): 63-79.

[213] WEI H, YUAN R, ZHAO LX. International talent inflow and R&D investment: firm-level evidence from China: Science Direct [J]. Economic Modelling, 2020, 89: 32-42.

[214] XU B. Multinational enterprises, technology diffusion, and host country productivity growth [J]. Journal of Development Economics, 2000, 62 (2): 477-493.

[215] ZUCKER L G, DARBY M R. Star scientists, innovation and regional and national immigration [J]. Ssrn Electronic Journal, 2007.

[216] 陈怡安. 中国海外人才回流的国际知识溢出与技术进步研究[D]. 北京：首都经济贸易大学，2014.

[217] 石凯. 平滑结构变化、平稳性及因果关系：基于中国经济金融总量的非参数研究 [D]. 长春：东北师范大学，2010.

[218] 孙澜. "两缺口" 理论与新形势下中国吸收外商投资研究[D]. 北京：中国人民大学，2008.

[219] 薛风平. 区域创新能力及其提升机制研究 [D]. 哈尔滨：哈尔滨工业大学. 2009.

[220] 张犀樨. 我国人才集聚的理论分析与实证研究 [D]. 北京：首都经济贸易大学，2009.

[221] 朱静静. 来华留学生教育对我国 OFDI 的影响 [D]. 南京：南京理工大学，2019.

[222] 朱敏. 海外人才回流与 FDI 技术溢出 [D]. 济南：山东大学，2013.

[223] 中国美国商会. 中国商务环境调查报告 [R]. 北京：中国美国商会，2021.

[224] IOM. International Migration and Development 2013. New York，2013.

[225] 人力资源和社会保障部，外交部，教育部. 人力资源社会保障部外交部教育部关于允许优秀外籍高校毕业生在华就业有关事项的通知 [EB/OL]. http：//www.mohrss.gov.cn/SYrlzyhshbzb/jiuye/zcwj/201701/t20170111_264214.html，2017-01-06.

[226] 上海市人力资源和社会保障局. 关于做好优秀外籍高校毕业生来沪工作等有关事项的通知 [EB/OL]. http：//rsj.sh.gov.cn/twgrjygl_17267/20201020/t0035_1394880.html，2020-07-07.

[227] 中共中央国务院关于进一步加强人才工作的决定 [EB/OL]. http：//www.gov.cn/test/2005-07/01/content_11547.htm，2003-12-26.

[228] 中华人民共和国公安部网站. 公安部推出 7 项出入境政策措施全面支持国家有关自贸区等区域创新发展 [EB/OL]. http：//www.mps.gov.cn/n2253534/n2253535/n2253537/c5657109/content.html，2017-03-09.